U0712058

Research on Basic Ideas
of Restorative Justice

湖南省社会科学基金课题（07YBB213）
山东科技大学学术著作出版基金资助出版

恢复性司法
基本理念研究

吴立志 ／著

中国政法大学出版社

2012·北京

图书在版编目（CIP）数据

恢复性司法基本理念研究 / 吴立志著. 北京：中国政法大学出版社，2012.7

ISBN 978-7-5620-4420-8

Ⅰ.①恢… Ⅱ.①吴…Ⅲ.①刑法-研究Ⅳ.D914.04

中国版本图书馆CIP数据核字(2012)第163461

书　　名	恢复性司法基本理念研究	
	HUI FU XING SI FA JI BEN LI NIAN YAN JIU	
出版发行	中国政法大学出版社(北京市海淀区西土城路25号)	
	北京100088信箱8034分箱　　邮政编码100088	
	邮箱 academic.press@hotmail.com	
	http://www.cuplpress.com（网络实名：中国政法大学出版社）	
	(010)58908437(编辑室)　58908285(总编室)　58908334(邮购部)	
承　　印	固安华明印刷厂	
规　　格	880mm×1230mm　　32开本　　8.625印张　　200千字	
版　　本	2012年8月第1版　　2012年8月第1次印刷	
书　　号	ISBN 978-7-5620-4420-8/D·4380	
定　　价	32.00元	

声　　明　　1. 版权所有，侵权必究。

　　　　　　2. 如有缺页、倒装问题，由印刷厂负责退换。

Contents

目 录

导 论

一、本书写作初衷

恢复性司法（restorative justice）发端于 20 世纪 70 年代的西方并很快成为一门"显学"。迄今为止，西方对恢复性司法的研究与实践处于方兴未艾之势。著名的澳大利亚犯罪学家约翰·布雷斯韦特（John Braithwaite）认为，恢复性司法运动仍处于刚开始的阶段，其对刑事司法目标与实践的型塑有着巨大的潜力。[1]21 世纪初以来，恢复性司法研究在我国起步并很快成为"热点"。本书以"恢复性司法基本理念研究"为题，主要源于以下两个方面的原因：一是笔者对被害人权利保护运动的关注和对主流刑事司法在预防犯罪和改造犯罪人方面的失败这一重大现实问题的思考。20 世纪以降，伴随着犯罪率不断上升、被害人权利遭到忽视和人类正义观念的长期受挫，人们开始不断反思传统刑事司法制度的弊端，恢复性司法由此得以产生。[2]正如叶青教授所言，恢复性司法的兴起源于 20 世纪 70 年代西方世界普遍存在的"司法危机"；二是近些年来，恢复性

---

〔1〕 Susan L. Smith-Cunnien, "Restorative Justice in the Criminal Justice Curriculum", *Journal of Criminal Justice Education*, Vol. 12 , No. 2, Fall 2001 , p. 385.

〔2〕 吴丹红："实现正义的另一种进路：恢复性司法初探"，载王平：《恢复性司法论坛》，群众出版社 2005 年版，第 31 页。

司法在我国已经成为了学界和实务界研究的热点，[1]但研究热潮的后面却是对恢复性司法相关理论认识上的极度不一致。很多刑事法学者和司法实务工作者出于对我国刑事司法制度存在诸多弊端的忧虑，强烈呼吁引进恢复性司法。由于恢复性司法理论的博大精深和域外生成、该理论在我国缺乏相关实证层面的支持以及研究人员普遍存在着急功近利的心态，我国对该理论研究表面上的"热度"实质上掩盖不了这种研究的"贫乏"，研究者对恢复性司法的认识大多停留在表面，或失之肤浅，或失之片面。因此，在引入恢复性司法的态度上，大部分国人持二元对立的观点，要么赞成，要么反对。当然，赞成者居多，但设想过于理想，与我国现实国情不符，亦很难在我国推行；反对者人单势薄，虽在一定程度上考虑了现实国情，但所持观点过于保守和极端，似乎将恢复性司法看成是与我国现实国情

---

〔1〕 这种热度从三个方面可以得知：①公开发表的文章。从"中国期刊全文数据库"上搜索，从 2002 年到 2007 年的短短 5 年时间内，以"恢复性司法"为题的文章已经发表出来的就有 105 篇；以"恢复性司法"为题的硕士论文有 23 篇；以"恢复性司法"为题的博士论文则比较少，只有 1 篇。必须说明的是，这些文章不包括：网络上的文章（据有人统计，达几百篇之多）；有些杂志因为没有加入期刊网，发表在其上面的文章（包括硕士、博士论文）无法统计。http：//dlib. edu. cnki. net /kns50/single __index. aspx. 最后访问日期：2007 年 10 月 25 日。②举行的会议。南京大学犯罪与控制研究所于 2004 年召开了"恢复性司法国际学术研讨会"；2006 年 6 月 8 日，检察日报社和北京市平谷区检察院以"恢复性司法与检察职能"为主题共同举办了第四届检察长论坛；2006 年 6 月 10 日、11 日，中国犯罪学研究会、中国法学会犯罪学研究会第十五届学术研讨会暨中日"犯罪防治与和谐社会构建"学术研讨会召开，会上就构建和谐社会与恢复性司法也做了介绍和讨论；2006 年 7 月 21 日、22 日，中国人民大学刑事法律科学研究中心和北京市检察官协会共同举办了以"和谐社会构建中的刑事和解探讨：和谐社会语境下的刑事和解"为主题的全国学术研讨会；最近的一次是 2007 年 4 月 21～22 日，在山东大学召开的"恢复性司法理论国际学术研讨会"，来自全国有关高校、科研机构和实务部门及日本的专家学者共 40 余人出席了本次研讨会。③成立的研究机构。中国政法大学于 2004 年 6 月成立了恢复性司法研究中心。

格格不入的空中楼阁。[1]

笔者认为，造成上述情况的主要原因是我们对恢复性司法的理解过于单一化和世俗化，主要表现为将恢复性司法完全等同为一种新型刑事司法模式。其实，恢复性司法不仅仅是一种制度、一种模式，更是一种理念，而并非只是技术层面的问题，其实施、运行有着系统的理论支持与观念基础。换言之，恢复性司法要有效运作就必须具备理念基础，否则就好像植物缺少土壤一样，成为无本之根，不仅不能成功，甚至会产生负面影响。陈晓明教授认为，修复性司法（恢复性司法——笔者注）制度的确立和推行是一项复杂的系统工程，制度的建立需要以观念的更新为前提和先导，以一定的理念为基础。修复性司法作为一种现代刑事司法改革思潮，体现着公平、民主、效益等时代精神。推广修复性司法理念，必将对我国引入修复性刑事司法制度和更好地保障刑事被害人权益、改革和完善刑事司法起到重要的推动作用。[2]

在西方，对恢复性司法的理解有广狭义之分，大多数恢复性司法倡导者持狭义观点，即认为恢复性司法主要是一种用以促进处理犯罪、轻罪或者校园欺凌的新型方式，如20世纪70年代开始从北美和澳大利亚等地发展起来的恢复性司法实践；而另一些恢复性司法的主要倡导者，比如 Dennis Sullivan 和 Larry

----

[1] 从笔者目前所掌握的文献看，我国刑事法学界和实务界除了部分人员对恢复性司法引入我国保持所谓客观中立，即利弊均有的立场以外，大部分人均对恢复性司法引入我国持一种欢迎的态度，只有为数很少的人持一种反对态度，如邹积超在"论'恢复性司法'应该缓行"一文中（载《华东政法学院学报》2004年第6期）以及李震在"恢复性司法应当缓行"一文中（载《法学论坛》2007年第4期）明确地表达了一种对我国引入恢复性司法的忧虑之情。

[2] 陈晓明：《修复性司法的理论与实践》，法律出版社2006年版，第5~6页。

Tifft 则持广义观点，他们认为恢复性司法是一种培育人的尊严、相互尊重和促进共同富裕的社会交往模式；又如约翰·布雷斯韦特认为，恢复性司法不仅仅是革新刑事司法制度的一种方式，而且是革新整个司法制度、家庭生活、工作行为和政治实践的一种方式。[1]无论是广义还是狭义，恢复性司法都是从两个层面，即制度的层面和理念的层面展开的，尤其对于广义上的恢复性司法而言，主要体现为一种理念。正因为如此，西方国家才能在短短的几十年里，将恢复性司法发展为许多种有益于防治犯罪的模式，而且这些模式远未定型并处于不断发展变化之中。恢复性司法在西方实行以来，已有上千起成功的案例，其对于罪犯的再社会化和降低再犯率有着较为明显的效果。

　　如果将恢复性司法主要理解为一种理念，那么对其能否引入我国这样一个问题就会少很多争议，我们在实践操作过程中也会少许多困惑。比如，恢复性司法所追求的恢复与平衡的目标是否就只能通过恢复性司法程序来实现呢？恢复性司法程序是否就只能是目前存在的调解、协商等手段呢？笔者认为未必。其实从宏观的角度，我们可以将恢复性司法理念部分地融入现行刑事政策以及刑事立法和司法实践当中，尽可能追求恢复性正义的实现。另外，从微观的角度，可以在现行刑事司法领域内划定适当的范围，作为恢复性司法践行的空间，用以补充传统刑事司法的不足，这样就可以更全面地实现恢复性司法的目标。理念属于观念层面，因此我们在进行刑事法改革的过程中，可以在恢复性司法基本理念指导下，结合我国国情，完善现行刑事法律制度，甚至创造出一种独特的刑事司法模式，这种模式既可以称之为"恢复性司法"，也可以是其他名称。其实名称

---

　　[1] Howard Zehr and Barb Toews, *Critical Issues in Restorative Justice*, New York Criminal Justice Press and UK Willan Publishing, 2004, p. 5.

在此并不重要，重要的是我们创新的这项制度应当建立在正义、民主的基础上，较之传统刑事司法模式能更好地防治犯罪和促进社会和谐。

当今世界正处于人权高扬的时代，本着尊重人与关怀人的终极价值目标立场，在我国构建和谐社会的大背景下，本书的主旨是通过对恢复性司法基本理念以及这种理念所赖以存在的理论基础（如正义观、犯罪观与刑罚观）的探讨，结合其与我国（传统）法律文化之关系以及其在我国是否有赖以存在的社会空间进行分析，试图为我国刑事法治建设，尤其是为我国刑事和解司法实践的完善提供一些粗浅的参考意见。

二、本书的写作思路

恢复性司法既包含了广泛的人类感情，如治愈、宽恕、同情、和解和适当地惩罚等，同时又包含了众多的价值，如尊重、包容、民主、责任、恢复、安全、康复和重整等，其中最核心的价值是尊重与恢复，而尊重与恢复又与正义的理解息息相关。国际恢复性司法研究中心主任丹尼尔·W. 凡奈思（D. Van Ness）认为，恢复性司法是价值的反映，而不局限于某些特定的过程要素，也就是说恢复性司法可能全部或部分地反映这些价值。恢复性司法理念是价值的上位概念，是价值的一种概括与浓缩。从这个意义上我们可以说，凡奈思实质上认为恢复性司法表现为一种理念。笔者以为，恢复性司法基本理念绝不是单一的，而是包含了多方面的内容，主要表现为四个方面：①以恢复为核心目标；②鼓励和解与调解；③被害人为导向；④社区司法化。要深入探讨恢复性司法基本理念，对其赖以存在的理论基础即正义观、犯罪观以及刑罚观的探讨就不容忽视，质言之，正义观、犯罪观以及刑罚观是恢复性司法基本理念的核心理论基础。鉴于恢复性司法基本理念与传统刑事司法理念有着很大的不同，因此以恢复性司法基本理念为主轴，在与传统刑事司法理念进行对比的基础上对正义观、犯罪观以及刑罚观展开探讨，就显得格外重要。

探讨恢复性司法的基本理念，最终目的是要为我国刑事法治建设服务。由于社会转型和体制转轨，我国犯罪率一直居高不下。造成这种现状的原因虽然多种多样，但笔者认为，社会关系不和谐是其中一个重要原因，而犯罪又进一步恶化了不和谐的社会关系，因此，修复被犯罪破坏了的社会关系并使之达至一种和谐的状态尤为重要。而要修复这种关系，就必须要在修复过程当中自始至终贯彻恢复性司法基本理念。当然，有效预防犯罪不是恢复性司法的价值目标而只是其在践行过程中的一种必然结果或曰副产品，尽管这种结果很重要。鉴于上述目标，文章在第五章探讨了恢复性司法基本理念视角下我国刑事法观念有可能发生变革的诸多问题，尤其是针对我国刑事和解在实践当中存在的一些问题，本书第六章从恢复性正义理论的视角对刑事和解的完善提出了自己的意见。

根据上述分析，本书的研究思路就是：首先根据西方对恢复性司法的理论界学说与实践探讨，结合我国学者的见解，对恢复性司法的基本理念进行界定；接着对恢复性司法赖以存在的理论基础，在和传统刑事司法相关理论进行对比的基础上，以三章内容依次对正义观、犯罪观和刑罚观进行阐述；最后以恢复性司法基本理念为视角，从刑事政策观、刑事立法观和刑事司法观三个方面对我国刑事法观念可能的变化进行探讨，从而对完善我国的刑事法治建设（包括刑事司法改革）提供必要的观念基础和有益思路。鉴于刑事和解在我国实践的重要性，本书最后一章从恢复性正义理论的视角对刑事和解在我国实践中存在的问题及其完善提出了一些初步的看法。

三、本书的研究方法

1. 文献探讨法。对有关学者的专著论著、研究报告、期刊论文及报纸专论等相关资料进行整理归纳分析，深入探询恢复性司法蕴含的理念与理念存在的哲学基础。

2. 逻辑推理法。恢复性司法基本理念蕴含着深厚的人文哲理与社会哲理，通过对人文与社会哲理的逻辑思辨可以给本选题的研究提供一个独特的视角。

3. 比较法。对恢复性司法相关理论进行探讨，必须要探询其与传统刑事司法之间的关系；再者，恢复性司法产生于西方，有着大量的成功案例，加上中国的市场经济与现代法治背景与西方有着极大的相似性，因此，运用比较的方法进行研究定能对本论题的深入展开提供背景支持。

四、关键术语的界定

（一）被害人（Victim）

被害人，亦称被害者、受害者，为加害人（或曰加害者）的对称，其词源为拉丁文 Victima，最初含义是指宗教仪式上的祭祀品，后来引申为遭受侵害或不利后果的承受者。[1]对于被害人的含义，有不同的理解，有的是从刑事法的角度，有的则是从犯罪学或社会学角度提出。[2]本书的被害人是从刑事法角度提出的，因此称之为刑事被害人，简言之，就是指财产、身

---

〔1〕 许永强：《刑事法治视野中的刑事被害人》，中国检察出版社 2003 年版，第 6 页。

〔2〕 对于"被害人"概念的详细探讨，可参见杨正万：《刑事被害人问题研究》，中国人民公安大学出版社 2002 年版，引言第 2～15 页。

体、心理和精神等方面受到犯罪侵害的人。恢复性司法把被害人分为主要被害人（primary victim）和次要被害人（secondary victim）两个层次，前者是指受犯罪最直接影响的人，后者则是指他们的家庭成员、朋友、目击者、刑事司法官员、社区等。[1]本书中使用的被害人是指主要被害人（primary victim），或称狭义的被害人。恢复性司法视域下的被害人仅仅指自然人，而不包括法人。

（二）加害人（Offender）

从不同的学科领域，对于加害人有着不同的理解。本书的加害人实际上是触犯了刑法并应定罪处罚的人，因此本书论域下的加害人也可称之为犯罪人，是指任何对他人造成物质、身体、心理等各方面损害，同时对社区和被害人的亲友造成负面影响的个人。加害人与犯罪人既有区别，也有一定的联系。区别主要表现在适用范围的不同：犯罪人只适用于刑事领域，而加害人既可适用于刑事领域，也可适用于民事领域，如民事侵权人也可被称之为加害人。联系主要表现为：在刑事司法领域，两者可以互换，只是犯罪人是一个带有价值取向的称谓，而加害人的称谓具有中性化的色彩。在恢复性司法中，被害人与加害人之间关系的恢复是核心理念，采加害人的说法，主要是避免使用"犯罪人"这种"标签化"的称谓，体现加害人与被害人的平等，以利于对加害人本身的修复。在本书中，有时可能还会涉及到"犯罪人"的称谓，这里的"犯罪人"实质上是指加害人。

（三）社区（Community）

对社区，学术界有不同的理解。有的认为社区是一个象征

---

[1] 参见陈晓明：《修复性司法的理论与实践》，法律出版社 2006 年版，第8页。

性概念，代表了一种集体的态度，也就是所谓的"社区意识"；有的说社区是一道防护网，是防止外来者入侵的屏障；有的说社区是一个具有共同兴趣的同质邻居的集合体；有的说社区是用来进行社会控制的一种资源；还有的说社区是个地理概念，是人们分享的空间。[1]"社区"一词有着极为灵活的边界，根据所处的语境，其意义既可以扩展也可以收缩。[2]保罗·麦科德（Paul McCold）将社区区分为微观社区（micro-community）与宏观社区（macro-community）。微观社区就是我们个人所关心的社区，由家庭成员、朋友以及其他与我们有着有意义的个人关系的人们组成。如果有机会，这些人非常愿意与我们分享观点和爱心，并且他们的意见极有可能影响我们的感情和行为。当我们在生活中面临问题并需要做出困难的选择时，他们会将其私人的，无论是精神还是物质的照顾提供给我们。这种社区的每一个人的行为会直接影响到其他任何一个成员。微观社区是一个友谊之网，其存在并不依赖于地理空间。宏观社区恰恰相反，它是一个不被定义为个人友谊，而是意味着建立在地理空间或成员基础上的群体。例如，在宏观社区中，某人遭到犯罪的侵害，这种犯罪就会对邻居、城市、国家、教会、俱乐部以及这个社区的职业团体的影响有着极大的差异。除了那些有可能成为被害人或加害人的微观社区中的一分子的人以外，大多数宏观社区的成员对于特定的犯罪可能很少甚至没有任何有意义的情感上的联系。[3]

---

〔1〕　参见陈晓明：《修复性司法的理论与实践》，法律出版社2006年版，第8页。

〔2〕　Howard Zehr and Barb Toews, *Critical Issues in Restorative Justice*, New York criminal justice press and UK Willan Publishing, 2004, p. 155.

〔3〕　Howard Zehr and Barb Toews, *Critical Issues in Restorative Justice*, New York criminal justice press and UK Willan Publishing, 2004, p. 156.

笔者以为，在恢复性司法视域内，对社区的理解，如果套用保罗·麦科德的说法，应该是微观社区与宏观社区的一种有机结合。具体而言，社区应该具备社会生活共同体和地域性两个基本含义，即社区是指由一定数量居民组成的、具有内在互动关系与文化维系力的、地域性的生活共同体。简单地说，社区就是一种地域性社会。具体地说，社区是在一定的地域范围内发生的各种社会关系与社会活动，具有特定的生活方式，是由特定的具有成员归属感的人群组成的一个社会实体。社区一般包括如下基本要素：①人口要素；②一定的地域空间；③相对完备的生产和生活服务设施；④关联的社会生活；⑤一定的管理机构；⑥独具特色的社区文化；⑦特定的社区意识。[1]

---

〔1〕 参见廖斌、何显兵：《社区建设与犯罪防控》，人民法院出版社 2003 年版，第 3~6 页。

恢复性司法基本理念的界定

第一节　恢复性司法概述

　　近一、二十年来，西方国家兴起了一场新的刑事司法改革运动，这一运动目前仍方兴未艾，并深刻地影响着西方国家的刑事司法走向和犯罪预防模式。这场运动就是恢复性司法运动。[1]恢复性司法的起源，可以追溯到前殖民时期，乃至更远。在北美和新西兰的土著居民中，他们解决争端的方法在很大程度上反映了恢复性司法的过程。在非洲的许多国家中，随着殖民地时代的结束，他们把传统处理纠纷的方式和现代司法形式结合起来。

　　恢复性司法的实施始于20世纪70年代的加拿大。[2]"到20世纪90年代，恢复性司法已在西欧国家、北美的美国和加拿

---

　　〔1〕　王平主编：《恢复性司法论坛》，群众出版社2005年版，卷首语第1页。

　　〔2〕　1974加拿大安大略省陈纳市（kitchener）的两个年轻人实施了一系列的犯罪行为，侵犯了22名被害人的财产，在当地缓刑机关和宗教组织的共同努力下，这两名犯罪人与被害人逐个会见，从被害人的陈述中他们认识到自己行为给受害人造成的损害和痛苦，从而不但承认了被指控的罪行，而且半年后交清了全部赔偿金以补偿被害人的损失。这种被害人－犯罪人的和解程序被视为恢复性司法的起源。参见狄小华、李志刚编著：《刑事司法前沿问题：恢复性司法研究》，群众出版社2005年版，第10页。

大、拉美的巴西、智利、阿根廷，亚洲的新加坡，大洋洲的澳大利亚和新西兰等数十个国家得到不同程度的发展和应用。……在一些地方，恢复性司法已经进入刑事司法的主流，被有的学者奉为‘现行刑事司法的全功能替代模式和认识犯罪的新镜头’。"[1]由于恢复性司法既有成功方案示范，又有国际组织推波助澜，先是 1999 年 7 月 28 日，联合国经济社会理事会在《制定和实施刑事司法调解和恢复性司法措施》和第 1999/26 号决议中就提议预防犯罪和刑事司法委员会考虑是否应制定联合国在调解和恢复性司法领域的标准。接着在 2000 年 4 月主题是"犯罪与司法：二十一世纪所面临的挑战"的第十届预防犯罪和罪犯待遇大会倡导推行恢复性司法，[2]最后是 2002 年 4 月联合国预防犯罪和刑事司法委员会第十一次会议通过《关于在刑事事项中采用恢复性司法方案的基本原则》[3]，因而它在全球范围发展得非常快。

---

[1] 张建升："恢复性司法：刑事司法新理念"，载《人民检察》2005 年第 2 期。

[2] 大会通过的《关于犯罪与司法：迎接二十一世纪挑战的维也纳宣言》第 28 条宣告："我们鼓励制定各种尊重被害人、犯罪者、社区以及其他各当事方的权利、需要和利益的恢复性司法政策、程序和方案。"参见刘东根："恢复性司法及其对我国刑事司法实践的借鉴"，载王平主编：《恢复性司法论坛》，群众出版社 2005 年版，第 173 页。

[3] 该《基本原则》指出：其一，它通过使受害人、罪犯和社区复原而尊重每个人的尊严与平等，建立理解并促进社会和谐；其二，它是对付不断发展变化的犯罪的一种对策；其三，它为受害人提供了获得补偿、增强安全感和寻求将事情了结的机会，使罪犯能够深刻认识其行为的原因和影响并切实承担责任，同时使社区能够理解犯罪的根本原因，促进社区福利并预防犯罪；其四，它可以促使采取适应现有的刑事司法制度并与这些制度相互补充的一系列措施；其五，它并不妨碍国家起诉被指控犯罪的人的权力。参见鲁兰："修复性司法理念与模式：中、日修复性司法实践模式比较"，载王平主编：《恢复性司法论坛》，群众出版社 2005 年版，第 62 页。

一、恢复性司法的基本理论

(一) 恢复性司法的含义和特征

1. 恢复性司法的含义。恢复性司法是从英文"restorative justice"翻译过来的。对于"restorative justice",不同的国家或地区有不同的译法,比如日本称为"修复性司法",我国香港地区将其翻译为"复合公义",我国台湾地区则将其理解为"修复式正义"。"恢复性司法"是联合国的标准翻译。[1]有关恢复性司法的基本框架虽然有着大体一致的见解,但关于恢复性司法的确切定义迄今未与框架达成完全一致。[2]根据联合国经社理事会2002年第十一届会议题为《恢复性司法》的秘书长报告中的意见,"恢复性司法是承认犯罪不仅经常影响受害者和社区的未来,而且还影响涉案罪犯的未来的一种概念。它寻求尽可能利用受害者和社区的积极和自愿参与方式,恢复受犯罪影响的所有当事方的一切权益。""恢复性司法"最重要的特征就是

〔1〕 对于"恢复性司法"的理解还有其他不同称谓:有的称为"关系司法"(Relational Justice),它强调这样的事实,即与传统的司法过程相比,这种司法更多关注的是创造一种积极的关系;有的称为"积极司法"(Positive Justice),宣扬的是相同的理念,主张摒弃消极的仅仅为惩罚而惩罚的做法,而转向建立一种更加积极的司法方法;还有的称作"融合性司法"(Reintegrative Justice),与恢复性司法可以看作同义词。"恢复性司法"(Restorative Justice)这一术语未见得比其他类似的术语表达得更好,但它使用的时间更长,是国际上普遍接受的术语。参见王平主编:《恢复性司法论坛》,群众出版社2005年版,卷首语第1页。

〔2〕 1996年,一些著名的恢复性司法学者参加了一个研讨会,目的是想验证学者们对恢复性司法的核心概念达成的共识度。有三个方面基本达成共识:①恢复性司法把犯罪看成是对人们及其关系的侵害;②犯罪人有义务对这些侵害进行矫正;③被害人和犯罪人是直接的利益方,同时其他人也受到影响。但对其他利益方究竟是谁、犯罪人应当对他们承担怎样的赔偿却没有达成协议。更为重要的是,对什么是恢复性司法的首要目标和什么实践构成恢复性司法学者也未达成共识。See Howard Zehr and Barb Toews, *Critical Issues in Restorative Justice*, New York criminal justice press and UK Willan Publishing, 2004, pp. 160 ~ 161.

"恢复性"。由于恢复性司法所涉及的内容较为广泛，学界在理解上存在较大分歧。较为常见的理解有三：①司法模式；②司法理念；③反应过程。[1] 其实，司法模式与反应过程的理解在本质上是一致的。根据这一判断，人们对恢复性司法的理解实际上就只包括司法模式与司法理念两个方面。笔者以为，恢复性司法既可以被理解为一种司法模式，又可以被理解为一种司法理念。根据丹尼尔·W. 凡奈思的定义，恢复性司法就是通过被害人与犯罪行为人之间和解、协商、多方参与的会谈，通过给被害人补偿、使加害人参加社区劳动等，以恢复被破坏的社会关系与秩序的司法。[2] 这个定义实际上把恢复性司法看成了一种司法模式。霍华德·泽尔（Howard Zehr）认为，恢复性司法是一个过程，在这个过程中，与特定犯罪相关的所有利益方集体证明和强调伤害、需要和义务，目的是治愈和尽可能使事物恢复到原状。[3] 这个定义则将恢复性司法看成一个反应过程。关于恢复性司法的定义，在国际上接受程度较广的是英国犯罪学家托尼·马歇尔（Tony·F. Marshall）在其《恢复性司法概要》一文中的界定，认为"恢复性司法是与某一特定的犯罪行为有利害关系的各方会聚一起，共同解决如何处理犯罪后果及其对未来的影响问题的过程"[4]。这个定义既把恢复性司法看作是一个反应过程，也将其看成是一个司法的结果。这个定义既包括过程也包括结果，看似全面，实

---

〔1〕 张旭、蔡一军："恢复性司法践行理路探析：以欧洲的实践为视角"，载《当代法学》2007 年第 4 期。

〔2〕 参见狄小华、李志刚编著：《刑事司法前沿问题：恢复性司法研究》，群众出版社 2005 年版，第 67 页。

〔3〕 Howard Zehr and Barb Toews, *Critical Issues in Restorative Justice*, New York criminal justice press and UK Willan Publishing, 2004, p. 161.

〔4〕 转引自刘方权："恢复性司法：一个概念性框架"，载《山东警察学院学报》2005 年第 1 期。

际上并未能揭示出恢复性司法的核心理念，即谁应该被恢复和什么应该被恢复的问题。对此，约翰·布雷斯韦特作了补充，他认为，恢复性司法要恢复的对象是被害人、加害人和社区，其内容包括财产损失、人身伤害、安全意识、尊严、权利意识、民主、和谐和社会支持。[1]

对于恢复性司法的含义，联合国做了一个较为权威地说明，在《关于在刑事事项中采用恢复性司法方案的基本原则宣言要素的修订稿》中指出，恢复性司法方案"系指采用恢复性程序并寻求实现恢复性结果的任何方案"。"恢复性程序"是指在调解人帮助下，受害者和罪犯及酌情包括受犯罪影响的任何其他个人或社区成员共同积极参与解决由犯罪造成的问题的程序。恢复性程序可能包括调解、调和、会商和共同定罪。其基本内涵包括：①犯罪是加害人对人与人以及人与社区关系的损害；②被害人与社区是司法过程的重心，修复制度由市民大众或社区成员制定，而不是其他人；③被害人的需求是第一优先考虑的对象，但要公平对待每一个人，不论社会地位、年龄、种族等；④加害人因为犯罪对被害人和社区负有补偿责任，同时可以得到对方的宽恕和包容；⑤加害人必须具有悔改向善和回归社区的诚意并能完整回归社会。[2]

2. 恢复性司法的特征。对于恢复性司法的特征，学界聚讼纷纭，意见极为不一。如陈晓明教授认为恢复性司法有六个方面的特征：①对犯罪造成的损害而不是对法律的违反给予更多的关注；②为被害人提供了一个扩大了的角色；③将司法融入

---

〔1〕　John Braithwaite, Restorative Justice："Assessing Optimistic and Pessimistic Accounts", *Crime and Justice*, vol. 25, 1999, p. 36.

〔2〕　陈晓明：《修复性司法的理论与实践》，法律出版社2006年版，第11～12页。

社区;④要求加害人承担责任;⑤平衡各方利益,给予加害人和被害人同样的关注和尊重;⑥凭借修复损害,进行广泛意义上的司法革新。[1]吴宗宪先生则认为恢复性司法的特征有五个方面,即恢复性、个人参与性、社会性、前瞻性以及灵活性。[2]张庆方博士认为,恢复性司法的特征有以下几点:①广泛参与;②促进愈合;③直接责任;④修补裂痕;⑤保卫社区。[3]

一般认为,恢复性司法具有以下三个方面的特征:①参与主体的广泛性。恢复性司法不仅由传统意义上的警察、法官、刑事诉讼当事人参与,而且吸纳受犯罪影响的而非刑事诉讼意义上的被害人参与,如受犯罪影响的有关社区代表,加上相对独立的调解人一起参与到恢复性司法中来,所以参与主体具有广泛性;②处理方式的灵活性。恢复性司法为被害人、加害人和其他参与人搭建了一个对话的平台,它通过调解、调和、会商等多种方式处理犯罪这一严重纠纷,较通过对抗性的审判处理犯罪纠纷的报应性司法更具有灵活性;③追求目标的多元性。恢复性司法不是不要对加害人予以惩罚,其着眼点在于通过多方商谈机制形成解决方案,以修复因犯罪造成的损害,实现社会、社区、被害人和加害人多方利益的平衡。

(二)恢复性司法的价值与功能

1. 恢复性司法的价值。从哲学意义上讲,价值这一概念可以从两个基本的方面来理解:首先,价值是一个表征关系的范畴,它反映的是人(主体)与外界物——自然、社会(客体)

---

〔1〕 陈晓明:《修复性司法的理论与实践》,法律出版社 2006 年版,第 12~15 页。

〔2〕 吴宗宪:"恢复性司法述评",载《江苏公安专科学校学报》2002 年第 3 期。

〔3〕 参见张庆方:"恢复性司法研究",载王平主编:《恢复性司法论坛》,群众出版社 2005 年版,第 274~275 页。

的关系，揭示的是人的实践活动的动机和目的。其次，价值是一个表征意义的范畴，是用以表示事物所具有的对主体有意义的、可以满足主体需要的功能和属性的概念。[1]一般而言，恢复性司法的价值就是指恢复性司法本身所具有的能满足人类需要的属性。对于恢复性司法的价值，学界见仁见智。综合各位学者的观点，恢复性司法所体现的价值主要包括：一是利益平衡，关注被害人、社区和加害人的损害以及由此引发的需要，兼顾各方利益；二是尊重，既不强迫加害人去认罪，也不强迫被害人宽恕，是否选择适用恢复性司法，以及最终处理方案的产生都是在相互自愿和尊重对方的基础上形成的；三是确定责任，恢复性司法要通过调解、调和、商谈等形式，确定犯罪所产生的责任，包括加害人，社区和社会三方面的责任，而这种责任的确定离不开对案件事实认同；四是恢复，即恢复性司法追求对犯罪所造成的损害，包括物质的、精神的以及社会关系的恢复为目标。

2. 恢复性司法的功能。恢复性司法具有以下特殊的功能：一是保障人权功能。恢复性司法通过被害人与加害人之间的对话交流，加害人的道歉和补偿不仅更有利于保护被害人权益，减轻被害人的心理压力，而且更有利于社区消除犯罪所引起的消极影响。二是矫治罪犯功能。恢复性司法本着"恨其罪，爱其人"的宽容精神，改变了报应性司法造成的对犯罪人人格侮辱的做法，对于重新整合犯罪人的羞耻心，增强其重新做人的自信心，促进其改恶从善具有独特的作用。三是修复关系功能。恢复性司法在分清是非曲直的基础上，以向前看的态度对待犯罪人过去的犯罪行为，并在一定的社会支持下，通过多方沟通、

---

[1] 参见张文显主编：《法理学》，高等教育出版社、北京大学出版社1999年版，第208页。

交流和谈判，以赔偿、道歉等形式，化解矛盾，解决冲突更利于被犯罪所破坏的社会关系得到修复。四是提高效率功能。恢复性司法致力于修复被犯罪所破坏的社会关系，有利于降低重新犯罪率，维持社会的持续稳定，同时，也可以降低监禁率，缓解监狱人口爆满的压力。五是体现公正功能。恢复性司法不仅有更广泛的参与性，而且更能够兼顾多方面的利益，因此，也更有利于实现公正。

（三）恢复性司法的责任形式

旨在愈合被害人、恢复社区安宁和信任的恢复性司法，其责任形式完全有别于以惩罚为目的的刑罚措施，而是以实现恢复性结果为目标。恢复性司法中的责任形式通常有：

1. 赔偿。也可被称之为恢复性补偿，即由犯罪人补偿被害人因其犯罪行为所遭受的损失。恢复性司法是一种"问题司法"，以解决因犯罪而产生的各种问题为宗旨，而不是以实现某种抽象的目标为原则，对被害人因犯罪所导致的物质精神损害的补偿，在恢复性司法中占据中心地位。

为了适应刑事司法中的特殊性，犯罪人对被害人的赔偿除了采取金钱赔偿方式以外，还包括返还财产原物或是返还价值相当的替代物，或者提供劳务和照顾以及任何对方同意的方式进行等。在实践中，一些被害人主动放弃了赔偿要求，也有的被害人坚持不让犯罪的父母提供赔偿，非要犯罪人用自己的劳动所得进行赔偿，目的是让犯罪人接受教训，被害人的这种要求通常都会得到满足。为了帮助犯罪人完成对被害人的赔偿，欧洲一些国家的恢复性司法计划中还建立了为犯罪人提供工作机会的委员会。

2. 道歉。即由犯罪人为自己的行为而向被害人表示真挚、诚心诚意的忏悔。在正规刑事司法中，由于采用的是对抗制，犯罪人大都尽一切可能逃脱刑罚的惩罚，所以在法庭上，许多被告人拒不认罪，对被害人的道歉更无从谈起。但是，调查表明，很多被害人关心的并不是对犯罪人的惩罚，事实上从国家的刑罚惩罚中，他们无法得到多少现实的利益和真正的满足。相反，他们真正关心的，一是物质损失的补偿，二是精神伤害的抚慰。而相当数量的犯罪在给被害人带来物质损失的同时，也给他们带来了人格上的侮辱和巨大的精神负担，在熟人犯罪中（大部分暴力犯罪都是熟人间的犯罪），被害人经常想：他为什么不侵害其他人而单单侵害我？是不是我在哪方面有缺陷，就值得他去侵犯吗？在恢复性司法中，通过鼓励犯罪人向被害人真诚道歉，使得事情的是非曲直得以澄清，使被害人的精神负担得以减缓，从而真正起到恢复被害人以及起到将人际关系、社区关系恢复原状的作用。

3. 社区服务。即由犯罪人为社区、慈善机构或政府机关提供某种形式的无偿服务。在恢复性司法中，除了直接的被害人外，社区也被视为犯罪的被害人，主要体现为犯罪使社区成员的安全感下降，使人与人之间的信任感降低，使社区的道德传统和交往原则面临着考验。因此，犯罪承担责任的一种方式便是为社区提供免费的劳务，社区服务的主要目的一是通过让犯罪人承担责任在社区强化"犯罪是要付出代价的"观念；另一很重要的目的便是让犯罪人通过自己的建设性的行为重新取得社区成员的信任，使社区成员看到犯罪人身上潜在的积极价值，并使犯罪人从他的促进公益的行为中产生成就感，激发其与社区合作的愿望，以尽快融入到社区中去。

（四）恢复性司法的对象与运作模式

1. 恢复性司法的对象。恢复性司法的对象，也可称之为恢复性司法的适应范围，是指恢复性司法能够针对哪些人、适用于哪些犯罪。恢复性司法的对象主要是针对轻微案件和青少年犯罪。在英国，恢复性司法已经在英格兰和威尔士进入了刑事司法的主流，其最初目标是针对青少年犯罪者、初犯和轻犯，1998 年《犯罪和无秩序法》（CDA）和 1999 年《青少年司法和犯罪证据法》（YJCEA）的颁布，预示着恢复性司法原则和实践被纳入了青少年犯罪司法系统。[1]联合国预防犯罪和刑事司法委员会《关于恢复性司法的专家会议报告》中指出："在将恢复性司法模式应用于重罪时，应当非常谨慎，因为对于这些案件而言，修复伤害并非总是可能，而通常只给被害人、犯罪人带来实质性的心理上的益处。"[2]

2. 恢复性司法的运作模式。就世界范围内众多国家的实践来看，恢复性司法的运作模式表现多样。美国司法部下属的全国司法研究所司法计划办公室、全国矫正研究所犯罪被害人办公室和少年司法与少年犯罪预防办公室合作，在 1997 年编制了一份《恢复性司法事实小册子》，将恢复性司法的运作模式或者运作形式归纳为七种类型：①社区恢复委员会；②量刑小组；③赔偿；④社区服务；⑤被害后果陈述；⑥被害人犯罪人调解；⑦家庭小组会议。[3]

笔者认为，《恢复性司法事实小册子》对恢复性司法实践模式的归纳从逻辑上讲存在一些问题，比如赔偿与社区服务只能算是恢复性司法的责任承担方式，而被害后果陈述只能算是某个运作模式中的一个环节。从主要国家的实践来看，恢复性司

---

〔1〕 ［英］麦高伟、杰弗里·威尔逊：《英国刑事司法程序》，姚永吉等译，法律出版社 2003 年版，第 480 页。

〔2〕 彭海青："论恢复性司法"，载王平主编：《恢复性司法论坛》，群众出版社 2005 年版，第 108 页。

〔3〕 吴宗宪："恢复性司法述评"，载《江苏公安专科学校学报》2002 年第 3 期。

法的运作模式主要有以下四种：被害人—加害人会谈/调解、家庭成员/小组会议、圆桌会议和社区恢复委员会。

（1）被害人－加害人会谈/调解（Victim-Offender Mediation）。这种模式是西方国家较为成熟的一种恢复性司法模式，实践中较多采用且效果不错。该模式主要包括被害人和犯罪人，通常由一个受过良好训练的工作人员分别对他们做工作，然后在双方同意的基础上心平气和地会面商谈。被害人开诚布公地讲述犯罪对他造成的损害，然后犯罪人必须回答做了什么样的行为、为什么要做这样的行为，并回答被害人提出的任何问题。最后在工作人员主持下达成某种谅解，并把赔偿问题、修补问题以及其他一些有助于解决争端的办法写进协议之中。在被害人—青少年犯的调解程序中，被害人和犯罪人的家庭成员（主要是指犯罪人与被害人的父母）可以以辅助角色参加会谈，代表社区的人可以作为促成人和监督人，但他们不参加会谈。在这一模式下，被害人只是在调解前的独立会议与涉及参与各方的准备工作完成之后才会见被告人，其重点在于让被害人与被告人分享双方的经历，并寻找出犯罪人修复给被害人与社区造成的伤害的方法。VOM模式自1974年在加拿大试点以来，在欧洲和北美发展迅速。目前，在美国有300多个被害人－犯罪人调解计划，在欧洲有500多个被害人－犯罪人调解计划。

（2）家庭成员/小组会议（Family Group Conferencing）。家庭成员/小组会议（FGC）起源于新西兰，目前，在澳大利亚和美国等国家得到运用。笔者以为，家庭成员/小组会议模式实质上是被害人—犯罪人会谈模式的扩大。除了被害人和犯罪人外，各自的家庭成员和双方有直接重要关系的个人也包括在内。犯罪人的家庭成员和来自社区的相关人员显得尤为重要。在有些情况下，尤其当会议能影响案件的法律后果时，一个司法工作人员应当在场。大多数情况下，会议之前先举行一个家庭预备会议，犯罪人和他的家庭成员必须回避。家庭成员会议的协调人必须公正，兼顾各方的利益和关注的内容。他们负责提出一个计划致力于发现事情的起因和修正的方法，这一计划使犯罪人充分负责并现实可行。这种"眼球对眼球"（eyeball to eyeball）的见面是非常重要的，它使青少年犯罪人不再冷漠，不得不面对自己的被害人；也为被害人提供了一个发泄愤怒的机会，表达自己的心声以及接触社区、掌握对程序的一定控制权。

（3）圆桌会议/圈子/团体处刑令（Circle Sentencing）。圆桌会议/圈子/团体处刑令，又称量刑小组，来源于北美印第安人解决纠纷的传统。该模式的特点是更为广泛的人参与到会议中来，除了上述人员外，还包括社区成员及社会团体人员。大家坐成一个圈子，首先由加害人围绕他做了什么，为什么这样做发言；然后，沿着圈一个接一个发言，直到大家把心里想说的话都说完为止。协调人要保证这个程序按照正常进行，并最终达成协议。量刑小组在加拿大的莎斯喀彻温省、马尼托巴省和育空地区使用得及其广泛，在其他一些社区偶尔也使用。自1996 年以来，美国首先在明尼苏达州实施了一个量刑小组的实验计划，然后量刑小组在美国大量使用。[1]

（4）社区恢复委员会（Reparative Community Boards）。社区恢复委员会是指与犯罪人一起进行公开的面对面会议的一组居民。参加这种会议的犯罪人，应该得到法庭允许其参加恢复性司法活动的判决，虽然被害人也被鼓励参与会议，但是参与的程度并不相同。在社区恢复委员会与犯罪人一起参加会议期间，社区恢复委员会的成员与犯罪人一起讨论犯罪的性质、犯罪造

---

[1] 吴宗宪："恢复性司法述评"，载《江苏公安专科学校学报》2002 年第3期。

成的后果以及对被害人个人与社区进行补偿的需要。然后，社区恢复委员会的成员提出一套制裁建议，与犯罪人一起讨论，直到他们就犯罪人能够在一定的时间内采取的具体行动达成协议，并有责任监控协议是否得到遵守。社区恢复委员会也可以建议被害人与被告人参与调解，但是这种建议并不具有强制性。

（五）恢复性司法的目标

英国学者托尼·马歇尔（Tony Marshall）认为，恢复性司法的主要目标是[1]：①全面关注被害人的需要——物质的、情感的、社会的，同时也包括那些与被害人有密切关系、可能因犯罪而受到类似影响的人；②使犯罪人重新融入社区以预防其再犯；③使犯罪人有机会对其犯罪行为承担积极的责任；④创造一种有助于犯罪人复归和帮助被害人，并有利于预防犯罪的有成效的社区（working community）；⑤为避免现行司法制度的升级以及相应的高昂的代价与迟缓的行动提供新的替代措施。

上述目标的设定比较全面，既有恢复被犯罪行为所破坏的社会关系的核心目标，又有节约司法资源和提高司法经济效益的浅近目标。就核心目标而言，不仅包括了被害人以及与其相关联的人，如被害人的家人、亲属和朋友等各方面需要的满足，而且包括了犯罪人如何通过一系列富有建设性的方法来承当责任和重新融入社区以及创建一个有利于实现上述核心目标的富有成效的社区；就浅近目标而言，主要体现了寻找一种节约司法资源的有效方式。笔者以为，这两个目标不是处于同一层次上的，恢复性司法的浅近目标必须要服从其核心目标，即达到被害人、加害人和社区相互关系的恢复。鉴于此，托尼·马歇尔将浅近目标与核心目标放在同一层次的做法是不太妥当的。

---

[1]　王平主编：《恢复性司法论坛》，群众出版社 2005 年版，卷首语第 3 页。

二、恢复性司法的域外实践

(一) 英美法系主要国家的实践

1. 美国。恢复性司法在美国具有悠久的历史和广博的社会基础，其从印第安人的文化中吸取了大量的养分。1978年印第安纳州的厄克哈特（Elkhart）建立的被害人－加害人和解项目被认为是美国的第一个恢复性司法项目，随后发展到全国。在美国，目前已经实施了大量恢复性司法项目，这些项目的组织者主要有四个：一是与教会相关的调解组织，如美国第一个被害人－加害人和解计划就是由"门诺派中央委员会"和"囚犯与社区联合会"共同组建的，现在一些被害人和加害人调解计划还是由各种教会赞助。二是以社区共同体为核心的私人非营利机构，"囚犯与社区联合会"就是这样一个机构，在最初的时候，"囚犯与社区联合会"只为犯罪人服务，后来扩展到为被害人服务。三是一些以缓刑为主的机构，这些机构通常在执行缓刑工作的基础上聘请工作人员专司调解。四是纠纷和解中心，它是在原来的社区纠纷和解中心（主要处理邻里纠纷）的基础上发展起来的。[1]

目前在美国的恢复性司法模式大致有两大类：一是面对面的恢复性司法模式，包括被害人－加害人调解模式、恢复性司法会议、圆桌会议模式以及社区委员会或小组模式四种；二是非面对面的恢复性司法实践。

2. 加拿大。在加拿大，恢复性司法的实施可以在刑事司法运作的不同阶段。按照加拿大《刑法典》第717条和《青年犯罪法》第4条之规定，警察在移送起诉之前，可以对案件采用

---

〔1〕 参见［美］博西格诺：《法律之门》，邓子滨译，华夏出版社2002年版，第660～663页。

替代性措施或运用转向项目。在起诉以后，也可以移送替代性项目或社区司法委员会，如果在这个阶段能够成功解决，指控将会终止。在量刑阶段，量刑圈可以协助法官决定一个合适的刑罚。在判刑以后，和解小组会帮助来满足被害人和加害人情感上的需要，也包括努力创造一个更安全的监狱环境以更好地矫治犯罪人。世界上第一个恢复性司法案例发生在 1974 年的加拿大安大略省的基切纳市。另外，恢复性司法的最主要模式之一，在北美非常盛行的量刑圈起源于加拿大的印第安人社区。到 1998 年，全加拿大大约有 200 个修复性司法项目。加拿大目前有四个代表性的项目：①恢复性解决项目；②社区治疗项目；③社区会议项目；④量刑圈。[1]

3. 英国。在英国，一些全国性组织为了促进恢复性司法的发展成立了恢复性司法联合体（The Restorative Justice Consortium），其目的是：①影响政策制定者以使他们充分重视恢复性司法的需要；②传播恢复性司法讯息；③在刑事司法制度和民众中提高对恢复性优点的认识；④推荐恢复性司法项目的标准；⑤分享联合体各成员的信息和经验。[2]

英国的恢复性司法起源于少年矫正制度，最早在刑事司法中实施恢复性司法的是英格兰和威尔士的牛津郡警察局。他们认为，犯罪活动不仅是对国家刑法所保护的社会关系的一种侵害，更重要的是造成了对被害人安全的威胁。因此，他们在处理青少年犯罪案件时，注重社会各方面力量的参与，形成感化、教育和治理青少年罪犯的合力。

英国还建立了青少年犯罪组织（Youth Offender Panels, YOPs）作为恢复性司法的项目进行推广。该小组通常在法院发

---

〔1〕　陈晓明：《修复性司法的理论与实践》，法律出版社 2006 年版，第 97 页。
〔2〕　陈晓明：《修复性司法的理论与实践》，法律出版社 2006 年版，第 96 页。

出命令后的 15 个工作日之内要举行第一次座谈会议。会议至少包括两名经过青少年犯罪组（YOT）训练的社区志愿者参加，其中一名主持会议。年龄在 16 岁以下的青少年加害人及其父母，还有被害人及其父母，社区成员等都参加座谈。青少年犯罪座谈小组通常会和加害人达成一项协议，要求其为被害人和社区服务并采取一定的措施防止再次犯罪。如果达不成协议或者加害人拒绝签署协议，那么他将会被送回法院重新审判。青少年犯罪座谈小组至少要举行一次会议，并且负责监督加害人遵守和履行协议，如果规定的期限达到后没有违反的情况，那么按照 1974 年《犯罪归复法》的规定他的犯罪记录会被撤销。[1] 1998 年《犯罪与妨害治安法》和 1999 年《青少年司法与刑事证据法》，正式把恢复性司法程序纳入到青少年司法系统内。目前，英国对恢复性司法的兴趣正日益增长。可以说，恢复性司法已经成为英国刑事司法的主流。

4. 新西兰。现代恢复性司法最重要的模式之一——家庭团体会议就发端于新西兰，将这种模式纳入法律体系是由于传统青少年司法的失败。它融入了土著毛利人强调家庭和社区作用的价值观，于 1989 年经《儿童、青年及其家庭行为法》（The Children Young Persons and Their Families Act）的制定而正式创建。由于新西兰法律对青少年逮捕的严格限制，现在，除了谋杀案件外，所有的青少年犯罪案件都会由法院转交家庭团体会议来处理。目前，每年大约有 5000 个青年司法会议被举行，结果使得法院案件下降了 80%。在新西兰，一半以上的被害人认为在家庭团体会议上他们可以毫无压力地、自由地发言，并在达成协议的过程中起重要作用，2/3 的加害人家庭成员对过程表

---

〔1〕 陈晓明：《修复性司法的理论与实践》，法律出版社 2006 年版，第 97 页。

示满意，认为他们在会议上发挥了作用，对最终协议的达成拥有部分决定权。新西兰的家庭团体会议模式被认为是第一个真正将恢复性司法纳入西方法律体系中的模式。

现在，新西兰的家庭团体会议也可以适用于成年人犯罪案件。不仅如此，即使是进入正式的刑事司法程序，在量刑时也要考虑恢复性因素。新西兰 2002 年《量刑法》（The Sentencing Act）第 7 条就规定，在量刑时必须考虑：①促使加害人承担对被害人和社区所致损害的责任；②提高加害人的责任意识；③关注被害人的利益；④促进损害的修复。

5. 澳大利亚。在澳大利亚，恢复性司法也呈良好发展趋势。早在 1987 年，澳大利亚刑事法律改革学会社团就发起了恢复性司法的改革运动。布雷斯韦特就是研究和倡导恢复性司法的领头人。他创立的"融合性羞辱理论"已经成为恢复性司法的理论基础。该理论致力于在保持犯罪人尊严的情况下，使犯罪人对他们的所作所为感到羞愧，并且通过承担责任而能够重新回归社区。

澳大利亚现在开展的修复性司法项目主要是从新西兰借鉴的家庭团体会议。1991 年，新南威尔士州的一个农村小镇瓦格瓦格的警察首先进行了尝试，获得极大关注，导致 1997 年的《青少年犯罪法》的出台。但它也招致了批评，认为不仅扩大了警察的权限，而且也扩大了社会控制网。不过，恢复性会议模式在全国仍然得到快速发展。昆士兰州建立于 1992 年，首都地区是 1993 年，南澳大利亚和西澳大利亚是 1994 年，塔斯马尼亚是 1997 年。

（二）大陆法系主要国家的实践

1. 德国。迄今为止，最为全面地规定恢复性司法制度的国家是德国。德国《少年刑事法》、刑法典和刑事诉讼法典都从不同角度明确规定了刑事和解是一种刑事转处措施。1990 年《少年刑事法》明确规定了恢复性司法是一种转处措施，而自 1994

年以来，如果被告人已赔偿了被害人损失或者在审判之前至少真诚地努力这样去做，法庭就有权据此减轻刑罚、判处缓刑或对1年以下的自由刑及罚金免除刑罚。德国是目前欧洲调解项目最多的国家，大约有400种，其中大多是为青少年犯罪而设。德国刑法典第46条（a）规定："行为人具备下列情形之一的，法院可依第49条第1款减轻其刑罚，或者，如果科处的刑罚不超过360单位日额金之罚金刑的，则免除其刑罚：①行为人努力与被害人达成和解（行为人—被害人和解），对其行为造成的损害全部或大部予以补偿，或认真致力于对其行为造成的损害进行补偿的；②或在行为人可以自主决定对损害进行补偿或者不补偿的情况下，他对被害人的损害进行了全部或大部分补偿。"[1]另外，按照《德国刑事诉讼法典》第380条和第153条（a）之规定，刑事案件分为自诉案件和公诉案件，对于罪行轻微的自诉案件，由州司法管理部门指定的调解机构进行调解，只有调解无效时才准许自诉人提起诉讼。对于公诉案件中的轻罪案件，经过负责开始审理程序的法院和被指控人的同意，检察院可以对轻罪暂时不予提起公诉，同时要求被告人做出一定的给付，弥补行为造成的损失；如果被告人履行了要求，则不再追诉犯罪。可见，调解项目在德国已被置于法律框架之下，在法律中有一席之地，成为法律体系的一部分，这样，调解服务实际上由检察官或法官发起，作为一种可选方案存在。被害人和加害人调解可能由少年法院主持，也可能由社会服务组织主持，还可能由其他独立的社会组织进行。

从1994年开始，在新的刑事司法法案下，调解也被正式作为成年犯罪人的一种选择，主要适用可能判处1年以下监禁或

---

〔1〕 徐久生、庄敬华译：《德国刑法典》，中国方正出版社2002年版，第17页。

者罚金的犯罪人。德国目前对适用调解的条件是：①参与者自愿；②被害人是个人；③加害人认罪；④案件的事实和状况能明确地证实；⑤限于轻微犯罪和一般的犯罪，对于性犯罪和暴力犯罪只在若干例外中适用。在德国的许多调解机构都设有"被害人基金"（Victim Fund），当加害人无钱支付赔偿的时候，可以从基金中获得无息贷款，然后再通过社区劳动予以偿还。按照 1976 年德国《被害人补偿法》（the Victim Compensation Act），被害人还可以从政府获得医疗金、基本养老金和残疾人保障金。在德国，被害人 – 加害人调解已遍布全国，并且都是以每年两位数的发展速度快速增长。[1]

2. 法国。在法国，有关被害人 – 加害人调解的法律主要是刑事诉讼法、司法部通函和国家被害人援助和调解协会的声明。1993 年 1 月 4 日法国议会通过对《法国刑事诉讼法典》第 41 条之补充规定规定："共和国检察官如认为进行调解可以保证受害人受到的损害得到赔偿，可以终止因犯罪造成的扰乱，有助于罪犯重返社会，在其就公诉作出决定之前，并征得各方当事人的同意，可以决定实行调解。"根据这一规定，法国刑事诉讼的调解程序存在于检察官提起公诉前的侦查程序，适用范围不限于特定种类的案件，对于达成调解协议的案件，检察官作出不予立案的决定，从而使诉讼过程止于侦查阶段。实际的调解过程中，调解人不是检察官，而是中立的第三人，其基本作用就是负责使双方的观点相互接近。[2]

被害人援助协会通常主持调解活动，但它们必须得到检察官授权，国家保护被害人办公室批准，并与司法部签订一个开

---

〔1〕　陈晓明：《修复性司法的理论与实践》，法律出版社 2006 年版，第 97 页。
〔2〕　[法] 卡斯东·斯特法尼：《法国刑事诉讼法精义》，罗结珍译，中国政法大学出版社 1999 年版，第 504 页。

展这项活动的协议。这项协议主要涉及调解的原则、标准、组织、启动和结束等事项，具有法律效力。协会从中央基金获得财政支持，当事人是免费的。为了鼓励调解，当事人聘请的律师可由上述基金支付。国家被害人援助和调解协会是调解的管理组织，它协调了全国160个被害人援助服务协会，提供调解的教育和培训，协助各地调解组织的建立，制定调解的伦理规则，并和各级政府保持密切接触。

调解通常有四个阶段：第一个阶段是协会与检察官的信息交换，对案件的初步分析和当事人的初步接触；第二阶段是进行调解；第三个阶段是达成协议；第四个阶段是协议的履行与评估。在1995年，一共进行了33600次调解，其中，60%有调解协会主持，40%由个体调解员主持。有约50%的案件属于身体伤害，1/3属涉财案件。此外，还有一些邻里纠纷，如制造噪音等。[1]

3. 日本。日本对恢复性司法精神的探索，渊源于被刑事被害人的保护。第二次世界大战以来，没有任何一个工业国家比日本更有效地处理了犯罪问题。过去几十年来，除了交通肇事以外，日本所有类型的犯罪都呈下降趋势。在处理犯罪的过程中，日本得出了这样一个结论，即成功的关键是司法人员、社区成员、加害人和被害人共同努力防止犯罪并将加害人融入社区。所以，无论是警察、检察官，还是法官都分享了这样一个思想，即对加害人需要改正，而不是惩罚和监禁。从警察的调查开始到法院的判决的整个过程都关注加害人的认罪和忏悔，并以此作为对加害人判处较轻处罚的依据。

在日本，道歉、宽恕和补偿传统上在刑事案件处理过程中就有重要的影响，正是因为这一点，许多修复性司法学者都拿

---

[1] 陈晓明：《修复性司法的理论与实践》，法律出版社2006年版，第97页。

日本作为例子来说明恢复性司法如何影响犯罪和社会。除了要求加害人认罪和忏悔外，寻求被害人谅解也已成为标准程序。

加害人或其代表在进入正式刑事司法程序之前与被害人进行协商也是被允许的。这种非正式的协商称之为"jidan"，目的是在加害人和被害人之间寻求达成一个有关物质和精神损害的补偿协议。虽然这是非正式的，但是它能影响正式的法庭程序，可能导致程序的终止或较轻的刑罚处罚。

4. 俄罗斯。俄罗斯刑诉法根据所实施犯罪的性质和严重程度，把案件分为公诉案件、自诉－公诉案件和自诉案件。对自诉案件，只能根据被害人、其法定代理人和代理人的告诉提起，并因被害人与刑事被告人和解而终止。在法庭退入评议室做出刑事判决书之前允许进行和解。对于自诉－公诉案件只能根据被害人的告诉提起，不得因被害人与刑事被告人的和解而终止。但对第一次涉嫌或被指控实施轻罪或中等严重的犯罪而受到刑事追究的人，如果该人与被害人和解并弥补对被害人造成的损害，法院、检察长以及侦查员和调查人员经检察长同意，有权根据被害人或其法定代理人申请终止对之提起的刑事诉讼。[1]和解法官对被害人或其法定代理人申请提起的自诉案件可以进行和解。如果被害人孤立无援或其他原因不能维护自己的权利和合法利益，可以由检察长提起刑事案件。检察长介入刑事案件不剥夺控辩双方和解的权利。和解法官在开庭时向双方说明进行和解的可能性，如果双方达成和解协议向法院申请和解，则和解法官作出终止刑事诉讼的裁决。[2]

---

〔1〕　参见《俄罗斯联邦刑事诉讼法典》，黄道秀译，中国政法大学出版社2003年版，第16~19页。

〔2〕　参见《俄罗斯联邦刑事诉讼法典》，黄道秀译，中国政法大学出版社2003年版，第219~220页。

┃┃ 第二节 恢复性司法基本理念的内容

从上节探讨中，我们不难看出：无论是恢复性司法的理论还是实践，都离不开其所具有的独特理念。质言之，恢复性司法理念，尤其是基本理念是整个恢复性司法理论与实践的核心与灵魂。这就很好地证明了下述事实：恢复性司法在各国虽然可以表现为形态各异的运作模式，但其所体现的精神和追求的目标是一致或大体是一致的。因此，对恢复性司法的理念，尤其是其基本理念的框架与内涵进行界定，就具有重大的理论与实践价值。当然，恢复性司法理念包含了太多的内容，不可能全部加以研究。因此，本节仅对恢复性司法基本理念展开探讨。

一、理念的界定

"困难始于界说（definitions）。如若我们认真的想一想，就知道界说含有束缚和拘束的作用。界说一方面指使它的使用者，另一方面又显现出使用者的取向。界说埋藏在它的使用者的观念与他的理论化工作之中。"[1] "理念" 是个外来词，是经希腊语 idea 翻译而来。"理念" 一词在希腊语中的原意是 "图画"和 "模型"，现代大多意为 "思想" 和 "观念"。柏拉图用以指永恒不变而为现实世界之根源的独立存在的、非物质的实体。理念是事物的原形，是永恒不变的、绝对的、唯一真实的存在；康德认为理念为从知性产生而超越经验可能性的概念；而黑格尔则认为理念是自在而为的真理——概念和客观性的绝对统一。

---

〔1〕 〔美〕尤劳：《政治行为论》，陈少廷译，我国台湾地区 "商务印书馆" 1978 年版，第 22 页。

在实际运用中，理念已远远脱离了其通常的"想法、念头、主意"等较为生活化的肤浅含义，而是指"在一定世界观之下的某种基本立场、观点和追求。"

理念与价值有着密切的联系。从价值与理念的词源探析中可以看出，价值和理念是两个不同的范畴。与理念相比较，价值更具体、更形象；与价值比起来，理念更抽象、更概括。从某种程度上讲，价值是在理念指导下的表现形式。总之，理念是价值的上位概念，理念高于价值。

二、恢复性司法基本理念的认识

对于恢复性司法理念，尤其是基本理念的认识，中外许多学者分别从概念、内涵和理论基础等方面发表了自己独到的见解。笔者拟通过对这些见解的梳理，试图初步提出有关恢复性司法基本理念的基本框架。

笔者认为，凡奈思应该是较早提出恢复性司法基本理念的学者之一。1990 年，凡奈思在一篇题目为《恢复性司法》的文章中论述了恢复性司法的基本理念，主要包括三个方面：一是犯罪造成对被害人、犯罪人本身和社区的伤害；二是不仅政府，而且被害人、犯罪人和社区都应当积极地参与到刑事司法过程中；三是在促进正义的过程中，政府应当担负起维护秩序的责任，而社区应当担负起建立和平的责任。[1]

1997 年，美国东门诺大学的霍华德·泽尔（Howard Zehr）和中密歇根大学的米克（Harry Mika）进一步详细论述了恢复性

---

〔1〕 吴宗宪："恢复性司法述评"，载《江苏公安专科学校学报》2002 年第 3 期。

司法的基本理念，他们的论述纲要如下[1]：

1. 犯罪基本上是对他人和人际关系的侵害。①被害人和社区受到侵害，需要恢复；②被害人、犯罪人和遭受影响的社区是司法中的主要利害关系方。

2. 犯罪行为引起了义务和责任。①犯罪人的义务是尽可能地纠正错误；②社区的义务是对被害人和犯罪人的义务，承担义务是为了促进社区成员的一般福利。

3. 恢复性司法寻求调停和纠正错误。①被害人对信息、确认、证明无辜、赔偿、证言、安全和支持的需要，是司法活动的出发点；②司法过程中充分重视为被害人与犯罪人之间的信息交流、参与、对话和相互同意提供机会；③应当承认犯罪人的需要和能力；④司法过程属于社区；⑤司法过程应当关注犯罪与被害的后果或者反应。

无论是凡奈思还是泽尔和米克都是从具体内容的角度来探讨恢复性司法基本理念的，我国许多学者亦持相同的进路。

宋英辉教授认为，恢复性司法的基本理念就是：政府的作用限于维护正义的公共秩序，社区的作用是建设和保持公正的和平；犯罪不应当被认为是对公共规则的违反或者对抽象法道德秩序的侵犯，而应当被认为是对被害人的损害、对社区和平与安全的威胁与挑战。对犯罪的反应应当致力于减轻这种损害、威胁和挑战。纯粹报应性司法不仅不能减轻社会的损失总量，无法完全满足被害人的赔偿需要和促进社区冲突的解决，而且在促进公共安全方面的作用也是有限的。[2]

---

〔1〕 详情请参见吴宗宪："恢复性司法述评"，载《江苏公安专科学校学报》2002年第3期。

〔2〕 宋英辉、许身健："恢复性司法程序之思考"，载《现代法学》2004年第6期。

梁根林教授认为，恢复性司法的基本理念在于：犯罪不应当被认为是对公共规则的违反或者对抽象的法律道德秩序的侵犯，而应当被认为是对被害人的损害、对社区和平与安全的威胁以及对社会公共秩序的挑战。对犯罪的反应应当致力于减轻这种损害、威胁和挑战。纯粹报应性的犯罪反应不仅不能减轻社会的损失总量，而且无法有效地满足被害人的赔偿需要和促进社区冲突的解决，很少促进公共安全。[1]

周长军教授认为，恢复性司法的理念强调实现被告人、被害人和社区的三者共赢，强调实现被告人的改过自新、对被害人的弥补和恢复以及社区关系的恢复。[2]恢复性司法的基本理念主要是平衡与恢复（balanced and restorative）。平衡是指，司法制度的运作应兼顾社会防卫（protection）、加害人补偿受害人（accountability）以及培养加害人负责能力（competence development）等三项功能。所谓恢复是相对于报应（retribution）的观念，认为司法的目的不在于惩罚犯罪人的违法行为，而在修复该行为对被害人、加害人及社会造成的伤害。[3]

张云鹏女士认为，恢复性司法的基本理念包括四个方面：其一，恢复性司法追求个案的具体公正即当事人双方认同的公正而非抽象的具有普适性的公正。其二，恢复性司法以实现对被告人与被害人利益的平等保护为其根本意蕴。其三，恢复性

---

〔1〕 梁根林："刑事政策解读"，载陈兴良主编：《中国刑事政策检讨》，中国检察出版社2004年版，第65页。

〔2〕 于改之等："'恢复性司法理论国际研讨会'综述"，载《华东政法大学学报》2007年第4期。

〔3〕 "Balanced and Restorative Justice for Juveniles", *OJJDP*, 1997. 转引自王效梅："我国少年司法制度中引入恢复性司法之思考"，载《中国优秀硕士学位论文全文数据库》，第16页。http://lsg.cnki.net/grid20/Brief.aspx? ID = 9&classtype = &systemno = &NaviDatabaseName = &NaviField = ，最后访问日期：2009年10月10日。

司法通过避免使刑事案件进入正规司法程序而实现节约司法资源、诉讼效益价值。其四，恢复性司法力求正常关系的恢复，崇尚社会和谐发展。[1]

刘仁文教授和周振杰教授在对恢复性司法与传统刑事司法进行比较的基础上从以下七个方面对恢复性司法基本理念进行了界定[2]：其一，恢复性司法在犯罪观上与传统理论有所不同。其二，恢复性司法认为，正规的刑事司法系统以沉默权、排除规则等规定"鼓励"犯罪人否认有罪指控，逃避刑事责任。而恢复性司法则从通过犯罪人与被害人面对面的交流，使他们切实感受到自己行为给他人带来的恶劣影响，并对自己的行为产生道德上的否定，从而下决心不再犯罪。其三，以监禁刑为主的刑罚不仅被证明对降低犯罪率的作用非常有限，而且也不符合文明社会发展的趋势，还伴随司法成本高昂等弊端。因此，恢复性司法主张，在犯罪发生后不能简单地将犯罪人一判了之，而应促成犯罪人、被害人及其双方家庭成员乃至社区成员共同探讨犯罪原因，分清各自的过错和责任，消除误解，这样才能增加彼此的信任和尊重，创造一个更加紧密的社区关系。其四，在恢复性司法学者看来，现行的刑事责任是一种抽象责任，犯罪人通过接受刑罚承担了抽象责任，却逃避了现实的、具体的责任，即面对被害人，了解自己行为的后果，向被害人道歉并提供赔偿，恳求社区成员的原谅并提供社区服务。这种抽象责任不但对很多犯罪人来说是无必要的痛苦（如对偶然犯、非暴力犯），而且对被害人和社区成员而言，同样无现实的意义，因为被害人与社区未能从犯罪人责任中

---

〔1〕 张云鹏："刑事简易程序调解模式的构建：以恢复性司法理念为支撑"，载《甘肃政法学院学报》2007 年第 1 期。

〔2〕 详情参见刘仁文、周振杰："恢复性司法的经济分析"，载王平主编：《恢复性司法论坛》，中国检察出版社 2007 年版，第 5~6 页。

获得权利，因此他们也就不可能真正原谅犯罪人，并接受他回归到社区中来。其五，在对犯罪原因的解释上，恢复性司法不大注重形而上的意志自由和社会决定论的争论，而是从"可以被经验证实的"角度出发，着眼于社区生活和人际交往，并认为犯罪是犯罪人的消极生活态度和不善于控制自己的情绪冲动以及意志力脆弱造成的。其六，现行的刑事司法模式是事后反应型模式，它只是在犯罪发生后才被动地介入，并通过对犯罪人的严厉惩罚来起到杀一儆百的作用，这种模式往往对社会上大量存在的犯罪隐患视而不见，对轻微刑事案件不予重视，它不利于消除犯罪的渊薮。与此相对应，恢复性司法对大量的轻微刑事案件乃至尚未构成犯罪的一般性邻里纠纷给予关注，尽可能在犯罪的早期阶段介入，通过化解人际关系，减少社区矛盾来减少犯罪。其七，在恢复性司法程序中，除了将被害人和受害人置于中心位置，双方的家庭成员、亲友以及其他受到犯罪影响的人都被鼓励参加到犯罪的处理过程中来。

陈晓明教授和于改之副教授对恢复性司法基本理念的理解则表现出不同的进路。陈晓明教授对恢复性司法理念的定义和内容两方面进行了探讨，他认为，修复性司法的理念就是修复性司法的内在精神，是修复性司法原则和哲学的凝练，是修复性司法思想和实践的结晶，是修复性司法文化的积累。它具有丰富的思想内涵和博大精深的体系，对修复性司法发挥着基础和根本的精神指导作用。其内容包括四个方面：①转换视角；②鼓励参与；③倡导和解；④关注平等。[1]于改之副教授则对恢复性司法理念的基础进行了探讨。她认为，恢复性司法的理念基础是恢复性正义理念、利益平衡理念以及参与制民主理念，

---

〔1〕　参见陈晓明：《修复性司法的理论与实践》，法律出版社 2006 年版，第 20 页。

并对此进行了较详细的阐述[1]。

三、本书对恢复性司法基本理念的设定

通过上文对恢复性司法的基本理论与实践的考察，结合中外诸位学者对其基本理念的理解，笔者认为，所谓恢复性司法基本理念就是指支配恢复性司法运作的一套基本价值观念，是恢复性司法的精神构造。详言之，就是指恢复性司法的内在精神和价值目标，是恢复性司法思想、文化以及实践的灵魂，具有丰富的思想内涵和博大精深的体系，对恢复性司法发挥着基础和根本的精神指导作用。从内容观之，其主要体现为：恢复性司法追求刑事司法专业人员之外的更为广泛的人员的参与；通过增强被害人与社区其他人的作用，恢复性司法的目标是修复犯罪造成的损害以及给被害人、加害人和社区之间带来程度尽可能大的和解；当加害人被视为可恢复的主体时，恢复性司法并不过多依赖于惩罚来达到此目标；恢复性司法强调和解以及加害人重新融入社区的需要。[2]

恢复性司法基本理念可以概括为四个方面：其一，以恢复为核心目标；其二，鼓励和解与调解；其三，以被害人为导向；其四，司法社区化。这四个基本理念可以用"3R"，即责任（Responsibility）、恢复（Restoration）和回归（Reintegration）进行概括。所谓责任是指加害者要承担因自己的加害行为所造成的责任；所谓恢复则是指加害人通过向受害者及其社区道歉、赔偿等手段，以修复因其加害行为所破坏的他们相互之间的社

〔1〕 详情见于改之、吴玉萍："多元视角下恢复性司法的理论基础"，载《山东大学学报》（哲学社会科学版）2007年第4期。
〔2〕 Susan L. Smith-Cunnien, "Restorative Justice in the Criminal Justice Curriculum", *Journal of Criminal Justice Education*, Vol. 12, No. 2, Fall, 2001, p. 385.

会关系；所谓回归是指加害者，有时候也包括被害人重新融合到社区或社会。[1]笔者之所以认为恢复性司法基本理念体现为上述四个方面，主要基于如下理由：

第一，恢复性司法的核心目标就是恢复（restoration）。通过对恢复性司法产生背景的考察，传统刑事司法对防治犯罪的失败是产生恢复性司法的根源。传统刑事司法之所以在犯罪防治上失败，主要体现在两个方面：一是以刑罚为惩治手段的制度既无法有效地改造犯罪人，也无法有效地震慑潜在的犯罪人。其实，真正"罪犯"的产生，正是刑事司法领域中许多微妙、具有符号意义的行为起作用的结果。[2]二是将犯罪视作是罪犯与国家之间矛盾冲突的传统犯罪观将真正利益方——被害人排斥在刑事司法体制之外，导致产生犯罪的不稳定因素并没有被彻底地消除。而且，以犯罪人为导向的传统刑事司法由于过多关注国家利益，被害人所曾蒙受的损失很难获得实质性补救，国家亦因刑事执行而增加财政负担。这种状况下，一则犯罪人再社会化困难，二则被害人在精神、社会、财物上会遭到损害（二度伤害），三则国家并没有实现防控犯罪的目标。这种国家、犯罪人和被害人皆输的局面根本无助于社会矛盾的化解，反而导致社会不和谐因素越聚越多，从而导致一种国家不管打击力度多大而犯罪率总是居高不下甚至反而上升的反常现象。有效防治犯罪，最好的办法就是让冲突各方因犯罪所受损的利益及

---

[1]　对于加害人的回归我们不难理解，但对于被害人的回归可能有人不太清楚。其实被害人也存在一个被社区或社会重新接纳的问题，主要有以下两个方面的原因：一是加害与被害是一个互动的过程，被害人被害有时是由自己的原因造成的，这会引起社区或社会的不满；二是被害人也存在一个"被害标签"的问题，"被害标签"效应也会在社区或社会与被害人之间造成相互心理上的隔离或隔绝。

[2]　[荷兰] 约翰·布拉德："社区调解、刑事司法与恢复性司法：法律制度的重构"，戈玉和译，载《人大复印资料：诉讼法学、司法制度》2006年12期。

其相互关系得到有效恢复。

第二，恢复性司法鼓励和解与调解，体现了人类社会对治理犯罪的理性态度和深刻的人文关怀精神。孟德斯鸠指出："治理人类不要用极端方法；我们对于自然所给予我们领导人类的手段，应该谨慎地使用"，"在共和制国家里，爱国、知耻、畏惧责难，都是约束的力量，能够防止许多犯罪，所以，刑罚要轻，而且除非万不得已不得轻易适用刑罚。……人类应顺从自然，从自然给予人类的羞耻之心中受到鞭责，把不名誉作为刑罚的最重要部分，这样各种残酷的刑罚都是多余的了。"[1]而和解与调解只有在社区内并在被害人、加害人、社区以及与犯罪相关的所有利害方积极参与的情况下才能有效展开。这一方面要求国家权力尽量不要介入该过程，体现社区在纠纷处理中的主导地位；另一方面则要在和解与调解过程中体现以被害人为导向的各方利益的平衡。

（一）以恢复为核心目标

以恢复为核心目标可以说是恢复性司法的核心理念，它通过支持被害人参与司法过程对其"赋权"（empower），了解他们物质和精神所受到的损害，弥补他们的损失，恢复尊严和自信；要求和鼓励犯罪人积极悔过、真诚道歉，主动承担责任并做出赔偿以获得宽恕与自尊，帮助其提高能力以重新融入社区、回归社会；吸纳其他利害关系人的参与，增强他们对犯罪的警觉、对社区的责任心，恢复他们的安全感。[2]恢复性司法的"恢复"理念不仅针对过去，更注重现在和未来，恢复性司法其他理念都是围绕该

---

[1]　参见［法］孟德斯鸠：《论法的精神》（上册），张雁深译，商务印书馆1993年版，第95页。

[2]　闻刚："恢复性司法的核心价值和基本功能"，载王平主编：《恢复性司法论坛》，群众出版社2006年版，第20页。

理念而产生与存在的。"恢复"是恢复性司法概念的核心，正如"报应"之于报应性司法一样重要。[1]可以这样说，犯罪的发生打破了被害人、加害人和社区的利益和关系之间的平衡，因此，恢复这种平衡就显得格外重要。霍贝尔（E. Adamson Hoebel）对原始法律的运作与医生的工作进行了比较，认为正如医生的职责在于使人体保持健康一样，法律的职责在于通过将争议各方的关系带回到平衡状态而使社会机体保持健康。[2]当然，这种恢复不是简单地把社会关系恢复到犯罪之前的状态，而是恢复到一种和谐的状态，因此，在恢复的过程中，犯罪前的状态是否合理与公正是必须考虑的因素。鉴于此，为了真正实现被害人、加害人和社区相互之间关系的恢复，以使犯罪问题得到妥善处理和确保类似事件不再发生，我们必须对引起犯罪发生的社会关系进行反思，力争达到实现一个平等社会关系的理想状态，其实，这才是真正的恢复性理念。陈晓明教授也认为，修复性司法的核心思想就是"修复"，即改传统的"惩罚"、"矫正"为"修复"，改传统的"国家（司法机关）—犯罪人"的刑事司法模式为"加害人—受害人"模式，其基本目标包括：①充分地满足被害人和其他受到犯罪影响的人在经济、情感和社会方面的需要；②把加害人重新融入社会以防止其再次犯罪；③促使加害人对其行为主动承担责任；④重建一个有利于加害人回归、被害人康复的主动预防犯罪的社区环境；⑤创建一个避免司法运作成本不断攀高以及正义被不断地迟延的新路径。[3]

---

〔1〕 刘方权："恢复性司法：一个概念性框架"，载王平主编：《恢复性司法论坛》，群众出版社2005年版，第149页。

〔2〕 〔美〕E. A. 霍贝尔：《初民的法律》，周勇译，中国社会科学出版社1993年版，第8页。

〔3〕 陈晓明：《修复性司法的理论与实践》，法律出版社2006年版，第12页。

恢复的内容是多方面的，例如约翰·布雷斯韦特从共和主义者的角度认为以下方面的恢复很重要：修复财产损失、恢复被害者、恢复安全感、修复尊严、修复被授权感、恢复协商的民主、在正义已被实现的基础上恢复和谐、恢复社会的支持。[1]又如陈晓明教授认为，修复的内容是财产损失、人身伤害、安全意识、尊严、权利意识、民主、和谐和社会支持。[2]笔者以为，恢复的内容体现在主体和具体内容两大方面[3]：一方面，从主体方面分析，"恢复"的含义是多方面的，主要包括：一是被害人方面，要恢复被害人的身心状态和财产。为此，要关注被害人的需要，包括物质需要、金钱需要、情感需要和社会需要，并且设法满足这些需要。二是社区方面，要恢复犯罪行为对社区造成的损害，包括对社区的社会秩序、人际关系、物质损害等。三是加害人方面，要恢复加害人的守法生活。为此，要让加害人主动承担对自己的加害（犯罪）行为的责任，设法帮助加害人重新整合到社区生活中，预防加害人重新犯罪。另一方面，从具体内容方面分析，被加害（犯罪）行为破坏、侵害的事物都要恢复。这些事物主要包括：一为物质形态，就物质形态而言，加害（犯罪）行为可能会造成建筑的破坏、环境的损害等，在恢复性司法模式下，要让加害人恢复他们的加害（犯罪）行为所造成的这些物质损害。二为社会秩序，就社会秩序而言，加害（犯罪）行为可能会造成某一地区社会秩序的混乱，引起人们的消极情绪、道德堕落等，这些不良后果也

---

〔1〕〔澳〕约翰·布雷斯韦特：《恢复性司法：积极和消极理由评估》，刘山燏译，载王平主编：《恢复性司法论坛》，中国检察出版社2007年版，第273页。

〔2〕陈晓明："修复性司法：一种刑事司法的新模式"，载《福建法学》2007年第1期。

〔3〕吴宗宪："恢复性司法述评"，载《江苏公安专科学校学报》2002年第3期。

要让加害人通过一定的行为加以恢复。三为人际关系，就人际
关系的损害而言，加害（犯罪）行为往往对被害人造成直接的
侵害，要让加害人通过多种行为取得被害人的理解和谅解，努
力恢复被加害（犯罪）行为所破坏的人际关系。

　　笔者认为，人际关系的恢复应是恢复内容的核心。笔者意
指的人际关系是从广义上来理解的，既包括被害人与加害人之
间的关系，也包括被害人、加害人与社区的关系。犯罪损害了
特定人，诸如被害人、加害人、他们各自的家人和朋友的关系。
被害人的家人和朋友经历的情感创伤很深，有时甚至超过了被
害人，他们因未能保护好自己深爱的人而倍感自责，因此，他
们往往把怒气撒向加害人。加害人和其家人之间的信任度也会
因加害人的加害（犯罪）行为而降低并且其家人可能会有一种
强烈的羞愧感。对于社区而言，犯罪导致了特定社区公众的恐
慌、降低了社区的安全系数，从而导致社区民众安全感的丧失。
在这样的情形下，会进一步鼓励犯罪并最终会导致整个社区秩
序的瓦解。如果生活在这样一个秩序混乱、人人自危和毫无生
活质量的社区，人们，尤其是年轻人极易犯罪。因此，犯罪既
导致了社区的功能失调，反过来，功能失调的社区又会鼓励犯
罪。因此，恢复被害人、加害人与社区相互之间的关系就十分
重要。恢复性司法中含有赔偿司法之物质损害补偿，含有矫正
司法之非物质损害之补偿，含有报应司法之对于社会平等之追
求，但其更注重社会关系的恢复，认为社会平等即在关系上的
平等，当与犯罪有关的每一方当事人都获得平等对待，享有尊
严，并被关怀，这种关系上的平等就实现了。[1]

---

　　[1]　彭海青："论恢复性司法"，载王平主编：《恢复性司法论坛》，群众出版
社2005年版，第112页。

（二）鼓励和解与调解

"鼓励和解与调解"实际上是强调以和解与调解作为最基本的手段来实现"恢复"的目标。对于犯罪人，动用刑罚予以惩罚固然重要，但最好的解决途径应该是通过宽恕以达到当事人之间的和解。"从暴力发生之后就开始了一个漫长的冲突化解过程，这一过程的终点是实现和解，但和解不是无原则的，在这中间还有两个阶段：正义和宽恕。确立正义，弄清是非曲折，说明暴力发生的真相，施暴者也在心灵上受到震动，并真诚悔罪，在此基础上受害者宽恕对方，实现和解。"[1]

所谓和解（Victim-Offender Reconciliation 简称 VOR），又称为刑事和解，是一种以协商合作的形式解决刑事案件的方式，它是在加害人认罪和被害人自愿的基础上，经过双方面对面地交流与协商，最后由加害人通过赔偿、道歉以及其他方式达成和解，司法机关不再对加害人追究刑事责任，或者依据和解结果对其从轻处罚或免除处罚的一种制度。所谓调解，就是将被害人和犯罪人聚在一起，利用一名调解人主持和推动双方会谈的进行，在会谈中被害人讲述他们的受害体验和犯罪对自己的生活造成的影响，犯罪人解释他们究竟做了什么、为什么这样做，回答被害人提出的问题，当双方讲述完毕后，调解人会帮助他们共同确定使事情好转的措施。调解人经常在被害人与犯罪人会面前分别与每一方见面，以便为会谈调解做充分的准备。

按照美国著名犯罪学家约翰·R.戈姆在《刑事和解计划，一个实践和理论架构的考察》中的说法，刑事和解理论基础系

---

〔1〕 ［英］安德鲁·瑞格比：《暴力之后的正义与和解》，刘成译，译林出版社2003年版，第237~238页。

由恢复性正义理论、平衡理论和叙说理论组成。[1]

1. 恢复性正义理论。[2]约翰·R. 戈姆认为，恢复性正义理论特征有三个方面：首先，恢复性正义理论强调犯罪不仅仅是对法律的违反、对政府权威的侵犯，更是对被害人、社会甚至犯罪人自己的伤害。其次，恢复性正义还强调刑事司法程序应有助于对这些伤害的弥补。再次，恢复性正义理论反对政府对犯罪行为的社会回应方面的权力独占，提倡被害人和社会对司法权的参与。[3]

2. 平衡理论。平衡理论是以被害人对何为公平、何为正义的合理期待为前提的。当这种原有的平等和公正的原则被打破时，被害人倾向于选择一种最为简单的方式来帮助恢复他们所期待的平衡。被害人在选择处理方式的时候，都会有一个成本—收益的考量，虽然有时这个考量过程是瞬间的，被害人通常选择的是成本最低、最适合自身的选择方式，至于最终选择何种方式来处理，则取决于该方式的功能和行为人对其的预期成本，包括诉讼成本、时间成本甚至心理方面的成本。[4]

3. 叙说理论。叙说理论把叙说作为心理和精神治疗的手段，被害人就是通过获得向加害人讲述其被害经历的机会，而参与到刑事和解及对社会秩序的重新整合的过程中。在被害人叙说伤害的过程中，加害人的角色主要是聆听被害人的叙说和控诉，与被害人一起分析犯罪故事的情节、人物和主题以实现对故事的共同重构。刑事和解序在某种程度上可以认为是被害人叙说伤害的

---

〔1〕 参见刘方权、陈晓云："西方刑事和解理论基础介评"，载《云南大学学报》（法学版）2003 年第 1 期。

〔2〕 对于恢复性正义的理解，笔者将在本文的第二章展开详细论述。

〔3〕 参见马静华："刑事和解的理论基础及其在我国的制度构想"，载《法律科学》2003 年第 4 期。

〔4〕 刘方权、陈晓云："西方刑事和解理论基础介评"，载《云南大学学报》（法学版）2003 年第 1 期。

过程，在这一过程中，被害人叙说其被害体验，加害人聆听其叙述并进行解构，然后通过加害人与被害人的互动完成对叙说的重构，使受到伤害的人根据对叙说的重构来重塑自我，叙说理论的重要意义关键在于叙说的过程和被害人与加害人之间的共鸣。[1]

恢复性司法提供了一种通过调停纠正错误、寻求和解和促进修复的平台。在这个平台上，被害人起主导作用，有权影响和确定整个活动的进程。恢复性司法充分重视为被害人与加害人之间的交流信息、参与、对话和达成合意提供机会。被害人在确定安排交流的时间、条件和形式方面起主导作用。达成合意（mutual agreement）是优先的选择，为悔恨、宽恕与和解创造了机会。恢复性司法也承认和尊重加害人的需要和能力，甚至承认加害人自己也受到伤害，重视加害人的康复和回归社区。在司法过程中，注重对加害人的帮助和治疗，尽可能地让他们留在社区，而不是让他们与社会隔绝。恢复性司法把其个人的自我转化看得比通过惩罚而转化更为重要。调解和仲裁程序的构想，是在不使用正式刑事诉讼的情况下为求得罪犯和被害人之间利益的公平结果。作为正式审判的对立物的调解和仲裁程序的主要优点在于，它事实上避免了涉讼各方被打上诉讼烙印的可能，而使得他们作为提起诉讼的主体兼刑事司法的代理人参加诉讼，解决彼此的冲突。[2]

（三）以被害人为导向

"以被害人为导向"是指在以被害人利益保护为中心的前提下，兼顾保护社区和加害人的利益，实现被害人、加害人和社

---

〔1〕 马静华："刑事和解的理论基础及其在我国的制度构想"，载《法律科学》2003 年第 4 期。

〔2〕 ［德］汉斯·约阿希姆·施奈德：《国际范围内的被害人》，许章润译，中国人民公安大学出版社 1992 年版，第 429 页。

区利益的平衡。张绍谦教授指出，在恢复性司法理论中，犯罪人、被害人以及他们所在的社区都是犯罪的利害关系人，三者的利益应当均衡，他们都应当成为恢复性司法程序的主体，恢复性司法程序的功能就在于满足各犯罪利害关系人对司法的需求。[1]笔者认为，这种平衡不是平均着墨，而是有所侧重，即侧重保护被害人的利益。日本学者齐藤由纪博士认为，恢复性司法是受害人救济制度的一种，是将"被遗忘的"犯罪受害人纳入刑事程序的法律制度，积极地将参加刑事程序作为被害人的权利而进行定位的动向是源于受害人保护运动的发展。[2]恢复性司法之所以侧重于保护被害人的利益是与其历史使命有关的。恢复性司法产生的一个重要背景就是20世纪70年代被害人保护运动及被害人学的兴起。在传统的刑事司法制度当中，尤其自二战以来，被告人（即犯罪人）的权益得到了日益完善的保障。与之相反，被害人在刑事司法制度中仅仅拥有相当于证人的地位，成为了一个被遗弃的角色。[3]"在刑事司法制度中，

---

〔1〕　于改之等："'恢复性司法理论国际研讨会'综述"，载《华东政法大学学报》2007年第4期。

〔2〕　于改之等："'恢复性司法理论国际研讨会'综述"，载《华东政法大学学报》2007年第4期。

〔3〕　比如，在美国刑事诉讼中，被害人不是当事人，而主要扮演了证人的角色。为此，被害人对刑事司法是失望的。根据调查，被害人对刑事司法的感受是：①他们只是为实现制度的目的被使用，他们被要求就看见的情况提供陈述，除了有时被请到法庭作证外，他们在大多数时候是被忽视的。②没有要求他们提供被害人认为与案件情况相关的内容。③没有通知他们案件查处的进展情况。④被害人认为司法机关所作出的决定是不公正的，他们因而无法接受，并因此受到了伤害。很多决定与他们的想法、希望、利益恰好相反。似乎这些决定是在完全无视他们的观点、利益、存在的情况下作出的。转引自杨正万：《刑事被害人问题研究》，中国人民公安大学出版社2002年版，第61~62页。另外，仅仅将被害人视为证人，不是个别情况。德国学者伯恩特·许乃曼也持这种看法。他说："在所有的法系当中，当历史的发展已经导致一种官方起诉的确立时，被害人的角色则被简化为诉讼中的证人。"参见［德］伯恩特·许乃曼："刑事制度中之被害人角色研究"，载《中国刑事法杂志》2001年第2期。

被害人常常要面对他人的反感，甚至遭到攻击和回答侮辱其人格却与犯罪无关的提问，他们因此而感到屈辱。正规的社会控制工具，如警察、检察官和法院也许会帮助被害人。但在许多情况下，这些工具却进一步伤害了期望获得其帮助的每一个被害人。大家可以看到，被害人遭受了双重侵害——犯罪和随之而来的社会反应。"[1]

刑事司法制度不应只考虑被告或已决犯的宪法权利，而应同样考虑到被害人的宪法权利和人权。因此，司法制度所保护的不仅是被告的权利，而且是被害人的权利。德国刑法学者施奈德指出，出于保护被害人的目的，刑事司法机构的任务是平息罪犯与受害者之间的怨恨，确认和发展社会生活的准则与价值。但是，"直至今日，依据犯罪行为和罪犯制定的刑法与刑事诉讼法都没有能出色地完成上述这一任务"。[2]因此，强调以被害人利益恢复为核心或导向便是恢复性司法的必然理念。其实，我们强调"以被害人为导向"，并不是要颠覆传统刑事司法强调对犯罪人严密保护的思想，毋宁说，这样做是为了更好地保护犯罪人的利益。"如果被害人未得到良好处遇，则犯罪人面临的危险将会随着每一次被害而增长。犯罪被害人对警方的工作感到失望。被害发生后，被害人更加害怕犯罪。被害使他们更加恐惧和敏感。他们拥护法庭使用更加严厉的刑罚。"[3]也就是说，坚持"以被害人为导向"就能有效地推进刑罚朝轻缓化的方向发展，在保护被害人利益的同时，也保护了犯罪人的利益，

---

〔1〕 ［德〕汉斯·约阿希姆·施奈德：《国际范围内的被害人》，许章润译，中国人民公安大学出版社1992年版，第22页。

〔2〕 ［德〕汉斯·约阿希姆·施奈德：《犯罪学》，吴鑫涛、马君玉译，中国人民公安大学出版社1990年版，第845~846页。

〔3〕 ［德〕汉斯·约阿希姆·施奈德：《国际范围内的被害人》，许章润译，中国人民公安大学出版社1992年版，第20页。

应该说是利益保护的一种平衡或均衡。更何况，"以被害人为导向"在注重对被害人利益进行修复的同时，也强调对犯罪人利益的修复，主要基于两点：一方面，被害人利益最终的修复也要取决于犯罪人被修复的程度；另一方面，在传统刑事司法系统中，被害人和犯罪人都是受害者：被害人的需要没有得到真正满足以及犯罪人很可能被贴上"犯罪人"的标签。正如施奈德所言，"犯罪行为发生后，所有公众的注意力都直接指向罪犯，却完全忘记了可能因违法行为而遭受巨大损失的被害人及其亲属。社会对被害人视如路人；被害人被打上被害的烙印，犯罪者被贴上罪犯的标签"。[1]因此，从人权保护的角度而言，被害人和犯罪人的利益都要得到保护。

社区利益的保护也许是最容易被忽视的，因为人们一般很难意识到犯罪对社区会有什么影响。表面上看，社区作为抽象的人格体，并没有自己独立或直接的利益诉求。但是，社区的利益实质上是组成它的所有单个人利益的集合。犯罪行为不仅直接侵害了被害人的利益，而且侵害了这个社区其他成员的利益，也就是侵害了社区的利益。黑格尔认为，现在，侵害行为不只是影响直接受害人的定在，而是牵涉到整个市民社会的观念和意识。[2]社区受损的利益主要表现在以下几个方面：①破坏了和谐的人际关系。被害人遭到侵害后，尤其是性犯罪，其家庭和邻居可能会做出一些不适当的反应，导致被害人与他们和谐关系的破灭；②造成了社区被信任感的丧失。犯罪造成社区居民对该社区信赖感的降低甚至丧失，他们或迁往其他社区，

---

〔1〕［德］汉斯·约阿希姆·施奈德：《国际范围内的被害人》，许章润译，中国人民公安大学出版社1992年版，第22页。

〔2〕［德］黑格尔：《法哲学原理》，范扬、张企泰译，商务印书馆1961年版，第228页。

或终日惶惶并以邻为壑，以求自保。因此，作为犯罪受害者之一的社区，其利益理应得到保护。

综上以观，"以被害人为导向"理念强调一种以被害人利益保护为导向，对被害人、加害人和社区利益保护的平衡。要做到这种以"被害人为导向"的各方利益的平衡，关键就是要求加害人主动承担责任。日本学者足立昌胜对此作了精当的说明，他认为恢复性司法的产生是刑罚类型发展进步的重要表现，对被害人在刑事司法中主体性地位的认识是恢复性司法产生的重要理论基础，恢复性司法理论是以加害人对受害人的谢罪为基础的人际关系的恢复，在这个恢复的过程中，应当始终把被害人放在核心的位置。[1]恢复性司法鼓励并支持加害人理解、接受并履行他们应尽的义务，要求他们为自己的行为承当个人责任，积极地修复他们对被害人、社区甚至包括更广泛意义上的社会的损害，减轻负疚感。与此同时，被害人与社区对加害人持宽容而不是持复仇的态度，鼓励加害人悔过和重新回归社会，而非强迫和孤立，以避免传统刑事司法所致的不良后果。也只有这样，加害人才会以更加积极合作的态度对自己的加害行为承担责任，在修复被害人和社区的同时，使自己也获得了修复。

（四）司法社区化

司法社区化，也可称之为社区司法，其是被作为与正规刑事司法，即报应性司法相对应的一个概念提出来的。根据克利尔等人看法，社区司法是近年来在刑事司法中盛行的两种类似概念——平衡司法和恢复性司法的一种扩展。与恢复性司法稍有不同的是，平衡司法主要在少年司法领域中使用。其基本观点是，如果在少年司法中把社区、被害人和青少年当作平等的

---

〔1〕 于改之等："'恢复性司法理论国际研讨会'综述"，载《华东政法大学学报》2007 年第 4 期。

参与者看待，就能最大地实现正义。克利尔等人认为，社区司法以及平衡司法和恢复性司法都有两个共同的特点：其一，把犯罪看成是对个人和社区的侵害，而不仅仅是对国家的侵害；其二，对犯罪的处置不仅要促进公共安全，而且要促进更加广泛的社会正义。[1]

笔者以为，克利尔是从司法类型的角度对社区司法进行理解的。从这一角度而言，社区司法并不是随着恢复性司法的产生才产生的，其在人类历史上早就存在。在由国家对犯罪提起公诉以前的时期，可以称之为社区司法时期。霍华德·泽尔（Howard Zehr）曾说，报应性司法不是西方唯一的司法模式。事实上，在我们大部分历史时期里其他的一些司法类型曾长期占据统治地位。只是在过去的几个世纪里，报应性司法才开始处于一种垄断地位。[2]

笔者意指的社区司法是从理念的角度，将其看成是恢复性司法的内容，而不是与恢复性司法相并列的独立的概念。社区司法承认犯罪是对个人的侵害，被害人在处理犯罪的过程中处于中心与主导地位，司法运作以调解和协商为基本过程，司法的目标是通过满足被害人需要使加害人与被害人达成和解。社区司法的基本观点是[3]：①犯罪是一种社区冲突。②犯罪问题只有在社区生活中才能够得到最好的处理。③犯罪是犯罪人错误观念的外化，要降低再犯率，就必须将社区中良好的道德观念内化为犯罪人的观念，而政府对这一点是无能为力的。④对

---

〔1〕　参见吴宗宪："恢复性司法述评"，载《江苏公安专科学校学报》2002 年第 3 期。

〔2〕　Howard Zehr, *Changing Lenses: A New Focus for Crime and Justice*, Herald Press, 2005, p. 15.

〔3〕　详情参见张庆方："恢复性司法研究"，载王平主编：《恢复性司法论坛》，群众出版社 2005 年版，第 320 ~ 321 页。

犯罪反应的基本机制应当是基于社区的，处理犯罪的基本机构应当是社区控制的。⑤应当承认，社区不是正规刑事司法系统的附庸，而是能够独立地发挥作用和作出决定，对具体的犯罪案件，只要社区有能力做出适当的处理，就应该完全由社区拥有实体上的决定权；⑥政府的主要作用是审查社区对犯罪案件的处理过程和处理结果，以确保社会公认的公平和正义标准得到贯彻和执行。⑦社区处理犯罪案件必须始终兼顾被害人和犯罪人双方的利益，必须贯彻自愿和平等的原则，不允许向当事人双方施加压力以迫使他们接受某种处理结果；⑧犯罪人、被害人的家庭成员和关心他们的亲友以及其他受到犯罪的影响的社区成员，都有权利参加对犯罪的处理过程，并有表达自己的主张和参与形成最终决定的权利。⑨在社区司法中，对犯罪人要谴责其行为，要求他对自己的犯罪后果负责，同时又要给他本人以支持和爱心。⑩社区司法的根本目的是维护和增强社区生活的和平与安宁，增进社区成员的团结和信任，消除社区中容易产生冲突的隐患，扶助社区中的弱势群体，使社区成为每一个成员的温馨的家园。

社区司法由于强调社区成员的广泛参与[1]，因此，一方面能有效地消除个人和群体的隔阂，确立社区的行为规则，强化社区的纽带作用，提升社区生活的品质，降低再犯可能性，从而加强社区安全、和平建设。另一方面可以提高公民参与预防犯罪活动的积极性，对尊重和保护个人自由、限制国家权力过度干预、创立更具透明度的新型司法机制创造良好的条件。社区司法的重要

---

　　[1]　社区必须被纳入到恢复性司法中来的原因有两方面：一是地域社区因犯罪所受到的影响；二是熟人社区与犯罪人与被害人之间的感情和利益关系使之特别关心恢复性司法的过程和结果。参见张庆方：“恢复性司法研究”，载王平主编：《恢复性司法论坛》，群众出版社2005年版，第297页。

目标就是要把一体化赔偿、协商、治疗和宽恕等理念融入到刑事司法中。与国家司法相比，社区司法具有以下优点[1]：

首先，社区司法有助于恢复被害人和社区的良好关系，促进被害人的社会归复。让被害人、被害人的亲属，以及受到犯罪影响的其他社区成员参加进来，通过面对面的会谈和讨论，被害人能够收到关于犯罪的信息，表达自己因犯罪受到的影响，有效的控制程序的结果，从而获得精神和物质上的恢复。同时，社区成员有权利参与处理社区中发生的案件，可以使其避免对犯罪的恐惧，加强人与人之间的沟通，增强集体感和荣誉感，有助于社区的团结安定。

其次，社区司法有助于节省国家司法资源，增加社区资本。与上文列举的报应性国家司法的昂贵成本相比，社区司法可以提高效率，减少浪费。如新西兰的家庭团体会议（Family Group Conference）导致了较低的法院出庭率——在 1987 年到 1996 年间几乎降低了 2/3，较低的监禁率——在 1987 年到 1996 年间，降低了 50% 以上；犯罪人如能合作和履行社区服务，就可完全避免被监禁，从而大大降低了监狱的成本；被害人、犯罪人不需要请律师，也节省了律师费用等。

最后，社区司法有助于犯罪人的改造。在社区成员和犯罪人、被害人家庭成员及其亲属的参加下，犯罪人看到自己的亲人为自己的行为痛心疾首时，经常会倍感耻辱，感受到道德的力量；当看到被害人的伤痛和凄苦时，犯罪人经常后悔不已，主动进行赔偿；在看到社区成员对自己的宽容和支持后，犯罪人则经常深受感动，表示积极为社区做有益的事情，从而使犯罪问题在社区生活中得到了较好的处理。

---

[1]　房保国：《被害人的刑事程序保护》，法律出版社 2007 年版，第 398～399 页。

第二章

恢复性司法与正义观

正义是人类社会永恒的主题，也是古今中外各种法律的首要价值之一。尽管人们对正义充满了向往和渴求，然而，对于什么是正义，却是一个争论了数千年仍在争论，可能还要继续争论下去的问题。正如凯尔逊所说："为了正义的问题，不知有多少人流了宝贵的鲜血和痛苦的眼泪，不知有多少杰出的思想家，从柏拉图到康德，绞尽了脑汁；可是现在和过去一样，问题依然未获解决。"〔1〕

古罗马法学家乌尔庇安首次提出了正义的定义，他认为，"正义乃是使每个人获得其应得的东西的永恒不变的意志。"〔2〕亚里士多德认为，正义乃是一种关注人与人之间关系的社会美德。"正义本身乃是'他者之善'或'他者之利益'（good of others），因为它所为的恰是有益于他者的事情。"〔3〕功利主义者从另一进路对正义进行了解读。在法律功利主义者的话语中，善、功利、公共幸福或最大多数人的最大幸福构成了正义概念

---

〔1〕 ［英］凯尔逊："什么是正义"，载《现代外国哲学社会科学文献》1961年第8期。转引自张文显：《二十世纪西方法哲学思潮研究》，法律出版社2006年版，第485～486页。

〔2〕 参见［美］E·博登海默：《法理学：法律哲学与法律方法》，邓正来译，中国政法大学出版社1999年版，第264页。

〔3〕 参见［美］E·博登海默：《法理学：法律哲学与法律方法》，邓正来译，中国政法大学出版社1999年版，第264页。

的核心语义，因此，行为和法律是否正义"应当根据其促成最大多数社会成员的最大幸福或者相反的倾向来评断"。[1]一般而言，正义的客体可以分为个人和社会制度两大类。社会制度正义又分为三种指向：政治制度、经济制度、法律制度。[2]本书所探讨的正义观属于制度正义中法律制度的范畴。

传统刑事领域的正义观表现为报应性正义和功利性正义，主要是报应性正义。报应性正义，曾在历史上发挥过重要的作用，它们至今还深深地影响着人们的正义观念。功利性正义，虽然在维护社会正义上发挥着积极的作用，但由于其过于强调社会大多数人的利益，而忽视甚至是扼杀了某些人的正义需求，因此是一种不周全的正义观。长期以来，在报应性和功利性正义观指导下的传统刑事司法不仅未能有效解决犯罪日益增长的严峻问题，而且就正义的实现本身来说，也只满足了被害人、公众和社会部分的正义需求。就报应性正义而言，其虽然满足了被害人和社会的报应情感但未满足他们其他方面的需求[3]；就功利性正义而言，其虽然满足了最大多数人幸福的实现但忽视了少数人的幸福。

自20世纪70年代以来，在西方兴起了一种新型正义观，即恢复性正义。由于恢复性正义以修复关系和满足需要为目的，能有效地满足以被害人为中心的各方当事人的需求，表现为一种平衡的正义，因此，恢复性正义受到了全世界人们的关注。

---

〔1〕　［英］戴维·W·沃克：《牛津法律大辞典》，光明日报出版社1983年版，第918~919页。

〔2〕　张恒山："论正义和法律正义"，载《法制与社会发展》2002年第1期。

〔3〕　被害人、公众和社会更关注的是所受损害的恢复而并非仅仅是报复欲望的满足，如被害人对物质与情感损失恢复的企盼、公众对其所生活的社区安全恢复的愿望以及社会需要得到一个良好的没有犯罪的秩序和人人都可以实现自身正义的环境等。

本章试图对报应性正义、功利性正义以及恢复性正义的理论内涵分别进行梳理，比较这三种正义观的优劣得失，在此基础上，在理想和现实两个层面，指出在刑事司法领域适用正义观应有的理性态度。

第一节 传统刑事司法正义观

一、报应性正义

（一）报应性正义的含义

报应，就其本意而言，是对所受损害的回复、回报或补偿。"善有善报，恶有恶报"是人人耳熟能详的古老伦理观念。《圣经》曰："若有伤害，就要以命偿命，以眼还眼，以牙还牙，以脚还脚，以烙还烙，以伤还伤，以打还打。"报应性正义，亦可称之为报复正义或惩罚正义（retributive justice），是指国家运用刑罚对犯罪进行报复所体现出来的一种法律正义。具体言之，是指当个人违反法律规定，涉嫌违法犯罪之时，由政府和犯罪行为人通过司法程序按照系统的法律规则来决定其责任并对其施加痛苦，以达到刑罚的公正性和平衡性的一种正义观。

一般认为，报应性正义的源自亚里士多德的矫正正义。亚里士多德说："不论是好人加害于坏人，还是坏人加害于好人，并无区别。不论是好人犯了通奸罪，还是坏人犯了通奸罪并无区别。法律则一视同仁，所注意的只是造成损害的大小，到底谁做了不公正的事情，谁受了不公正的待遇，谁害了人，谁受了害，由于这类不公正是不均等的，所以裁判者尽量让它均等。"［1］报应性正义的提出者是康德，他认为：对犯罪科处刑罚是人类理性的当然要求，并且是基于正义的要求，这就是报应性正义。就多数情况而言，报应性正义也是公平的正义，体现了分配正义的内涵，其道德逻辑是：己所不欲，勿施于人；施与人者，当受回报。"以眼还眼，以牙还牙"这句古老的格言亦说明了报应性正义的公平之意。从报应性正义产生以来，公平观念构成报应性正义的核心。但随着人类文明的进步，"构成报复的正义概念的核心含义的已经不仅仅是公平了，道德上或法律上的权利（其基础语义是正当）因素也加入进来。"［2］

对于报应性正义所体现出来的报复与公平两方面内涵的差异，郑成良先生进行了精当的概括，他认为，差别在于报复的正义在某些特殊的场合更为看重报复行为是否具有道德上或法律上的正当性，能否被权利所证成（to justify），基于这一考虑，报复的正义可能不许一方当事人按某种意义上的平衡和均等的原则（如同态的或等量的）采取行动，也可能允许行为人不受此种原则的限制。［3］

（二）报应性正义的理论演化

报应性正义体现在刑罚领域，历经了等害报应、等价报应与该当三个理论形态的演化。

1. 等害报应。康德是等害报应的代表，他主张刑罚以与犯罪在损害形态上相等同为必要。按康德的话便是，"如果你偷了别人的东西，你就是偷你自己的东西；如果你打了别人，你就

---

〔1〕 ［古希腊］亚里士多德：《尼各马可伦理学》，苗力田译，中国人民大学出版社 2003 年版，第 99 页。

〔2〕 郑成良：《法律之内的正义：一个关于司法公正的法律实证主义解读》，法律出版社 2002 年版，第 22 页。

〔3〕 郑成良：《法律之内的正义：一个关于司法公正的法律实证主义解读》，法律出版社 2002 年版，第 23 页。

是打了你自己；如果你杀了别人，你就杀了你自己"。康德主张即使一个公民社会由各成员同意而宣告解散，在解散前，如果监狱中尚有一个宣告死刑的谋杀犯，也应该将他处死，然后再行解散。他指出："应该这样做的原因是每一个人都可以认识到自己言行有应得的报应。"[1]

等害报复观是针对罪刑擅断与严刑苛罚的封建刑罚制度的现实提出来并对其进行有效限制的一种刑罚思想，体现了刑罚公正的一面，有其历史进步性。然而，由于等害报复的固有机械性，如损害形态的多样性与刑罚种类的有限性以及损害外在表现形态的静止性或曰划一性与造成外在损害的行为人主观恶性的流动性或曰差异性等，使得建立在等害报复基础上的报应性正义很难体现出其公平性的内涵，从而其具有极大的不合理性。

2. 等价报应。针对等害报复的不合理性，报应性正义的另一倡导者黑格尔提出了等价报复为核心的报应性正义观。在黑格尔看来，"犯罪的扬弃是报复，因为从概念说，报复是对侵害的侵害，又按定在说，犯罪具有在质和量上的一定范围，从而犯罪的否定，作为定在，也是同样具有在质和量上的一定范围。但是这一基于概念的同一性，不是侵害行为特种性状的等同，而是侵害行为自在地存在的性状的等同，即价值的等同"。[2]

黑格尔的等价报应观用罪刑等价的命题取代了康德的罪刑等害的命题，是由于具有其内在逻辑的自恰性与操作的可行性，因而较之康德的等害报复具有相当的进步性。对此，邱兴隆教

---

〔1〕〔德〕康德：《法的形而上学原理》，沈叔平译，商务印书馆1997年版，第164页。

〔2〕〔德〕黑格尔：《法哲学原理》，范扬、张企泰译，商务印书馆1961年版，第104页。

授评价说："这样，黑格尔不但继承了康德的刑从罪生的因果报应思想，而且用刑罪等价的命题取代了康德的刑罪等害的命题。由于无限的犯罪形态在严重性程度上是可以衡量的，而有限的刑罚在严厉性程度上也是可以衡量的，因此，以犯罪的严重性作为犯罪的抽象的价值标准，以刑罚的严厉性作为刑罚的抽象的价值标准，进而在两者之间追求轻重的对应，具有可行性，从而克服了等量报复论因刑罚有限但犯罪无限而导致的刑罚之分配的不可行性。同时，由于犯罪的严重性是对犯罪的主客观因素的综合评价而不是对客观危害形态的单一反映，因此，等价报应论也克服了等量报复论只以犯罪的客观危害形态决定刑罚的片面性。正是如此，在近现代，等价报应论始终被视为报应论的至尊，即使在当代，绝大部分报应论者对报应的理解也未能越出黑格尔式的等价报应的雷池多远。"[1]

当然，黑格尔的以等价报应为核心的报应性正义观也不是尽善尽美，其对死刑的论述就带有等害报复论的某种残余，他认为，"报复虽然不能讲究种的等同，但在杀人的场合则不同，其理由是，因为生命是人的定在的整个范围，所以刑罚不能存在于一种价值中——生命是无价之宝，——而只能在于剥夺杀人者的生命"。[2]

3. 该当论。无论是从康德的赤裸裸的害害等报，还是从黑格尔的抽象的害害等价，均体现了害害相报的理念，因此在 19 世纪末 20 世纪初，随着实证主义刑罚学的崛起，报应性正义观遭到人们的诟病。在这样的背景下，自 20 世纪中期开始，在继

---

〔1〕 邱兴隆：《关于惩罚的哲学：刑罚根据论》，法律出版社 2000 年版，第 17～18 页。

〔2〕 ［德］黑格尔：《法哲学原理》，范扬、张企泰译，商务印书馆 1961 年版，第 106～107 页。

承古典报应论的精华的基础上，结合新型的哲学理论，在以美国与澳大利亚为代表的英语国家盛行起新型的报应性正义观——该当论（Desert，Deservedness）。

该当论在主张刑罚是对已然犯罪的回顾、刑罚的轻重应该取决于犯罪的轻重方面，与传统报应论颇为相似，因此，其在许多场合仍然被称之为报应论。然而，按照该当论代言人赫希的论述，该当论虽与报应论有相似之处，但亦存在着诸多的不同，主要表现为如下几个方面：①该当论明确主张刑罚具有预防目的；②该当论不以害害相报为理念；③该当论实现了罪刑评价标准的完全抽象化。[1]

由于该当论实现了罪与刑的完全抽象等价化，从而实现了报应性正义观的质的飞跃与升华，因此，该当论是目前报应性正义赖以存在的理论中核，有着强大的生命力与广泛的影响力。正如英国学者戴维所说，"在这里，我把焦点集中在应得（desert）、需要（need）和平等（equality）原则上，特别是应得观念，它不但得到了最为广泛的应用，而且是关于社会正义的一般理解中最成问题的组成部分。"[2]

（三）有害的正义——报应性正义的局限性

从上述分析可知，报应性正义反映的是传统的以国家为本位的刑事司法正义观，体现的是"国家—犯罪人"的单向惩罚模式，将犯罪视为对国家法益的损害，其关注的核心是犯罪与刑罚的因果关系。当一个行为打破了社会均衡后，报应性正义指向的是该行为是否违反了法律、是否要对违法者施加惩罚、

---

〔1〕 请详见邱兴隆：《关于惩罚的哲学：刑罚根据论》，法律出版社 2000 年版，第 23～26 页。

〔2〕 ［英］戴维·米勒：《社会正义原则》，应奇译，江苏人民出版社 2005 年版，前言第 2 页。

国家启动司法程序对之施以何种惩罚、如何执行、通过刑罚的执行带给犯罪人痛苦，以阻止和预防犯罪的发生。显然，报应性正义的最终结果集中或者基本体现在刑法的实施上——通过刑罚的实施，加害人从犯罪行为那里得到的不正当利益被依法剥夺了，被害人报应情感得到了一定程度的满足，除此之外被害人的其他需求，尤其是获得物质上的赔偿，并没有得到满足。正所谓"加害人、被害人与社会只在同等的利益减损的状态下获得了一种关系的量的平衡，而不是质的平衡，是事实的平衡，而不是价值的平衡"[1]。

尽管对使犯罪人遭受的损害实际上使事物再次变得正确这一报应性正义的合理性试图提出各种解说，报应性正义论学者还是未能提出有说服力的理由。在报应性正义理论看来，"矫正错误"是一个抽象的或是一个形而上学的命题。不管怎么说，整个世界的道德平衡是通过对犯罪人施加痛苦而恢复的。由于报应性正义理论存在着一种先入为主的看法，即把施加痛苦作为矫正枉行的手段，导致该理论蒙蔽了一个事实，即罪行的真正不正义是被害人遭受的损失与伤害。这种不正义是不能够通过对犯罪人施加痛苦得以纠正的，也就是说，被害人遭受的损失不能恢复，被害人所遭受的痛苦不能得到赔偿，犯罪人与被害人和社区破裂的关系得不到修复。总之，这种不正义仍然未得以消除。

报应性正义被定义为目标和过程，强调规则的公正，重在同害与等价报复，法律秩序的维护处于核心地位。由于报应性正义强调通过对犯罪人人身自由的限制与剥夺，甚至通过对犯罪人生命权的剥夺来惩罚与打击犯罪，因此体现了一种"有害的正义"。

---

〔1〕　马静华："刑事和解制度论纲"，载《政治与法律》2003 年第 4 期。

二、功利性正义

(一) 功利性正义的含义

功利性正义是功利主义论者所持的一种正义观,其强调社会上绝大多数人的最大幸福是正义的目标与本质所在。[1]边沁对功利性正义的内涵做了精当的说明,主要体现在其功利观中。边沁的功利性正义观实际上是一种幸福观。他说:"我所说的目标,就是幸福。任何行动中导向幸福的趋向性我们称之为它的功利。"[2]而"一切法律所具有或通常应具有的一般目的,是增长社会幸福的总和。"[3]其幸福的具体内容是产生于事物性质的福利、方便、快乐、优良和平等,因此说边沁虽然是自然法理论的激进批判者,但他却从另一条途径——功利的或者实证的方面——丰富了法律正义论的内涵,使正义的内容和目标落到实处。[4]而与边沁同时代的英国政治哲学家威廉·葛德文(William Godwin)持同样的见解:"正义这个原则本身要求产生最大限度的快乐或幸福。""我对于正义的理解是:在同每一个

---

〔1〕 所谓功利主义(utilitarianism),就是以行为的后果与苦乐之关系这两点来评判行为是否道德的理论。参见王立峰:《惩罚的哲理》,清华大学出版社2006年版,第35页。边沁指出,功利既是社会统治的基础,也是法律的基础。所谓功利意指一种外物给当事者求福避祸的那种特性,基于这种特性,该外物就趋向于产生福泽、利益、快乐、善或幸福,或者防止对利益攸关的当事者产生祸患、痛苦、恶或不幸。假如这里的当事者是泛指整个社会,那么,幸福就是社会的幸福;如果是指某一个人,那么幸福就是个人的幸福。参见周光权:《刑法学的向度》,中国政法大学出版社2004年版,第303页。

〔2〕 [英]边沁:《政府片论》,沈叔平等译,商务印书馆1995年版,第115页。

〔3〕 [英]边沁:《道德与立法原理导论》,时殷弘译,商务印书馆2000年版,第216页。

〔4〕 张中秋:《中西法律文化比较研究》,中国政法大学出版社2006年版,第385页。

人的幸福有关的事情上，公平地对待他，衡量这种对待的唯一标准是考虑受者的特性和施者的能力。"[1]

在刑事法领域，功利性正义体现在两个方面：其一，通过对犯罪人适用刑罚，达到威慑与警诫社会上潜在犯罪人的目的，实现对犯罪的一般预防；其二，通过矫正与改造的手段，使犯罪人不再犯罪和重返社会，从而达到对犯罪特殊预防的目的。这两个方面都围绕一个目的，即减少甚至消灭犯罪，实现社会上绝大多数人最大的幸福。奥地利法哲学教授魏因贝格尔指出："在考虑要做什么的过程中，关于正义的主张似乎总是与对效用的考虑联系在一起，因此，一般地说，这里关注的不仅是公正或不公正，而是要找出既公正又符合个人目标的方式。"

刑事法领域的功利性正义主要表现为矫正正义。苯（Benzene）认为，矫正论不是从法律本身而是从更为一般的社会正义标准中寻求刑罚的正义性。它关注的不是刑罚与犯罪相适应式的对等公平性，而是不正义的社会现象与犯罪之间的关系，以及为消除犯罪而消除社会不正义现象的正义性。在康复论者看来，犯罪与自杀、离婚以及打孩子一样，是源于社会与心理的一种病症，而其最终根源在于社会制度。之所以出现这样的疾病，是因为在这种社会制度中存在不正义，并且，犯罪人始终是这种不正义的对象。因此，社会的长期目标是要一般地根除、短期的目标是就具体的罪犯根除社会不正义。与此相适应，法院的职能是要为根除社会不正义提供便利。既然如此，法院的判决成为了实现社会正义目的的手段，刑罚的正义性应该按照这一目的来界定。亦即只有有助于社会正义实现的刑罚才是正义的刑罚，任何无助于社会正义的实现的刑罚都不是正义的刑

---

〔1〕 ［英］威廉·葛德文：《政治正义论》（第 1 卷），何慕李译，商务印书馆 1980 年版，第 84 页。

罚。[1]应该指出，苯上述论述实质上是对功利性正义一个较为全面的说明，这种说明是相当深刻与精当的。其把正义范围由狭窄的法律领域拓展到宽广的社会领域，即功利性正义体现为一种社会正义而非仅局限于法律正义，从而为近现代刑事司法制度，尤其是刑罚制度的改革提供了广阔的社会背景。另外，在矫正论看来，刑罚的正当性在于其以使犯罪人再社会化为刑罚目的，并且刑罚以能使犯罪人回归社会为限度。因此等罪并非等刑，它强调犯罪人的个性特征，相应地无视犯罪人回归社会需要的纯粹的报应的刑罚就是不正当的。从这个意义上说，矫正论具有罗尔斯所言的分配正义的意蕴。它对犯罪人的人身危险性的考虑突破了传统的刑事古典学派的理论局限，使得刑罚能够因人制宜地有差异地对号入座、对症下药。[2]

相较于报应性正义，功利性正义无疑具有明显的历史进步意义。正是在功利性正义的精神指引下，在 19 世纪末与 20 世纪初，体现为功利性正义的个别预防论不仅在当时被视为真正科学的一种刑罚理论，而且带来了刑事实践的巨大变革。"在 19 世纪后半期到 20 世纪初，改造犯罪人这一近代刑事政策的理念便告确立了。"[3]

（二）局限的正义——功利性正义的不完善性

功利性正义在历史上虽有着一定的进步意义，但仍存在严重缺陷：其一，由于功利性正义主张刑罚的适用是以防卫社会为标准的，为预防犯罪必须轻罪重刑，因此，加重行刑必然被

---

[1]　参见邱兴隆：《关于惩罚的哲学：刑罚根据论》，法律出版社 2000 年版，第 237 页。

[2]　蔡道通："中国刑事政策的理性定位"，载陈兴良主编：《中国刑事政策检讨》，中国检察出版社 2004 年版，第 165～166 页。

[3]　[日] 大谷实：《刑事政策学》，黎宏译，法律出版社 2000 年版，第 11 页。

视为是正义的。其二，坚持该正义标准，就不可避免地会将符合防卫社会需要的有罪不罚、重罪轻罚与任意减刑视为是正义的，从而产生刑罚对于社会失之公正的问题。黑格尔认为："fiat justitia（愿正义实现）不应以 pereat mundus（任世界毁灭）为其后果。"[1]罗尔斯认为，功利主义目的论的主旨是："如果一个社会的主要制度被安排得能够达到总计所有属于它的个人而形成的满足的最大净余额，那么这个社会就是被正确组织的，因而也是正义的。"[2]功利主义所关注的是"最大多数人的最大幸福"，是社会福利总量的增长，制度设计的正义与否取决于是否促进社会福利总量的增长，而至于这个总量如何在个人之间进行分配，以及这种分配是否公正，功利主义并不关心。这样，功利主义便为以社会整体利益的名义牺牲和压制少数人的自由权利的行为洞开了方便之门，而这完全是与正义的要求是背道而驰的。[3]郑成良先生认为，制度伦理禁止人们不计功利成本地追求正义实现的最大化，其所持理由有两点：其一，制度伦理是集体决策的伦理，对功利价值的牺牲并不是决策者自己的私人事务，所付代价的承担者可能是集体的全部或部分成员，也可能只是某个特定的成员。这些承担代价的人可能并不希望去追求这些道德目标，他们也可能仅仅与代价的付出相关，而与实现目标的收益无关。其二，法律的制度伦理并不是仅仅关注包括正义在内的各种伦理价值目标的实现，也同样关注功利价值目标的实现。当正义的实现需要支付的功利价值成本过高

---

〔1〕　[德] 黑格尔：《法哲学原理》，范扬、张企泰译，商务印书馆1961年版，第132页。

〔2〕　[美] 约翰·罗尔斯：《正义论》，何怀宏等译，中国社会科学出版社1988年版，第22页。

〔3〕　参见马倩："契约正义与功利主义"，载《太原城市职业技术学院学报》2006年第3期。

的时候，制度伦理也会部分放弃或全部放弃按照正义原则应当做的事情。[1]

第二节 恢复性正义
——恢复性司法的正义观

一、恢复性正义的涵义

恢复性正义是与报应性正义相对应的一个概念，是在反思和批判报应性正义的基础上，一种旨在修复被害人、犯罪人和社区之间关系的新型正义观。[2]所谓恢复性正义，亦称复合正义或修复性正义，意思是"使受害人、犯罪人及社会恢复到原来的状态，是一个以受害者为重心的刑法公义制度。"[3]修复式正义（即恢复性正义——笔者注）认为犯罪是对个人及社会的侵害，因而司法须将被害者及社区等所有利害关系人联结在一起，共同回复犯罪所造成损害之活动。换言之，修复式正义就是社会要回复、社区要回复、加害者要回复、被害者也要回复的三赢战略。它有三个主要原则：①社区拥有解决犯罪与冲突的主权；②对于被害者和社区要有物质或其他象征性的补偿；

---

〔1〕 参见郑成良：《法律之内的正义：一个关于司法公正的法律实证主义解读》，法律出版社2002年版，第97页。

〔2〕 恢复性正义起源于古老的宗教仪式。从印度的原始佛教产生、发展、流变以至今日，其关于因缘、报应的说法有很大的变化，但始终是佛教教义的主要组成部分。

〔3〕 中国监狱学会、香港善导会：《犯罪回归后的康复就业及预防重新犯罪研讨会专辑》，1997年辑，第2~25页。参见王平主编：《恢复性司法论坛》，群众出版社2006年版，第6页。

③加害者的整合与复建。[1]台湾地区犯罪学者许春金教授更指出，修复式正义有下列四个要素：①以"社会"、"冲突"的观点，而非"法律"的观点来看待犯罪事件；②修复式正义是一种回复损害的"关系式正义"；③修复式正义主张借着发现问题、回复损害、治疗创伤而能进行广泛有意义的社会革新，从而为社会创建更多更好的"和平及福利"；④修复式正义寻求加害者、被害者及社区的共同参与修复及治疗。[2]

恢复性正义强调正义的实现途径不再是惩罚与服从，而是社会关系的良性互动；强调正义的评价标准不再是有罪必罚，而是加害人所破坏的社会关系是否得到修复。"恢复性司法，是在寻求抚慰、宽容与和解中伸张正义的。"[3]修复正义观或修复实践关心的是整个事件中人与人之间的关系，立足于"原告"、"被告"背后人的精神整体的关怀，它的重点是对原被告双方的修复而非仅仅终止于惩罚或判决。[4]

恢复性司法认为，犯罪发生以后，受到损害的不仅仅是被害人，而且还包括犯罪人和社区。因此，刑事司法的任务主要不是惩罚犯罪人，而是要全面恢复犯罪人、被害人和社区因犯罪而造成的损失，以试图达到一种"无害的正义"。"无害的正义"是恢复性司法追求的核心价值。笔者以为，这种"无害的正义"的本质应当包括两个方面：一是当事方相互关系的修复，如被害人与加害人、社区与加害人、社区与被害人以及国家与

---

　　〔1〕　许福生：《刑事政策学》，中国民主法制出版社2006年版，第175页。
　　〔2〕　参见许福生：《刑事政策学》，中国民主法制出版社2006年版，第175页。
　　〔3〕　〔南非〕德斯蒙德·图图：《没有宽恕就没有未来》，江红译，上海文艺出版社2002年版，第51页。
　　〔4〕　参见耿开君："中国亟待建立修复正义的观念与实践体系"，载《探索与争鸣》2004年第11期。

加害人关系的修复，从而达到一种秩序的无害；二是以被害人为导向的正义平衡，即强调各方当事人，如被害人、社区、加害人以及国家各取所需，获得自己应得的。详言之，即满足当事方各自不同的需求，其中，主要优先满足被害人的各种需求。简言之，恢复性正义也就是一种平衡的和整体的正义。英国学者苯将正义的主要特征概括为"平衡感、均衡感、不偏向和给人以公正的该当物"。[1]又如哈特认为，"隐含在正义观念中的各种用法的一般原则是：就相互关系而言，个人有资格享有平等或不平等的相关地位。这是社会生活变迁中负担和利益开始分配时应当受到重视的东西，也是它被扰乱时要去重建的东西。因此，习惯上正义被认为是维护或重建平衡或均衡，其重要的格言常常被格式化为'同样情况同样对待'（Treat like cases alike）。当然，我们需要对之补上'不同情况不同对待'（Treat different cases differently）。"[2]根据这段话，对于哈特意指的"平衡"，笔者从刑事司法领域的角度是这样解读的：在没有受犯罪行为破坏以前，加害人（犯罪人）与被害人之间的关系处于一种原初的状态，这种状态是平衡的。由于犯罪行为的破坏，这种平衡被打破，因此，恢复被犯罪行为所打破的平衡到原初状态，主要是被害人的地位和资格，即"个人有资格享有平等或不平等的相关地位"。恢复原状，就是一种正义的体现，笔者可以将此简单概括为"平衡的正义"。哈特的另外一句话，即"…，原初正义被设想为就是尽可能地恢复二人之间的原状"，

〔1〕 马革联："恢复性刑事责任初论"，载《中国优秀硕士学位论文全文数据库》，第 36 页。http：//lsg. cnki. net/grid20/Brief. aspx？ ID = 9&classtype = &systemno = &NaviDatabaseName = &NaviField = 。最后访问日期：2009 年 11 月 25 日。
〔2〕 ［英］哈特：《法律的概念》，张文显等译，中国大百科全书出版社 1996 年版，第 157 页。

基本印证了笔者对其观点的解读是合乎其原意的。哈特这种"平衡的正义观"与恢复性正义的内核有相吻合之处，只是恢复性正义不仅强调被害人与加害人之间的平衡，而且还强调其他当事方之间关系的平衡，恢复面更为广泛。

二、平衡的正义——恢复性正义的核心思想

与以国家为本位的报应性和功利性正义不同，以个人和社区为本位的恢复性正义强调通过补偿被害人因犯罪所受的物质和精神的损失，修补被害人因犯罪而形成的心理和精神创伤，以恢复因犯罪导致的加害人、被害人和社区三方冲突关系，其实质体现了一种"以人为本"的人道主义精神。

一般而言，在某种利益损害发生后，人们会讨论是否应当对被损害的利益予以补偿或赔偿，以及如何补偿或赔偿的问题，赔偿的正义也是从公平的角度被提出和讨论的。赔偿的公平与交易的公平既有相同点，也有不同点。相同点是它们都仅仅着眼于双方当事人之间的某种平等关系，不同点在于前者是一种补救性的、恢复性的公平，后者是互利性的公平。补救性的、恢复性的公平可以被包括在亚里斯多德所说的"平均的正义"的范畴之中，在这里，公平的正义并不意味任何人的利益都会增加；而在互利性的公平中，公平的正义意味着双方的利益都有所增加，至少在他们的主观效用上是如此。[1]笔者以为，恢复性正义也是一种互利性的正义，其在强调对被害人的利益进行保护的同时，也关注对社区乃至加害人利益的修复。按照慈继伟先生的看法："正义是属于利他主义和利己主义之间的德行：因为与利他主义不同，所以它不能允许严重妨碍自我利益

---

〔1〕 郑成良：《法律之内的正义：一个关于司法公正的法律实证主义解读》，法律出版社2002年版，第21页。

的规范；因为与利己主义不同，所以它不能允许严重损害他人利益的规范。"〔1〕这就表明，如果从互利性的角度理解正义，那么正义本身也是具有条件性的，与哈特所提出的"自然法的最低限度内容"类似，正义也具有以互利性为最低限度的要求。〔2〕恢复性正义通常包容了以下核心思想：

1. 恢复性正义是一种以被害人为导向，着重冲突各方利益平衡保护的正义，换言之，恢复性正义在体现对各方利益保护的同时，更重视被害人利益的保护。随着文明的进步，私力复仇被公力报复所取代，国家垄断了对罪犯的惩罚权。在刑事追诉机制的设置上，在资本主义社会以前，无论东西方，都是国家独大，不仅被害人没有取得刑事诉讼的主体资格，犯罪人也只是刑事追诉的客体。随着资产阶级革命的胜利和自由主义思想的传播，在民主与法制的旗帜下，犯罪人和被害人均处得刑事诉讼的主体资格，但由于观念上的误区，人们普遍认为，一旦国家代表被害人对犯罪人进行定罪处罚后，被害人的权益便能得到有效地保障，正义便理所当然地会得到全面与充分的实现，因此，国家在整个刑事追诉机制中把自己与犯罪人设为对立的两极，使自己与犯罪人处于整个刑事追诉机制的核心地位。尤其是随着人权保护理念在全球范围内的日益盛行，鉴于国家相对于犯罪人的强势地位，国家侵犯犯罪人权利的事情屡见不鲜，世界各国加强了对犯罪嫌疑人与被告的保护。在刑事诉讼程序的设计上，通过赋予犯罪人更多的与国家相抗衡的权利，犯罪人在刑事诉讼中的核心地位得到进一步的巩固与强化。被

---

〔1〕 慈继伟：《正义的两面》，生活·读书·新知三联书店2001年版，第40页。

〔2〕 参见张亮："由正义到和谐：法律精神的转换与升华"，载《法制与社会发展》2006年第4期。

害人虽属刑事诉讼程序的一方当事人，但类似于证人的地位，在整个刑事诉讼机制中处于一种被虚置的状态，因而被边缘化了。这种处境使得被害人想通过诉讼来维护诸如争取公道和补偿损失等自身合法权益的希望变得渺茫，这对被害人而言，是极不公正的。不仅犯罪的侵害使他们失去了权利和尊严，而且国家对犯罪的追诉也在一定程度上将其排斥在外，使其进一步感受到权利的失落和尊严的不受尊重。

恢复性正义由于强调以被害人为导向，鼓励被害人、加害人和社区的积极参与并展开互动，国家公权力很少或更本不介入其中，这样，被害人的主体地位得以凸显。这种主体地位的凸显不是以故意压低其他冲突方的地位为前提的，故被害人在有效地实现其自身权益和维护自身尊严的同时，犯罪人和社区的利益和尊严亦能得到维护与提升，从而冲突各方的正义都能得以实现。这种正义的实现不是仅仅针对某一方，而是针对冲突各方，体现了一种平衡正义的实现，故而恢复性正义具有一种普遍性，是构建和谐社会必须追寻的一种正义。陈瑞华教授认为，以受害人为重心的复合正义要求，通过赔偿财物上的损失，赔偿所造成的伤害，恢复安全感，恢复授权的能力，恢复慎重的民主，恢复和谐，使人有公义被维持的感觉，恢复社会的支持，以恢复受害人原来的状态。[1]

2. 恢复性正义强调宽恕，体现了一种"以德报怨"的博大情怀，是一种"向前看"的正义。恢复性正义虽也强调事实和法律规则，但更强调宽恕，质言之，宽恕是恢复性正义的核心

---

〔1〕　参见陈瑞华：《刑事审判原理论》，北京大学出版社 1997 年版，第 2～25 页。

与精髓。[1]"上帝的规则是爱与宽恕。仇恨的对立面并非是爱,仇恨的对立面上仍旧是仇恨。黑暗的尽头并非光明,而是更深一层的黑暗。而爱与光明,永远是超越黑暗与仇恨之上的。人像是迷途的羔羊,如果以仇恨报复仇恨,以黑暗遮蔽黑暗,以鲜血洗刷鲜血,以生命凌辱生命,他将永远在仇恨与黑暗中徘徊。只有爱与宽恕才是超度与救赎的力量,赦免他人也就是赦免自己。"[2]恢复性正义本着"恨其罪,爱其人"的思想,通过重新整合犯罪人的羞耻心,而不是通过侮辱其人格的方法,促使他们的更新。我们不承认有天生犯罪人,并相信任何犯罪都是病态的或不完全社会化的结果。恢复性正义强调"宽恕",其依据是建立在重新融合性耻辱理论的基础之上的。重新融合性耻辱是在惩罚谴责犯罪人的同时,又保持着对犯罪人的尊重,它把犯罪人作为一个主体而不是客体来对待,注重犯罪人与社区的联系,在宽恕、协商的氛围中达到犯罪人的社会归复。它的目的是促使犯罪人理解每一个人都是在与他人的相互依存中才能够生活,每个人应对他人,对集体负责,对犯罪的人不应该采取将他们与社区隔离的方式,而应该通过社区成员共同参加的仪式使他认识到自己行为的错误,并在社区中改正错误,在社区成员的关心与支持下,将社区的传统价值和行为规范内

---

　　〔1〕　在圣经新约全书中一则关于 Zacchaeus 的故事就很好地说明了宽恕的力量,即一个白领罪犯爬上一棵埃及榕树上去看耶稣,人们讨厌他,那天聚在一起的人很可能都成了他的受害者。当耶稣停下来与他进行交谈时,人们都对耶稣的行为感到震惊。然后,更令众人吃惊并让耶稣高兴的是 Zacchaeus 同意偿还他所偷的东西,并且是以 4 倍的量进行偿还,同时还同意把剩余财产的一半捐给穷人。耶稣以 Zacchaeus 这样一个令人震惊的行为告诫人们:Zacchaeus 是亚伯拉罕(Abraham)的孩子,是他们社区的一分子。参见陈晓明:《修复性司法的理论与实践》,法律出版社 2006 年版,第 19～20 页。
　　〔2〕　夏楠:"赦免的困境:读'没有宽恕就没有未来'",载《政法论坛》2006 年第 4 期。

化为自己的观念和行为准则。

恢复性司法实质上就是站在宽恕的立场上实现正义。恢复性正义强调宽恕，与人类与生俱来的同情心有着紧密的关联。亚当·斯密就把同情作为人类普遍的本性，他认为，无论人们会认为某人怎样自私，这个人天赋中总是明显地存在着这样一些本性，这些本性使他关心别人的命运，把别人的幸福看成是自己的事情，虽然他除了看到别人幸福而感到高兴以外，一无所得。这种本性就是怜悯或同情，就是当我们看到或逼真地想像到他人的不幸遭遇时所产生的感情。我们常因他人的悲哀而感伤，这是显而易见的事实，不需要用什么来证明，这种情感同人性中所有其他的原始感情一样，绝不是品行高尚的人才具有，虽然他们在这方面的感受可能最敏锐。最大的恶棍，极其严重地违反社会法律的人，也不会全然丧失同情心。[1]

当然，恢复性正义强调宽恕是有条件的，即只有犯罪人表示悔罪后，才可能宽恕犯罪人，才可能实现恢复性正义。恢复性司法有利于社会的道德团结，有利于维护社会正义的权威。[2]

3. 恢复性正义强调相互尊重与沟通，强调犯罪人的真诚悔悟。所有的人，不管其行为是好还是坏，也不管其民族、性别、年龄以及文化教育背景，都应该具有一种固有的值得平等尊重的权利。尊重是恢复性司法的核心价值之一，因为，只有相互尊重，才能在当事人之间产生信任和善意。恢复性正义强调相互尊重与沟通，体现在恢复性司法实践中，就是一种合意型的冲突解决方式。所谓合意型的冲突解决方式，指的是由于双方

---

〔1〕 ［英］亚当·斯密：《道德情操论》，蒋自强等译，商务印书馆1997年版，第5页。

〔2〕 王立峰：“论悔罪”，载《中国刑事法杂志》2006年第3期。

当事者就以何种方式和内容来解决纠纷等主要之点达成了合意而使纠纷得到解决的情况。一个典型的例子就是当事者或利害关系者通过自由的讨价还价达成了合意，从而终结纠纷的谈判（即交涉）过程。与此相对应的是决定型冲突解决方式，指的第三者就纠纷应当如何解决做出一定的指示并据此终结纠纷的场面。[1]合意型的冲突解决方式相比传统的冲突解决方式有着诸多的优势：首先，有利于从根本上彻底解决人们的矛盾。恢复性司法理论认为，凡是案件能够通过合意方式处理的，都说明犯罪人与被害人的关系存在缓和乃至和解的可能性，通过双方共同商定犯罪人承担责任的方式，尽快落实犯罪人的责任，一方面避免将犯罪人转由司法机关处理，另一方面又使被害人获得了物质和精神的赔偿，从而有利于尽快消除犯罪不利的影响。其次，发挥了当事人的主体作用，尊重了当事者本人的发言权，提高了人们自主解决问题的能力，问题的解决方式得到了当事人的认可。这就有助于使本来处于不正常的关系中的两个当事人产生某种道德责任感，促使他们在协商过程中互谅互让，从而使事情得到及时和妥善的处理。最后，现实中的许多犯罪都是犯罪人与被害人之间长期矛盾冲突的结果，因而有着深刻复杂的背景，由于其中的很多因素涉及到当事人心底深处的隐私，因而也很难确定当事人的刑事责任。[2]

4. 恢复性正义强调充分满足以被害人为中心的冲突各方的各种需要，体现了一种人性关怀。以被害人为中心是恢复性正

〔1〕 参见［日］棚濑孝雄：《纠纷的解决与审判制度》，王亚新译，中国政法大学出版社2004年版，第10～14页。

〔2〕 侯其锋："引入恢复性司法之构想"，载《中国优秀硕士学位论文全文数据库》，第16页。http：//lsg. cnki. net/grid20/Brief. aspx? ID = 9&classtype = &systemno = &NaviDatabaseName = &NaviField =。最后访问日期：2010年5月15日。

义区别于报应性与功利性正义的主要亮点之一。在恢复性正义
中，强调满足冲突各方的需要是建立在优先满足被害人各种需
要，如经济的、情感的和社会的需要的基础之上的。被害人所
遭受的损害往往是多方面的：既有原生的也有派生的。原生的
损害是由犯罪行为所直接造成的。派生的损害则来源于对于被
害问题的正式或非正式的反应。非正式的反应包括被害人所处
的社会环境中的成员、家庭成员以及亲戚、朋友的行为。正式
的反应是指有关经过任命的、负责犯罪控制的正式国家代表以
及警察局、检察官和法官的行为。原生的损害可能包括间接的
或直接的损失。被害人因犯罪所直接造成的生理、心理、社会
和道德上的损害而随之遭受一定的经济损失，这种经济损失便
是间接损失。心理损害分为短期和长期两种。[1]霍华德·泽尔
认为，被害人的需要包括赔偿、犯罪人的回应和信息等。这样
被害人可以重新获得安全感、表达和证实其对犯罪被害的体验
和对之的情感回应，并根据其个人对其处境和对其案件的处理
的权力情形来授权。[2]犯罪被害人作为犯罪危害后果的直接承
当者，非常"希望能够有机会讲述自己的故事，并且能够向人
们传递信息确认他们的被害人身份。他们采取积极的步骤来完
成这些，主要是获得自身的满足"。[3]笔者以为，被害人需要的
满足包括：被害人心理上得到安慰，获得安全感；医疗服务；
重建信任亲密关系；了解真相；社会的支持与认可；讲述其受
伤害的过程；宽恕而不是忘却；有权处理案件；确信被害不是

---

[1]　参见［德］汉斯·约阿希姆·施奈德：《国际范围内的被害人》，许章润
译，中国人民公安大学出版社1992年版，第23页。

[2]　Howard Zehr, *Changing Lenses: A New Focus for Crime and Justice*. Herald
Press, 2005, p. 25.

[3]　房保国：《被害人的刑事程序保护》，法律出版社2007年版，第2页。

自己的过错；物质上的损失得到赔偿和补偿，精神上的创伤得到修补，与犯罪人的紧张关系得到缓和等。

被害人这些需要的满足主要通过以下途径获得：其一，被害人可以积极地参与恢复性司法过程，充分发表意见，并成为犯罪解决过程的中心，犯罪的解决方案主要以被害人的意见为基础；其二，被害人在过程中享有说出受害真相的权利并借此获得来自社区慰藉的机会；其三，要求加害人必须向被害人悔罪、道歉；其四，要求加害人赔偿被害人的损失；其五，被害人可以得到多种帮助和支持，如咨询人员（或律师）为被害人提供咨询、长期或短期的心理治疗以及其他的一些被害服务。[1]

由于恢复性正义侧重满足被害人的各种需要，使得被害人在司法过程中的主体地位大大得到提升，其满意度也相应地大为提高，这就为其宽恕加害人奠定了良好的心理与情感的基础。当然，我们说恢复性正义主要以满足被害人的各种需要为价值诉求，并非表明恢复性正义必然会忽视其他冲突方，尤其是加害人需要的满足。恢复性正义在强调满足被害人各种需要的同时，也关注加害人和社区需要的满足[2]，只有这样，才符合其内在精神。因为，恢复性正义的精神内涵就是确保冲突各方正义平衡的实现而非某一方正义的独自实现。

---

〔1〕 参见陈晓明：《修复性司法的理论与实践》，法律出版社 2006 年版，第194 页。

〔2〕 加害人需要的满足在恢复性正义当中的重要地位亦不能忽视。如果加害人的人格、尊严等基本需要得不到满足，他们就不会以犯罪为耻，更不用说悔罪和自新。团藤重光的犯罪人格论就是一个极好的注脚，他说："承认人格的主体性，就是承认人的尊严，即使是犯人，当然也应该承认其作为人的尊严（正是因为这样，才可能有真正意义上的刑罚）。"参见王平主编：《恢复性司法论坛》群众出版社2006 年版，第10 页。

一般而言，加害人需要的满足包括下列内容：对其行为承担责任；获得表达歉意的机会；与家庭成员和解；社会支持与接受；对未来的控制感；重获自我价值感；开始未来新生活；获得重新生活的技能和资源；与被害人和解；得到宽恕并重获正义感；通过加害人主动承担责任，缓解加害人与被害人和社区成员之间的紧张关系，帮助加害人重新融入到社区生活中，恢复加害人的守法生活，避免加害人被监狱化，预防加害人重新犯罪。

加害人需要的满足可以通过以下途径获得：其一，公正对待加害人。公正对待加害人，是他们各种需要能得到有效满足的前提，因为只有公正地对待加害人，他们才会打消各种顾虑并积极地加入到恢复性司法当中来，他们承当责任的意识也会大为增强。其二，为加害人提供各种与被害人以及社区相互有效沟通的机会，帮助他们完成对被害人物质上的赔偿、心灵上的忏悔以及通过社区服务等手段，补偿他们对社区的损害。其三，社区加强对加害人生活技能的培训和人生价值观的疏导，使他们能有效改变不良生活习气，促使他们更好地回归社会。

社区是恢复性正义的光芒必须照射的一方，因为社区对恢复性正义的实现起着无可替代的作用。一般而言，社区是犯罪的发生地，也是加害人与被害人共同生活的场所，社区为恢复性正义的实现提供了物质家园和精神家园。恢复性正义的实现处处离不开社区的参与，社区在恢复性正义的实现过程当中充当着多种角色，既是组织者，亦是协调人，还是参与者。因此，社区的需要是多方面与多层次的，既涉及到自身利益的满足，如社区秩序与安全的需要，亦体现出对被害人与加害人关系恢复的关注。社区需要的满足表现为如下方面：犯罪造成的社区物质损失得到赔偿，犯罪行为可能造成的混乱的社会秩序得以纠正，社区成员的消极情绪得以排解，社区成员之间的紧张的人际关系得以缓和，社区成员的安全感得以提升。

社区需要的满足可以透过以下途径获得：其一，积极参与加害人与被害人关系恢复的全过程，满足社区探询犯罪原因的需要。通过这种积极的参与，使社区了解到如下一些问题：为什么会发生犯罪？是加害人的原因，还是被害人的原因？社区对这种犯罪行为的发生有没有责任？如果有，应该承担多大的责任？其二，努力提供社区服务的岗位，促使加害人的全面社会化以及重视预防性程序的建构，满足社区安全的需要。如陈晓明教授认为，在加害人进行社区服务工作的时候，他们处在社区严密的直接监控之下。这种现场式的监控增强了社区的安全感，并且可以全面降低加害人将来再次犯罪的可能性。要求社区成员与被害人积极地参与预防性程序，例如替代性纠纷解决机制（Alternative Dispute Resolution），以及加害人再社会化活动（Offender Rehabilitation）和危机控制活动（Risk Management）等，以强化社区和平与安全。[1]

综上以观，恢复性正义强调充分满足以被害人为中心的冲突各方的各种需要的价值取向，体现了一种人性的关怀，是一种全面无害的正义。

🔳 第三节　理想目标
——从报应性、功利性正义到恢复性正义

在正义的标准问题上，不同身份的人会有不同的主张。社

---

[1]　参见陈晓明：《修复性司法的理论与实践》，法律出版社2006年版，第196页。

会低层的人始终对结果的均等感兴趣，而中上层的人则强调规则的公平。[1]正义对于每一个体来说都是具体而真实的。不同主体对正义的感受和需求是不同的。宏观层面上的正义正是各个主体具体而真实正义感的综合与抽象。在对具体犯罪行为的处理中，最理想的结果是能够同时满足不同主体对正义的需求，符合不同主体内心对正义的感受，这种正义实质上是一种所有人的正义。追求"所有人的正义"而不只是犯罪人在刑事诉讼程序中的人权保障，昭示了当代刑事诉讼制度以及刑事政策转型的一个新的方向。[2]当然，所有人的正义很难实现，现实的做法是在各个主体的正义感之间找一个合理合适的平衡点，而恢复性正义恰好能够满足上述平衡正义的要求。

犯罪是一种恶害，其不仅严重侵害了个人利益，而且破坏了社会秩序与公共安宁，故以刑罚对犯罪人进行惩罚体现了一种正义。然而，这种以恶制恶的报应性正义只是满足了人们的朴素而原始的正义观，如通过惩罚犯罪人，满足了人们维护社会秩序的正义需求，又如通过惩罚犯罪人，部分满足了被害人复仇的正义需求等。在报应性正义观念的影响下，刑事司法更加注重对犯罪人的惩罚，强调的是复仇（Vengeance）、该当（Desert）和刑罚（Penalty）。这种报应性刑事司法模式，以实现报应和惩罚为主要目标，认为"惩罚能有效地谴责犯罪行为和要求为其报偿。法院的量刑表达了公众对犯罪行为的反对和决定对它的惩罚"。[3]就功利性正义而言，由于其强调"最大多数

---

〔1〕　张庆方："恢复性司法研究"，载王平主编：《恢复性司法论坛》，群众出版社 2005 年版，第 286 页。

〔2〕　廖正豪："理性思考死刑制度的存废：如何实现所有人的正义"，载《刑事法杂志》2007 年第 3 期。

〔3〕　参见房保国：《被害人的刑事程序保护》，法律出版社 2007 年版，第 71页。

人最大幸福的实现"，往往将人当成了工具而不是目的，往往牺牲了被害人的利益，因此是一种片面的正义。

刑事司法最重要的功能就是表达社会对犯罪及犯罪人的否定。然而，在刑事司法中，对刑罚的关注已经阻碍了当事人之间有效的和富有建设性的沟通。判决或许会在很大的范围向公众清晰的传达对犯罪的否定，但其不能给另一些关键的与犯罪有关的当事人——被害人与犯罪人之间进行充分沟通创造条件。要在犯罪人与被害人之间形成良好的沟通就需要有足够的进行沟通的场景。这不同于在法庭上，在面对最终要作出某种程度严厉处罚的法官，当事方之间的冲突会盖过相互的沟通。犯罪人根本不会听从道德说教，而是竭力使其的处罚变得尽可能轻微。在这种情形下，犯罪人听不到任何与其和解的善意的邀请，而只能听到充满威胁的话语。[1]

恢复性正义的关注点并不在于对犯罪人的惩罚，而是强调犯罪人与被害人的有效沟通，其实质上是一种立体型的无害正义观，能有效满足各方当事人的需求。[2]可以说，报应性正义追求的是被害人复仇心理的实现，恢复性正义则体现的是被害人的宽恕心理和要求赔偿的心理；以报应性正义为基础的报应性司法关注的是"我们如何惩罚犯罪人"，而以恢复性正义为核心的恢复性司法则关注"我们如何修复犯罪造成的损害"。在恢复性司法那里，不仅要指出犯罪人的错误，而且要保护被害人的利益，协调被害

---

〔1〕 参见郑成良：《法律之内的正义：一个关于司法公正的法律实证主义解读》，法律出版社2002年版，第50页。

〔2〕 托尼·马歇尔认为，恢复性司法模式与国家中心主义下的模式不同，司法不是一种控、辩、裁的平面三角形结构，而是以犯罪者、被害者、社区构成的三角形为底面，以司法和正义为顶点的立体结构，这种立体结构就很好地说明了正义只有在犯罪人、被害人和社区共同参与下才能得以实现，而且在这个立体结构中，正义是多面的、立体的，而不是现行司法所体现出来的平面与单一的正义。

人、犯罪人和社区的关系，重建社区的安宁与和谐。[1]

正是基于报应性正义的有害性和功利性正义的片面性以及恢复性正义的无害性和平衡性，在民主、法治以及人权等宏大时代背景下，我们有必要重新审视传统刑事司法的理念基础，以恢复性正义取代报应性和功利性正义而作为刑事司法的价值取向，这应该是我们追求的理想目标。

一、恢复性正义——民主法治国的价值诉求

民主法治国所包含的价值多种多样，其核心价值之一就是对个人至高无上的价值观念和尊严的尊重。这种价值诉求反映到刑事司法领域，就是刑事司法不得将犯罪人和被害人当成实现秩序与正义的客体，不仅要视被害人为司法的主体并重视其利益的保护，而且也要视犯罪人为司法的主体并加强对其利益的保护。在此基础上，刑事司法还要顾及到社区的利益。简言之，刑事司法应当追求一种以被害人为导向的平衡正义并对被害人、加害人以及社区的尊严予以尊重。我国台湾地区学者陈健民认为，自由、秩序、正义是恢复性司法永恒的价值追求。自由是法的最高价值，它体现出了人性最深刻的需求，自由的价值是评判一项法律制度进步与否的基本标准。恢复性司法在整个司法程序运行过程中能够给予被告人和被害人以充分的自由，能够对被告人、被害人处分各自利益的自由给予平等尊重和保护，这些都很好地体现出这一制度本身对自由价值的追求和实现。[2]

传统刑事司法强调以报应实现正义，以惩罚犯罪人作为实现

---

〔1〕　房保国：《被害人的刑事程序保护》，法律出版社 2007 年版，第 394 页。

〔2〕　于改之等："'恢复性司法理论国际研讨会'综述"，载《华东政法大学学报》2007 年第 4 期。

正义的要旨，虽后经教育刑的兴起，刑事司法惩罚的烙印有所减轻，但其在实践中的报应色彩一直没有褪色。报应性正义强调被害人复仇情绪的宣泄，虽有着一定的正当性，如果这种复仇情绪在国家刑事司法程序范围内能被控制在合理的水平，倒也合情合理，只是以报应性正义为基础的刑事司法将这种报应情愫过分渲染，导致整个刑事司法充满着肃杀的气氛，不利于犯罪的预防和社会的和谐。建立在功利性正义基础上的刑事司法虽不再一味强调报复，把关注点由被害人转移到社会并重视对犯罪人的改造与矫正，因此少了诸多肃杀的气氛，体现了一丝人道化的色彩。但无论是报应还是矫正，其宗旨都是将犯罪人视为司法的客体，将犯罪人作为司法所促进善的一种工具，不仅犯罪人的主体人格与尊严难以得到有效的维护，从而不可能实现司法所设定的将犯罪人改造为新人的宏伟目标，而且司法所欲达至的正义实现的目标亦难以实现。更有甚者，由于传统刑事司法没有或很少关注被害人和社区的利益，除了通过惩罚犯罪人可能使被害人的报复情感获得稍许慰藉外，被害人与社区实际上什么也没有得到。如果这是一种正义的话，只能算是一种有缺损或不完善的正义。博登海默指出："给予每个人以其应得的东西的意愿乃是正义概念的一个重要的和普遍有效的组成部分。"[1]

　　正义的内涵不是一成不变的，随着社会的发展与人类知识水平的提高应当得到重新认识。换言之，正义的内涵是一个历史的范畴，它随历史的发展而变化，永恒的、普遍的、绝对的正义原则是不存在的。与此相适应，对正义如何实现亦不应拘泥于传统手段，换言之，正义的实现应该具有多种途径。"正义的实现，是要让各方当事人都能从冲突事件的后果中解放出

---

〔1〕 〔美〕E·博登海默：《法理学：法律哲学与法律方法》，邓正来译，中国政法大学出版社1999年版，第264页。

来。"〔1〕这就反映了刑事司法对一种全面或曰整体正义的价值诉求。日本学者小岛武司提出：社会每一个角落能否都得到适当的救济，正义的总量——也称整体正义，是否能达到令人满意的标准，这才是衡量一国司法水准高低的真正尺度。〔2〕

而恢复性正义恰好能够满足这种对全面或曰整体正义的价值诉求。恢复性正义是一种给予与犯罪相关的各方以其应得东西的正义，比如被害人得到物质上的赔偿与精神上的慰藉，加害人表示真诚的歉意与悔罪、承担法律与道义的责任以及发展自身适应社会需要的能力，社区人际关系变得和谐从而使社区重新获得一种安全与稳定的秩序，等等。这种全面与平衡的正义是无法靠传统的刑事司法获得的，其只能通过冲突各方的良性互动以及相互尊重与沟通方能实现。这样，正义不仅能够有效得以实现，而且能够以一种看得见的方式实现，契合了现代民主政治的内在精神。

惩罚是手段，恢复是目的。无论在真正民主体制还是在严酷的独裁体制下，惩罚均可以被用来贯彻任何法律与政治制度的实施。惩罚是一种表达不赞同的强力行为，这种行为可能是一种妥协的结果，但其对自身所执行的价值系统是保持中立的。与之相反，恢复是一种潜在的结果。这种被期待的修复包括了被害人的损失以及更为严重的社会后果。恢复在道义上虽不能保持中立，但表达了对社会生活质量进行恢复的倾向。惩罚不是达至恢复的最适宜的手段，相反，实证研究清晰的表明，痛苦的弥合与惩罚所要寻求的目的是自相矛盾的，特别是在要达到尽可能恢复的情

---

〔1〕　吴丹红："实现正义的另一种进路：恢复性司法初探"，载王平主编：《恢复性司法论坛》，群众出版社 2005 年版，第 49 页。

〔2〕　〔日〕小岛武司等：《司法制度的历史与未来》，汪祖兴译，法律出版社 2000 年版，第 35 页。

况下，这种矛盾表现得尤为明显。决定惩罚的程序往往妨碍了对损害与伤害的关注，威胁行使惩罚使得对伤害与赔偿的有效沟通变得举步维艰。惩罚自身已经严重地妨碍了犯罪人做出修复与赔偿的努力。"他们选择了对恢复性司法的妥协，……这种妥协，不是正义的妥协，而是妥协的正义，也就是说，在恢复性司法的语境下，正义不是一方战胜另一方，不是所谓的正义战胜邪恶，而是双方之间的妥协，只有妥协才有正义。"[1]

二、恢复性正义——刑事政策的新目标

刑事政策这一术语最早见于德国古典刑法学家费尔巴哈的著作中，但迄今为止还没有一个统一的定义，对其内涵的界定，学界也是见仁见智。一般认为，刑事政策的概念有广义、中义和狭义三种区分。广义的刑事政策是指国家有关犯罪的所有的对策，这样的刑事政策不限于直接的以防止犯罪为目的的政策，包括各种间接的与防止犯罪有关的社会政策。[2]中义的刑事政策是指国家通过预防犯罪、缓和犯罪被害人及社会一般人对犯罪的愤慨，从而实现维护社会目的的一切策略和对策的总和。"刑事政策的范围，不包括与各种犯罪有关的社会政策在内，而仅限于直接的，以防止犯罪为主要目的的国家强制措施。"[3]狭义的刑事政策是指刑罚政策，"以研究如何发挥刑罚防止犯罪的

---

[1] 刘方权："恢复性司法：一个概念性框架"，载《山东警察学院学报》2005年第1期。

[2] ［日］大谷实：《刑事政策学》，黎宏译，法律出版社2000年版，第3页；张甘妹：《刑事政策》，我国台湾地区"三民书局股份有限公司"1979年版，第2页。

[3] 许福生：《刑事法讲义》，法律出版社2001年版，第3页。

功能为主要范围"。[1]我国学者多采取中义的刑事政策概念，笔者在本书中对刑事政策的界定也持中义观。[2]

（一）追求惩罚与秩序——刑事政策的传统目标

刑事政策的传统目标主要是追求惩罚与秩序，这与刑事政策长期以来建立在报应性与功利性正义的基础上有着紧密的关联。报应性和功利性正义均强调惩罚与秩序，只是这两种正义观对惩罚与秩序强调的侧重点有所不同而已，即前者侧重于惩罚，后者侧重于秩序的维护。

以报应性正义为导向的刑事政策由于过分强调国家和被害人报复权利的实现，虽然能有效地实现人们朴素的公平正义观和一定程度上满足预防犯罪并有效地维护社会秩序的需要，但是这种刑事政策没有将被害人真正的需求纳入其目标体系当中，使其维护社会公平正义的效果大打折扣。以功利性正义为导向的刑事政策由于强调对社会上绝大多数人最大幸福的保障，因此其特别注

---

〔1〕 苏俊雄：《刑法总论 I》，我国台湾地区"台湾大学"法学院图书部 1995 年版，第 96 页。

〔2〕 马克昌等认为，刑事政策是指"中国共产党和中国人民民主政权，为了预防犯罪，减少犯罪，以致消灭犯罪，以马列主义、毛泽东思想为指导，根据我国的国情和一定时期的形势，而制定的与犯罪进行有效斗争的指导方针和对策。"参见马克昌主编：《中国刑事政策学》，武汉大学出版社 1992 年版，第 5 页。杨春洗等认为："刑事政策是指国家和执政党依据犯罪态势对犯罪行为和犯罪人运用刑罚和诸多处遇手段以期有效地实现惩罚和预防犯罪目的的方略。"参见杨春洗主编：《刑事政策论》，北京大学出版社 1994 年版，第 7 页。何秉松、曲新久等认为："刑事政策是指国家基于预防犯罪、控制犯罪以保障自由、维护秩序、实现正义的目的而制定、实施的准则、策略、方针、计划以及具体措施的总称。"参见何秉松主编：《刑事政策学》，群众出版社 2002 年版，第 39 页。又见曲新久：《刑事政策的权力分析》，中国政法大学出版社 2002 年版，第 68 页。肖扬等认为："刑事政策和策略，简单来说就是一个国家在同犯罪斗争中，根据犯罪的实际情况和趋势，运用刑罚和其他一系列抗制犯罪的制度，为达到有效抑制和预防犯罪的目的，所提出达到方针、准则、决策和方法等。"参见肖扬主编：《中国刑事政策和策略问题》，法律出版社 1996 年版，第 2 页。

重对社会秩序的维护，但由于它把人当成了手段而不是目的，在
公平正义的维护上多遭人诟病。具体言之，虽然在对社会秩序维
护的目标上以报应性正义为导向的刑事政策与以功利性正义为导
向的刑事政策基本一致，但就维护社会秩序的手段而言，两者却
有着迥然不同的进路。前者强调通过对犯罪人实施惩罚，满足被
害人与社会大众的报复心理来满足维护社会秩序的要求；后者则
一方面强调对犯罪人进行惩罚，意图通过威慑以达到一般预防犯
罪之功效，另一方面，试图通过对犯罪人实施教育与心理矫正，
以达到特殊预防之功效。通过这两个途径，达到对社会秩序的维
护。"一般说来，刑事政策要求，社会防卫，尤其是作为目的刑的
刑罚在刑种和刑度上均应适合犯罪人的特点，这样才能防卫其将
来继续实施犯罪行为。"[1]

上述刑事政策具体反映到刑事司法领域，则体现为罪责刑
相适应的原则。我国刑法学界较为通行的观点认为，罪责刑相
适应原则是指犯多大的罪，就应承担多大的刑事责任，法院也
应判处其相应轻重的刑罚，做到重罪重罚、轻罪轻罚、罪刑相
称、罚当其罪。刑罚的轻重不仅与犯罪分子所犯罪行相适应，
而且也与犯罪分子所承担的刑事责任相适应，即在犯罪与刑罚
之间通过刑事责任这个中介来调节。罪责刑相适应原则既注重
刑罚与犯罪行为相适应，又注重刑罚与犯罪人个人情况（主观
恶性与人身危险性）相适应。

（二）追求社会和谐——刑事政策的新目标

刑事政策的传统目标，即有效预防犯罪从而防卫社会已经
被证明基本失败。笔者以为，这种失败的原因主要是传统刑事
政策过于专注于犯罪人，因而忽视了受犯罪影响的相关利害方，

---

[1] [德] 弗兰茨·冯·李斯特：《德国刑法教科书》，徐久生译，法律出版社
2000年版，第13页。

尤其是被害人的利益。这样做不仅伤害了被害人而且也不利于对犯罪人利益的维护。对此，施奈德做了精当的评述，他说："然而，犯罪学家和刑法专家们却如此专注于研究罪犯，以至于他们反对改善被害人在刑事诉讼中的地位，而认为被告的权利已经被剥夺得够多的了。他们不愿意承认，改善被害人的地位也是合乎罪犯利益的，大部分社会成员都承认被害人在刑事诉讼中应获得与罪犯相应的地位。对于被害人利益的保护，丝毫也不意味着将与企图伤害罪犯并剥夺其宪法权利的压制性的刑事政策发生必然的联系。问题的关键在于实现利益的均衡和罪犯、被害人与社会之间的和睦安宁。"[1]

在刑事政策传统目标的指引下，刑事司法完全忽视了被害人的需求和存在。被害人所遭受的短期或长期的经济、社会、生理、精神或道德品质方面的损害，完全被诸如法律实施、检察官、法庭、缓刑监督官、矫正机构及其对罪犯释放后的安置等制度化的社会控制工具所忽略了。犯罪被害人明显不愿意公开提出损害赔偿要求。他原先遭受的被害和来自于诸如家庭、邻居和新闻界等社会环境的不适当的反应，阻挠了他的行动，以至于他竭尽所能地隐匿其身体伤害，避免提及经济损失，并无法从造成创伤的被害与再度被害的经历中进行人格整合（例如自我压抑）。在抢劫罪的被害人中，常常不难发现存在着心理性和器质性的神经病。暴力强奸罪所致的也许不仅仅是身体和精神的伤害，而且会给被害人在婚姻生活、家庭、邻居和职业方面带来社会性问题——严重的还会导致离婚甚至被害人自杀。[2]

---

〔1〕［德］汉斯·约阿希姆·施奈德：《国际范围内的被害人》，许章润译，中国人民公安大学出版社1992年版，第420页。

〔2〕［德］汉斯·约阿希姆·施奈德：《国际范围内的被害人》，许章润译，中国人民公安大学出版社1992年版，第6～7页。

"刑事政策首要的长期的使命是通过满足人身和财产的安全需要以保障社会整体的和谐和延续。"[1]以恢复性正义为导向的刑事政策恰好能够满足追求社会和谐的新目标。社会和谐表现为诸多方面，其中法治和谐是其中最为关键的一环。法治和谐体现在刑事司法领域，就是要强调在修复被害人利益的基础上，实现犯罪相关利益方的利益平衡与协调，其中实现被害人与犯罪人之间关系的修复至为重要。施奈德认为："被害人与罪犯之间和睦关系的恢复，特别要求必须在正义的基础上，实现对于被害人的赔偿和治疗以及使罪犯改过自新、复归社会。"[2]

就怎样修复被害人利益，施奈德进一步提出如下主张：①为了重建行为人、被害人、社会之间的和平关系，应对被害人之精神及社会性的损害加以扶助及治疗，行为人应参与对被害人之治疗（如经由损害赔偿或回复原状），亦应考虑使被害人参与行为人之处遇（关系治疗）；②在犯罪之发生原因及抗制方面，国家基于保护功能及危险共同体之地位，应对于在犯罪抗制上能提供特殊贡献的被害人提供充分的保护，基于正义原则，不得于刑事诉讼程序中遗弃被害人；③确保被害人之利益并非压制性的刑事政策，亦非在于伤害行为人或限制其宪法上的权利，而是一种"利益的平衡"，旨在重建行为人、被害人、国家社会之间的和平关系。[3]

综上所述，笔者认为，建立在恢复性正义基础之上的恢复性司法是对传统刑事司法的替代与超越，其为刑事政策的实践

---

〔1〕 〔法〕米海依尔·戴尔玛斯·马蒂：《刑事政策的主要体系》，卢建平译，法律出版社 2000 年版，第 27 页。

〔2〕 〔德〕汉斯·约阿希姆·施奈德：《国际范围内的被害人》，许章润译，中国人民公安大学出版社 1992 年版，第 34 页。

〔3〕 Schneider, a. a. O., S. 73. 转引自高金桂："论刑法上之和解制度"，载《东海法学研究》1999 年第 14 期。

提供了新目标——追求社会和谐。这种目标在刑事司法领域直接表现为非犯罪化的过程以及刑罚方法非自由刑化、社会化甚至非刑罚化的过程。同时，这种新目标的设定是由传统的"国家本位主义刑事政策"向当代的"国家—社会双本位主义刑事政策"的转向，是一个客观的历史的发展趋势。应然的刑事政策必须顺应现代市民社会在国家反应之外对犯罪作出有组织的社会性反应的这一现实和趋势，使刑事政策跳出刑事法的狭隘范畴，真正成为社会整体的"对犯罪的、越轨的或反社会活动的有组织的果敢的反应"（马克·安塞尔语）。[1]

第四节 现实目标
——报应性、功利性正义和恢复性正义的平衡

一、报应性、功利性正义目前存在的合理性

（一）报应性正义目前存在的合理性

1. 被害人复仇情感满足的需要。被害人在受到侵犯后主要会产生两种被害心理：一是复仇的愿望；二是获得赔偿的愿望，对于那些主要针对人身权利侵害的犯罪行为，被害人的复仇欲望尤为强烈。被害人这种强烈的复仇心理具有一定的正当性，是自然人受害后的自然心理反映。霍尔等认为，人作为有机体的一个平衡体，有机体的生存必须保持体内物质和能量的动态平衡，当失去平衡时就会产生某种需要（need），这种需要使有机体被唤醒，驱力就是来源于这种需要的唤醒状态。这就是著

---

〔1〕 梁根林："刑事政策解读"，载陈兴良主编：《中国刑事政策检讨》，中国检察出版社 2004 年版，第 66～67 页。

名的驱力理论。[1]以霍尔等人提出的驱力理论观之，对于刑事
被害人来说，其体内的平衡不仅仅是指生理指标上的平衡，还
包括正义感、愉悦感等情感需要的满足，犯罪则不仅使被害人
肉体受到伤害（如虐待、殴打）或限制（如非法拘禁），而且
使其情感中的公平感受到破坏，由此引起被害人的屈辱感、悲
哀感和痛苦感，这些都在一定程度上破坏了被害人的心理平衡。
可以说，犯罪正是引起被害人心理不平衡的外界的负诱因，使
被害人产生了恢复平衡的需要。而被害人要恢复犯罪对其造成
的身体上、情感上的伤害，唯有通过复仇和赔偿的方式才能达
到，因为复仇可以使被害人的情感得到满足，赔偿可以让被害
人弥补物损失。[2]埃斯库罗斯说："复仇，永久的潜伏，绝难
赶跑。"[3]波斯纳认为，"即使在今天，复仇的感情仍然在法律
的运作中扮演着重要角色。任何一般性的法律理论如果没有注
意到复仇就是不完整的"。[4]赵汀阳先生说："放弃或忽视惩罚
性公正，这种做法本身就是一种不公正，而且等于是一种分配
上的不公正，因为如果不以正义的暴力去对抗不正义的暴力、
不去惩罚各种作恶，就意味着纵容不正义的暴力和帮助作恶，
也就等于允许恶人谋取不成比例的利益和伤害好人。"[5]房保国
博士也认为，被害人复仇愿望的满足要求报应刑的全面适
用。[6]

　　[1]　孟昭兰：《普通心理学》，北京大学出版社1994年版，第367~369页。
　　[2]　房保国：《被害人的刑事程序保护》，法律出版社2007年版，第41页。
　　[3]　转引自苏力：《法律与文学》，生活·读书·新知三联书店2006年版，第
43页。
　　[4]　[美]理查德·A.波斯纳：《法律与文学》，李国庆译，中国政法大学出
版社2002年版，第74~75页。
　　[5]　赵汀阳：《论可能生活》，北京三联书店1996年版，第130页。
　　[6]　房保国：《被害人的刑事程序保护》，法律出版社2007年版，第27页。

由于报应性正义能有效疏导和满足被害人复仇的欲望，在一定的程度上避免了潜在的危害社会因素的产生，从而维持了社会的安定与有序，因此，其在历史上长期保持着强大的优势地位并深深影响着民众，尤其是被害人的正义观，一直延续至今。也正因为如此，就连抨击"报复是一种野蛮司法"的弗兰西斯·培根也不能不承认：光明正大的报复还是可赞佩的，因为报复不仅是让对方受苦，更是为了让他悔罪。[1]

从现实制度层面来看，现代刑事司法制度运作的动力源也来自于被害人及其亲属的强烈的复仇心理。"事实上，即使今天，司法制度的基础动力就是人们的复仇本能：如果受害人或其亲人没有复仇意识，司法审判就很难启动，整个司法程序——即使由于国家干预而启动——也会完全不同；受害人或其亲人总是比一般人更愿意不计报酬地协助警方调查罪犯，比一般证人更自愿出庭作证，甚至要求法院施以重刑，由此才有了目前各国在这一层面上看大同小异的司法制度。"[2]

2. 民众报复情感满足的需要。如果报应性正义在现实生活中存在的必要性与合理性仅仅停留在被害人复仇需要满足的基础上，不免过于片面而显底气不足。其实，报应性正义在现实生活中仍有较大的生存空间不仅与被害人的复仇欲望的满足有关，而且与绝大多数民众的报复情结也有着紧密的关联，毋宁说，正是后者对报应性正义在现实生活中存在的合理性提供了坚实的民意基础。表面上看，民众在成为受害者之前，其与犯罪和犯罪人没有任何瓜葛，民众的报复情感似乎无从产生，但

---

〔1〕　屈耀伦："预防与报应：刑罚目的的二元建构"，载《法学评论》2006 年第 1 期。

〔2〕　转引自苏力：《法律与文学》，生活·读书·新知三联书店 2006 年版，第 44 页。

事实是，民众对犯罪的痛恨和对犯罪人的报复心理是一个不争的客观事实，古今中外皆然。笔者以为，民众这种报复心理的存在大致有如下几个方面的原因：其一，报应性正义观对民众心理长期潜移默化的影响。报应性正义观最为古老，它的历史可以追溯到生产力极为不发达的原始社会，是建立在不发达生产力基础之上的人们朴素的原始正义观的必然表现。这种长期浸染民众心理的正义观不是随着生产力的高度发展和民主政治下人道主义的出现而立即消失的。其二，每个人都是潜在的被害人。犯罪是任何社会形态下都存在的现象。不管人们是多么憎恨犯罪和多么希望消除犯罪现象，犯罪学理论和实践都已经证明了消除犯罪只是人们一个无法企及的理想。有犯罪就有被害，人人都有被害的可能。大多数民众成为被害人的可能性虽然很小，有的甚至永远也不会成为被害人，但由于犯罪的存在导致了一种不安全和不稳定的社会秩序，人人都有一种成为被害人的心理危机感，在这种心理危机感的压迫下，民众对犯罪和犯罪人表现出强烈的憎恨就自然而然。因此，一旦发生犯罪，民众要求惩罚犯罪人的呼声就相当强烈，这就要求我们在刑事司法目标的设定上不得不把民众报复情感的满足作为重要的参考因素，刑罚就是报应性正义在刑事司法满足民众对犯罪人报复需要的首选工具。

刑罚作为报应性正义实现的有效工具，虽然在被运用处理犯罪的过程中，产生了诸如成本大、效率低等一系列问题，但是刑罚作为社会正义的体现又必不可少，因为刑罚作为对犯罪人的一种恶害，是对犯罪所造成的社会恐惧一种必要的安抚。没有这种安抚，受到犯罪行为扭曲的社会心理就无法得到平衡。而这种失衡又会导致社会道德观念的弱化，并进而动摇社会维护其自身安全的基础。"人们对犯罪的愤恨也影响与引导着社会对犯罪所作的这种反击。这种愤恨对社会的正义是不可缺少的，长期以来，社会始终在尽力维护这种健康的愤恨情感。……现今，民众怀有的不安全感所引起的集体心理状态的一种典型表现便是强烈要求惩办犯罪。"[1]

因此，无论从自然正义的角度，还是从现实制度的层面，无论是从被害人的角度，还是从民众的立场，报应性正义目前都具有一定的合理性。

（二）功利性正义目前存在的合理性

笔者以为，功利性正义目前存在的合理性主要表现在满足防卫社会的现实需要上。在刑事司法领域，不管对以矫治为手段的功利性正义如何诟病，有一点我们始终不能否定，那就是功利性正义体现了一种社会正义，它代表着社会上绝大多数人的最大幸福。具体言之，建立在功利性正义基础上的刑事司法由于强调对社会利益的维护和社会秩序的保障，相较于纯粹以报应性正义为导向的刑事司法，更有利于犯罪的预防和犯罪人的再社会化，从而在一定程度上满足防卫社会的现实需要，尽管实践一再证明以功利性正义为导向的刑事司法在防卫社会方面效果不彰。在世界范围内犯罪率居高不下，恶性犯罪频频出现的现实状况下，以功利性正义为导向的刑事司法有着如下两个方面的合理性：一方面，排除防卫社会的实际效果不论，其至少可以给民众一丝心理慰藉和为防治犯罪进一步寻求更好方法的信心和勇气；另一方面，其符合人权保护的发展趋势。在人权保护日益深化的今天，绝大多数犯罪人终归要以自由之身重返社会，而使犯罪人重返社会恰恰是以功利性正义为导向的刑事司法的目标所在。

---

〔1〕　［法］卡斯东·斯特法尼：《法国刑事诉讼法精义》，罗结珍译，中国政法大学出版社1999年版，第28～29页。

（三）简短的结论

从原始的通过个人报复实现正义，到近代的通过刑罚报应实现正义以及通过预防犯罪来满足社会防卫的需要从而实现正义，是人类正义观的一大跨越；从报应、功利到恢复观念的提升，则是人类正义观的又一大进步。恢复性司法最大限度地满足了各参与方对正义的需求，使正义变得具体实在，而不仅仅限于程序上和理论上。然而，恢复性正义也非至善至美，也存在着一定的缺陷，即牺牲了法治程序意义上的正义，与罪刑法定和罪责刑相适应的原则存在一定的冲突。

鉴于报应性和功利性正义存在的诸多缺陷，我们有必要以恢复性正义予以弥补；鉴于恢复性正义在民主法治的当代背景下亦非至善至美，加上报应性和功利性正义在现阶段仍有存在的合理性和必要性，我们应该用报应性和功利性正义给予恢复性正义必要的支持。因此，在现实状况下，任何言及以恢复性、报应性和功利性正义的任何一方取代另一方的理论与实践都是不现实的和有害的。只有在刑事司法中对恢复性、报应性和功利性正义进行合理的平衡配置才是我们理性的抉择。

二、平衡之道——报应性、功利性正义与恢复性正义相互制约

报应性正义追求的是被害人复仇心理的实现，功利性正义追求社会防卫的效果，恢复性正义则除了体现了被害人的宽恕心理和要求赔偿的心理外，更重要的是追求被犯罪破坏的社会关系恢复到一种和谐状态。复仇心理和宽恕心理之间相互矛盾与相互冲突，防卫社会目标的追求必然与被害人利益的完全实现有着一定的差距，但不同的心理和不同的目标的确共同存在于被害人之上。如何寻求被害人复仇与宽恕心理的友好共存以及社会防卫和被害人利益实现的目标的协调统一，的确是一个深刻与复杂的问题。笔者以为，报应性、功利性与恢复性正义的平衡是解决上述冲突的可行之策。平衡之道乃是三种正义观的相互制约，详言之，一方面，恢复性正义应当给予报应性和功利性正义必要的空间，质言之，恢复性正义要以报应性和功利性正义为基础，另一方面，报应性和功利性正义要以恢复性正义作为自己的理想目标和最终归宿。

（一）报应性正义、功利性正义与恢复性正义具有兼容性

1. 报应性正义与恢复性正义的兼容性。恢复性正义是在对报应性正义批判的基础上得以产生、发展与壮大的。尽管恢复性正义与报应性正义在理念上大体上是相对的，但这两种正义观亦不是一种水火不相容的关系因而绝对不能共存。在某种程度上，他们之间在某些方面亦有相通之处，主要表现为两个方面：

第一，恢复性正义强调"恢复"，而报应性正义虽然强调"报应"，但在"报应"的同时，也会产生某些恢复的效果，比如被害人受伤情感某种程度的恢复和一定法律秩序的恢复，这些正是恢复性正义所追求的。根据 Erik Luna 教授的考察，当下的报应性正义大致可以区分三种理论进路：第一种理论进路被称为"平衡得失（balance of benefits and burdens）"理论或称"不当获益（unfair advantage）"理论：自由被限制（这是一种负担，例如：我不能侵犯别人的财产）是与安全被保障（这是一种获益，例如：别人不能侵犯我的财产）相制衡的，而犯罪打破了这种平衡。通过以刑罚的形式施加犯罪人以痛苦，这种负担与获益之间的平衡得以恢复；第二种理论进路认为，报应性的刑罚乃是对于犯罪在情绪上的既自然又适恰的回应；第三种理论进路认为，刑罚乃是传递给犯罪人、被害人、乃至全社

会这样一个信息：犯罪是提升犯罪人的优越地位并贬低被害人的一种表示，现在刑罚否定这种表示，并重新肯定被害人与犯罪人同等的地位。[1]以此观之，我们不难看出，报应性正义与恢复性正义在目标追求上有一定程度的暗合，只是前者不是将"恢复"视为其主要和核心的目标，因而与后者所追求的"恢复"目标在地位和程度上有所区别而已。

第二，恢复性正义虽不以惩罚作为实现正义的手段，但绝非排斥惩罚，毋宁说恢复性正义是用一种比较隐秘的惩罚来实现正义的。比如，恢复性正义强调犯罪人的悔罪和向被害人真诚道歉就是一种惩罚。这种惩罚在某种意义上比肉体和物质的惩罚更严厉。西方一些有影响的学者认为惩罚与恢复之间的区别被夸大了。戴力（Daly）认为，恢复性司法不可避免的包含有惩罚的因素，因此"其应当包涵有作为国家对犯罪反应的主要方式——惩罚的概念"。根据达夫（Duff）的观点，对犯罪的报应性反应是必不可少的，但这种反应应当与社会建构恢复理念的努力相结合。他认为，"恢复性司法程序不是惩罚性痛苦的替代物，他们自身就是试图达致某种适宜痛苦的途径或方法。"[2]

2. 功利性正义与恢复性正义的兼容性。以功利性正义为导向的刑事司法虽然有忽视个人正义实现的弊端，但其照顾到了社会正义的实现，这与恢复性正义强调维护社区的利益有着异曲同工之妙。当然这种兼容性并不代表着两种正义观的完全重合，功利性正义在强调对社会利益的保护时，忽视了个人正义

---

〔1〕 参见郝方昉："论从传统刑罚观到恢复性司法的范式转换"，载王平主编：《恢复性司法论坛》，群众出版社2005年版，第194页。

〔2〕 Howard Zehr and Barb Toews, *Critical Issues in Restorative Justice*, New York Criminal Justice Press and UK Willan Publishing, 2004, p. 48.

的实现，因此是一种片面的正义；而恢复性正义在维护社区利益时，也要维护被害人与犯罪人的利益，因而是一种既照顾了个人正义又兼顾了社会正义的平衡的正义。或许有人会说，既然恢复性正义包含了功利性正义的内容，为何不用恢复性正义取代功利性正义？笔者以为，在现阶段以及可以预见的将来，由于人们报应情绪的浓烈和社会宽恕氛围的淡薄，恢复性正义只能适用于一些轻微犯罪的解决。恢复性正义在刑事司法领域适用范围的有限性决定了功利性正义仍有其存在的空间。

（二）报应性、功利性正义与恢复性正义相互制约的具体路径

1. 恢复性正义以报应性和功利性正义为基础。由于恢复性正义是一种以被害人为导向的平衡正义观，因此，在寻求恢复性正义实现的过程中，被害人需要的满足和社区利益的考量是关键。众所周知，被害人复仇与获得赔偿心理的满足是被害人各种需求中最为重要的方面，而这两种心理的满足又是报应性正义得以存在的动力源，因此，在现阶段，恢复性正义必须要考虑到被害人这两种心理需求，尤其是被害人复仇心理的需求。质言之，恢复性正义应当以报应性正义为基础，即恢复性正义适用的范围受到一定的限制，也就是说，并非所有的案件都可以用建立在恢复性正义基础上的恢复性司法来解决。详言之，当被害人更需要报应性正义的时候，这种诉求一定要得到认真考虑，而不是想当然的认为，对被害人适用恢复性正义一定比适用报应性正义要理想。例如在严重侵犯人身权利的暴力案件中，被害人的复仇心理一般会明显强过获得赔偿的心理，在这种情形下，被害人宁愿放弃经济上的赔偿，哪怕是高额的赔偿，也要追求对加害人实施严厉惩罚，即实现自身的报应性正义。应当说，对犯罪人科以一定的惩罚一般不会为被害人所反对，

毕竟其受到伤害后还有复仇的欲望。而恢复性司法又不以惩罚为目的，这就意味着被害人的报复需要可能得不到满足。因此，有必要在被害人修复的权利和对犯罪反应的公共利益之间作出区分，由犯罪人对被害人进行补偿应是主要的反应，但在严重的案件中额外的反应（如刑罚）也是必要的。[1]

笔者以为，在现阶段，恢复性正义应当以报应性和功利性正义为基础的理由简单如下：其一，体现了恢复性司法的基本理念。"被害人为导向"理念强调被害人的正义得以优先的实现，具体而言，就是要优先满足被害人的各种需求。被害人的需求表现形态多种多样，而复仇与获得赔偿心理的满足无疑是其中最为重要的。这两种需求，尤其是复仇需求的满足就是报应性正义所追求的。坚持社区司法理念，就是要关注社区（社会）的利益，通过刑事司法达到防卫社会的目的。其二，具有存在的现实基础。报应性正义的历史源远流长，其作为民众心中一种朴素的正义观念，已经深深地植根于民众的脑海中。尽管这种千百年来被民众普遍认同的正义观念中的报应色彩和力度在逐渐褪色和弱化，但至今仍影响着人们的心灵。这种报应的色彩在现实生活当中体现为被害人和民众报复情感满足的需要，这种需要是如此的真真切切，以致于任何人，尤其是立法者与司法者不得不予以高度的关注。功利性正义由于关注绝大多数人的最大幸福，在恢复性正义尚不能适用于所有犯罪的现实下，其所具有的防卫社会的功用确实不容忽视。

2. 报应性和功利性正义以恢复性正义为目标。由于建立在恢复性正义基础上的恢复性司法不仅能有效地消解被害人强烈的复仇心理并使其要求获得赔偿的心理得到满足，而且也能使

---

[1] 参见房保国：《被害人的刑事程序保护》，法律出版社2007年版，第419页。

社区（社会）的利益获得满足，因此，恢复性正义所强调的宽恕目标能被被害人和社会认同。我们在追求报应性和功利性正义的过程中，将恢复性正义设定为目标也就不是一个遥不可及的理想。

正如上文所指出，被害人复仇与获得赔偿心理的满足是报应性正义得以存在的动力源，而恢复性正义一般通过赔偿方式得以实现，这样两种正义之间有着一种内在的契合。另外，获得赔偿与复仇的心理之间存在着密切内在联系：一方面，有时候被害人提出赔偿的请求，就是一种复仇心理的体现，因为他期待通过对犯罪人进行经济惩罚来达到复仇的目的。被害人赔偿心理的满足，同时也意味着对犯罪人的经济惩罚。另一方面，被害人复仇与赔偿的心理在实现过程中，也可能会存在一定的冲突，产生此消彼长的情况。例如，犯罪人如果答应愿意进行高额赔偿，使得被害人的赔偿愿望能够充分满足，那么被害人的复仇动机相应地就会减弱些，从而同意对犯罪人判处较轻的刑罚，所以高额赔偿有时能消解复仇。[1]

---

[1]　房保国：《被害人的刑事程序保护》，法律出版社2007年版，第57页。

第三章

恢复性司法与犯罪观

　　犯罪观既是一个非常复杂的问题，也是一个十分重要的问题。基于错误的犯罪观，在解决犯罪问题的时候，其基本策略方法也可能是错误的或是非理性的；而基于正确的犯罪观，则使我们在解决具体犯罪问题的时候，能够制定理性可行的对策与方法。杨春洗先生认为，犯罪观的问题是一项具有理论与现实意义又富含哲理性的研究课题，关系到刑法的基本理念。从刑法学的结构来看，对犯罪的基本认识和评价影响到刑法价值的确立、犯罪概念的界定、刑事责任的根据和实现方式、对刑罚功能和刑罚目的的理解等基础性问题。历史上不同时期的刑事法律思想和刑事政策，无不与当时人们对犯罪的认识和评价有着直接的联系。[1]

　　犯罪观是人们在一定历史时期对严重破坏他们所期待的社会秩序的社会现象逐渐形成的认识，是伴随着客观的犯罪现象的出现而产生的。从历史的维度看，由于各个时代的人们对犯罪的认识和评价有着较大的差异，因而犯罪观的内涵不是一成不变而是流动变化的。不同的历史时期有不同的犯罪观，这一点已被历史经验所证实。上个世纪 70 年代兴起于西方的恢复性司法，之所以能在短短的几十年里在世界各地大行其道，其中

---

　　〔1〕　李汉军：《论犯罪观》，中国方正出版社 2001 年版，序言第 3 页。

一个不可忽视的原因就是恢复性司法有着与传统刑事司法不同的崭新犯罪观。任何特定时期的犯罪观都不是独立存在的，他们彼此之间存在着或多或少的联系，因此，对传统刑事司法的犯罪观进行详细分析并在与恢复性司法的犯罪观相比较的基础上，对恢复性司法视野下的犯罪观进行较为全面与系统地探讨就是本章要解决的重要问题。

第一节　犯罪观概述

一、犯罪观的内涵

什么是犯罪观？犯罪观的内涵包括哪些方面？对上述问题进行认真探讨的学者并不多见。如张明楷教授认为："所谓犯罪观，就是指对犯罪的属性、犯罪的产生、发展、变化、消亡以及如何同犯罪作斗争的看法。犯罪是客观存在的社会现象，对犯罪的看法就是对客观世界的特定现象的看法，因而犯罪观是世界观的组成部分。不同的阶级由于他们在社会中所处的历史条件不同，所占的经济、政治地位不同，就有不同的世界观，因而具有不同的犯罪观。"[1]又如梁根林教授所言："所谓犯罪观，就是指对犯罪的属性、犯罪的产生、发展、变化、消亡以及如何同犯罪作斗争的看法。"[2]再如李汉军博士指出："犯罪观就是人们对犯罪的看法。或者进一步说，是人们对犯罪的认识和评价。犯罪观的基本内容是人们对犯罪本质特征的认识和

---

〔1〕　张明楷：《犯罪论原理》，武汉大学出版社1991年版，第44页。
〔2〕　参见梁根林："刑法改革的观念走向"，载陈兴良主编：《刑事法评论》（第1卷），中国政法大学出版社1997年版，第110页。

义理的解释，以及对犯罪从社会、文化、法律的角度所做出的评价、谴责与非难。这些基本内容则构成了特定社会的刑事法律规范的建立在特定文化背景之上的法律观念基础。"[1]李汉军博士在犯罪观定义的基础上，对犯罪观的基本内容进行了概括。他认为，犯罪观的具体内容涉及对犯罪现象的一系列认识和评价，主要包括五个方面的内容：其一，对犯罪的根源和本质的认识是犯罪观中最具有哲学高度，最系统的认识；其二，社会危害性，是对犯罪的概念和本质特征进行探讨时首先要提及的，对犯罪的社会危害性的认识在这里也就是犯罪观的最基本的内容之一；其三，在犯罪观的内容中，与犯罪的社会危害性相应的内容是关于犯罪人和其人身危险性的认识和评价；其四，关于犯罪的主观恶性的认识和评价也是犯罪观的重要内容之一；其五，对犯罪的应受惩罚性的认识和评价是犯罪观的内容中具有重要的法律意义的一部分。[2]

笔者以为，犯罪观应该是人们对具体犯罪现象进行整体把握后形成的一种内心信念，这种信念转换成语言，就变成了人们对他们所生活的时代犯罪现象的一种认识和评价，换言之，犯罪观的基本内涵首先反映的是对犯罪的认识，其次才是对犯罪的评价，亦或是对犯罪的认识与评价交互进行，其核心内容应该体现在犯罪本质上。

在人类历史上，犯罪观的实际内涵和表现形式是不断发展变化的。这一过程主要体现在两个方面，其一，随着社会价值观念的变化，犯罪观对犯罪的实体判断和取向发生嬗变，其二，随着社会历史的发展，犯罪观对犯罪的社会危害的判断形式和方法也不断发展，而且从认识论的发展角度出发，犯罪观的历

---

〔1〕 李汉军：《论犯罪观》，中国方正出版社2001年版，第9页。
〔2〕 李汉军：《论犯罪观》，中国方正出版社2001年版，第13~19页。

史发展是一个不断深化，不断全面和完善的过程。[1]对于历史上的犯罪观的演化，李汉军博士将其归纳为如下三个方面的特征：其一，由蒙昧而文明；其二，宗教、伦理和君主的权威；其三，从理性与报应到人格与教化。[2]

二、犯罪本质——犯罪观的核心

李晓明先生认为，犯罪观理论的三大支柱是犯罪本源[3]、犯罪起源和犯罪本质。他认为，犯罪本源观直接决定着犯罪观的形成，是整个犯罪观赖以确立的基础。而犯罪的起源是指罪的开始发生。追溯犯罪的起源，不仅与研究犯罪的历史有关，而且对于认识犯罪的本质和弄清犯罪的起因等都具有重要意义。犯罪本质可一般性表述为犯罪是一种反社会的、危害统治秩序的最极端行为，其政治特征是阶级性，其事实特征是危害性，其人身特征是危险性，其社会特征是关系性。[4]

笔者以为，犯罪观的内涵固然有着多方面的内容，但探讨犯罪观离不开对犯罪本质观的理解，否则，我们对犯罪观的认识就仅仅只能停留在表面。质言之，犯罪本质的问题是犯罪观

---

〔1〕 李汉军：《论犯罪观》，中国方正出版社 2001 年版，第 47 页。

〔2〕 请详见李汉军：《论犯罪观》，中国方正出版社 2001 年版，第 29～47 页。

〔3〕 所谓本源是指事物产生的根本渊源，也即事物普遍性的来源。犯罪本源当然是指犯罪产生的根本来源，也即犯罪现象普遍性的终极原因。具体是指不同的历史条件下犯罪产生的共同原因，根本原因或本质原因。这里所说的不同历史条件，指的是不受任何历史时期、任何社会制度、任何物质基础和社会环境的限制，具有广泛的解说力、涵盖力和兼容性。确切些说，也即人作为动物之中最高级的类型，为什么会去犯罪？是什么力量在决定或推动着人去犯罪？参见李晓明："犯罪本源·犯罪起源·犯罪本质：犯罪观理论的三大支柱"，载《江苏公安专科学校学报》2000 年第 5 期。

〔4〕 李晓明："犯罪本源·犯罪起源·犯罪本质：犯罪观理论的三大支柱"，载《江苏公安专科学校学报》2000 年第 5 期。

的一个重要的认识内涵。犯罪本质到底是什么？这一直是学界争论不休并尚未达成共识的问题。实际上，人们对犯罪本质的认识有一个逐渐深化的过程。在早期的奴隶制社会，人们对犯罪现象的认识是直观的、浅显的，因而认为犯罪的本质主要是对私人利益的侵害。与此相应，对犯罪的指控实行的是原始控告式诉讼制度，采用的诉讼规则是"不告不理"。犯罪被害人居于原告的地位，"是否将犯罪诉交国家机关，凭借国家力量来惩罚犯罪人，取决于被害人的意志"。到了中世纪，人们逐渐改变了对犯罪本质的认识，认为犯罪在本质上主要不是私人间的纷争，而是对国家秩序的危害。此时，对行为是否构成犯罪的价值判断主体是国家，价值判断的标准是统治秩序，国家利益与公民个人的利益被认为是高度一致的，国家对犯罪行为的评价与否定也就代表了社会公众对犯罪的评价。与此相应，对犯罪的制裁也由"私人执法"变为国家的专属制裁。尤其是进入近代社会，个人权利本位的思想让位于社会本位以后，犯罪更被视为是违反国家法律的行为、是对政府权威的挑衅、是发生在个人和整个国家之间的特殊的冲突。

　　然而何谓犯罪本质？对此下一个准确的定义却并非易事。《现代汉语词典》对"本质"一词作出了如下解释："是指事物本身所固有的、决定事物性质、面貌和发展的根本属性。事物的本质是隐蔽的，是通过现象来表现的，不能用简单的直观去认识，必须透过现象掌握本质"。唯物辩证法认为，本质是事物的根本属性，是组成事物各基本要素的内在联系。而且，本质是由事物内部的矛盾构成的，任何事物内部都有自己的矛盾，这种内在矛盾就构成了区别于他事物的本质。本质具有以下特征：其一，本质是隐蔽的，深藏于事物内部的方面，只有靠理性思维才能把握。其二，本质是同类现象中最一般和共同的东西。其三，本质是相对稳定的。其四，本质是抽象的。其五，本质是由事物的根本矛盾决定的。其六，本质是比较深刻的和全面的。根据对本质的理解，笔者以为，犯罪的本质就是指犯罪本身所固有的、决定犯罪的性质、面貌和发展并且需要通过犯罪现象所展现出来的内部根本属性。

　　笔者以为，犯罪本质是人们对犯罪所做出的反映中最根本的判断，它直接建立在人们依一定的立场对犯罪现象总结出的观念意识之上，而这种观念意识又是对犯罪进行评价的最根本的基础。只有对犯罪的本质取得全面深刻的认识，对犯罪的评价才能得以准确地确立，才能真正反映出评价者自觉的理性的立场，并依次建立起反映其根本价值取向的观念体系和外在的社会制度体系。[1]自从刑事法律科学诞生以来，犯罪的本质一直是"各门各派"争论的话题。无论从历史的发展过程来看，还是在某一特定时期的不同观点和理论学说中，对于犯罪概念的解释都是形形色色的。不仅仅是定义的角度和形式的不同，甚至对某些具体行为来说，是否应视为犯罪以及对其应如何评价，都可能有完全不同的回答。古希腊的一些城邦中，将天生有严重生理缺陷的婴儿遗弃被视为合理合法；在古印第安人的一些部落中，当年事已高的父母变成了部落的累赘时，可以合理地使他们放弃生命。即使在同一历史时代，从不同立场出发也可以对同一行为作出不同评价。中国历史上被称为大盗的跖，在庄子笔下曾有机会与孔子辩论是非并大获全胜。[2]正如有学者指出的："然而科以刑责，何以能实现正义，亦即刑事责任之理论根据如何，是乃刑法思想之根本问题，每因时代不同而异

---

〔1〕　李汉军:《论犯罪观》，中国方正出版社2001年版，第109页。

〔2〕　李汉军:《论犯罪观》，中国方正出版社2001年版，第20页。

其见解。"[1]

三、不同社会形态的犯罪观

(一) 原始社会的犯罪观

恩格斯在《家庭、私有制和国家的起源》一书中，尤其是在论及母系氏族社会规范时，除反复指出当时人们的"权利"、"义务"外，还多次使用"必须"、"不许"、"禁止"、"服从"、"违反"、"侵犯"等词语。既然存在着禁止和命令性规范，就必然发生违反禁令和违抗命令的行为，这些行为应当蕴含了犯罪行为。另外，恩格斯在这本书中还列举了大量的犯罪和刑罚起源的详细例证：恩格斯在谈到母权制社会的"对偶家庭"代替"群婚家庭"时指出："在这一阶段上，一个男子和一个女子共同生活；不过，多妻和偶尔的通奸，仍是男子的权利……，同时，在同居期间，多半要求妇女严守贞操，要是有了通奸的事情，便残酷地加以惩罚。"

恩格斯在谈到母权制社会的"易洛魁人的民族"时提到受外族人伤害时指出："假使一个民族成员被外族人杀害了，那么被害者的全氏族必须实行血族复仇。起初是试行调解；行凶者的氏族议事会开会，大抵用道歉与赠送厚礼的方式，向被害者的氏族议事会提议和平了结事件。如果提议被接受，事情就算解决了。否则，受害的氏族就指定一个或几个复仇者，他们的义务就是寻出行凶者，把他杀死。"

在人类社会早期，并不严格区分犯罪与民事侵权的区别。"初民法的内容并非仅仅是由，甚或主要不是由消极的禁止性规范所构成的，也并非所有的初民法都是刑罚"，"我们所看到的

---

[1] 韩忠谟：《刑法原理》，中国政法大学出版社 2002 年版，第 11 页。

都是些积极的实在性的戒律，违反戒律即被惩罚，然而不是刑罚惩罚，使惩罚得以实现所凭恃的不是纯暴力性的强制方法”，而是“由他们社会结构中世传的互惠性与公开性这一特殊机制保证施行的具有约束力的责任”。因此，作为禁止性的刑法规范在初民社会占主要地位。同时，无论中国古代法律中的“民刑合一”，还是《乌尔纳姆法典》或是两河流域地区的法典，也都是将侵权行为规定在一起。对此，梅因在对古代法的研究中得出一个重要结论，即“在法律学幼年时代，公民赖以保护使不受强暴或欺诈的，不是犯罪法而是侵权行为法”。所以，最原始的刑法乃是侵权行为法，刑法是从侵权法中分离出来的法律；最原始的犯罪也就是侵权，是一种严重的侵权，是犯罪人对被害人的一种侵权。犯罪与侵权在古代社会浑然一体，那时对犯罪的反映也不一定都是野蛮的惩罚。[1]按照克劳斯·罗科信（Klaus Lockheed）的观点，自诉的起源“乃是因为最早时期对一行为之民法上或刑法上的效果，以及该所进行者为民事或刑事诉讼程序并无区别所致：在伤害案件中，可以以赔偿受害人之方式和解，在杀人案件中，亦得对其亲属偿付金额了事”，于是“此时刑事诉讼程序与民事诉讼程序无异，即在刑事诉讼程序中也可因侵权行为而提起赔偿之诉”。[2]

（二）奴隶、封建社会的犯罪观

在早期的奴隶制社会，人们认为犯罪的本质主要是对私人利益的侵害。[3]与此相应，对犯罪的指控实行的是原始控告式

---

〔1〕 房保国：《被害人的刑事程序保护》，法律出版社 2007 年版，第 15 ~ 16 页。

〔2〕 ［德］克劳斯·罗科信：《刑事诉讼法》（第 24 版），吴丽琪译，法律出版社 2003 年版，第 93 页。

〔3〕 ［意］加罗法洛：《犯罪学》，耿伟等译，中国大百科全书出版社 1996 年版，第 20 页。

诉讼制度，采用的诉讼规则是"不告不理"。刑事被害人居于原告的地位，是整个刑事诉讼程序的发动者和主导者，"是否将犯罪诉交国家司法机关、凭借国家力量来惩罚犯罪人，取决于被害人的意志。"[1]被害人是本着同态复仇的社会正义理念进入诉讼的。"与现代的民事诉讼法相似，按照中世纪的刑事程序法，只有受害人起诉（自诉），才能引致程序的开始。追求犯罪是私人的事务。"[2]原始社会末期，社会矛盾急剧暴发，建立在氏族习惯基础上的社会行为规范已完全不能解决社会秩序的纷乱。社会矛盾尤其是阶级斗争的激化导致了新型的权力机构，即凌驾于社会之上的国家的产生。奴隶制和封建时代的犯罪充满了宗教、伦理观念的色彩，这是和原始社会的原始宗教伦理的发展相衔接的，是人类社会对建立维护社会秩序的行为规范的愿望在观念形态中的反映。同时，由于国家的出现，社会对于犯罪的处置方式发生了新的变化，形成了这一时期的以宗教伦理观为中心的价值观念体系和以君主专制为特色的刑法体制。从奴隶制国家的产生到封建时代的结束，经历了人类社会发展中漫长的历程，而且由于不同的地域文化尚未全面交融，这一时期中犯罪观的发展也形成了不同阶段和不同地域的特色。这里可以从以下几个方面对最基本的特征加以概括。[3]

首先，国家虽建立在阶级统治的基础之上，却以社会公共权力的面貌出现，从此具有阶级性的犯罪成为同样具有阶级性的公权的调整对象。谈犯罪，就要从权力或统治权力谈起，就

---

〔1〕 卞建林：《刑事起诉制度的理论与实践》，中国政法大学出版社 1993 年版，第 5 页。

〔2〕 ［德］拉德布鲁赫：《法学导论》，米健等译，中国大百科全书出版社 2003 年版，第 120～121 页。

〔3〕 参见李汉军：《论犯罪观》，中国方正出版社 2001 年版，第 33～38 页。

是一种阶级统治的权力。因此，凡是对阶级统治下的政权、国家安全、法律秩序、社会秩序、道德秩序有危害的行为，便为国家所禁止的违法乃至犯罪。按照马克思主义的观点分析，奴隶制社会、封建社会的统治权是集神权、族权、政权的三权合一。其中神权是维护其统治权的精神支柱，族权是对氏族制度遗留下来的社会群体内部权力在私有制度之下的变相存在的保留，而政权则是保证其统治权的最直接的最后的权力形式。在形式上，国家政权代表了社会的公共权力，对于严重危害该社会公共秩序的行为，国家即以政权暴力予以干预。例如，在罗马法中，将违法分为公犯和私犯两种，前者指的是危害国家的行为，违反的人须受刑事制裁，所有罗马市民都可以控告；后者指的是侵害他人人身或私有财产的行为，违反的人须负损害赔偿的责任，仅蒙受损失的人可以起诉。在雅典和罗马各省，法律处罚罪过，也处罚侵权行为。触犯"上帝"的罪行概念产生第一类的律令，触犯邻居的概念产生了第二类的律令，但触犯国家或集成社会的观念并没有开始就产生一个真正的犯罪法律学。随着社会的发展，罗马人对犯罪的危害性的认识不断深化，终于出现了一个被梅因称之为从"不法行为"改变为"犯罪"的过程：起初，罗马立法机关对于比较凶暴的罪行并没有废止民事救济，它给被害人提供了他一定愿意选择的一种赔偿。"直到后来，在一个不能确定的时期，当法律开始注意到一种在'法学汇纂'中称为非常犯罪的新的罪行时，它们才成为刑事上可以处罚的罪行。无疑的，有一类行为，罗马法律学理论是单纯地把它们看作不法行为的；但是社会的尊严心日益提高，反对对这些行为的犯罪者在给付金钱赔偿损失以外不加其他较重的处罚，因此，如果被害人愿意时，准许把它们作为非常犯罪而起诉，即通过一种在某些方面和普通程序不同的救济方式而起诉。从这些非常犯罪第一次被承认的时期起，罗马国家的犯罪表一定和现代世界任何社会中所有的同样地长。"

其次，奴隶制和封建时代对犯罪恶性的认识具有浓厚的宗教伦理色彩，宗教的一面表现为对犯罪是对神意的违反的判断，伦理的一面表现为对恶的伦理规范评价。由于这一时期的法权思想意识是神权，君权或君权神授，法是神意，作为刑罚制度的主要内容的刑罚法规，多系神权、宗教性质的。如汉穆拉比法典、摩奴法典、古兰经、教会法典等都是神权和君权法典的典型。这一定时期内导致犯罪的伦理意义和法律意义难以割离的关系。在神权占据统治地位的时代，犯罪被视为是对神意的违反，这也是人类初入文明阶段时所建立的、在中世纪之前又得到全面加强的牢固的宗教观念的影响所至。在古代，人们认为犯罪的恶直接意味着对祖先的不敬，对神意的违背和对神明的亵渎。"所有的政治领导，从氏族、村庄到最高长官国王，在管理人类事务中都是祖先的灵魂和神的代理人。……法律和宗教是紧密相连的，对罪孽的宽恕会激怒祖先，为此祖先会惩罚整个部落。邪恶是犯罪，犯罪也是邪恶。"在欧洲的中世纪教会与王权合一时期，犯罪的神学意义被强调到极至，刑法充满主观归罪的倾向。其中最突出的是犯罪和罪孽不加区分。违反宗教法的行为称为罪孽，罪孽又分为三部分：一部分是纯属内心活动的罪孽，另一部分是行为轻微的罪孽，还有一部分是严重侵犯教会信条或利益的罪孽，例如异端罪、巫术罪、通奸罪等，这类犯罪被教会法学家称为"犯罪的罪孽"。前两种罪孽由教会的内部庭审理，后一种罪孽由教会的对外庭审理。

经过一定的历史发展，犯罪观随着社会进步有很大变化，比较突出的就是法律意义的犯罪概念逐渐明确，犯罪和伦理、宗教上的罪恶开始相对分离。随着社会的发展，社会关系越来越复杂，处理犯罪问题也就越来越需要有完善的制度化体系。

最后，奴隶制和封建时代的刑罚强调报复和威慑，以等量的报应为罪刑关系的价值变量，并以刑罚的残酷和罪刑擅断而著称。"这个时期的法律文化是在奴隶主、封建主统治的社会文化的基础上产生的，反映在刑罚上，带有原始的本能暴力（血仇时代）的沿袭性。"

（三）资本主义社会的犯罪观

漫长的封建时代经过资产阶级革命而面临终结，天赋人权、自然法、社会契约理论、自由、平等等启蒙思想成为反封建罪刑擅断的有力思想武器，使人们从神权、君权的束缚下解放出来，成为崇尚自由意志的理性人。平等的公民要求自由、权利，建立完备的刑法制度以作保障，这就是近代刑法得以建立的时代背景。

刑事古典学派的客观主义犯罪观是以资产阶级启蒙思想为基础的。启蒙思想的主要代表人有贝卡利亚、费尔巴哈和边沁等。如贝卡利亚认为，法必须从宗教中解放出来，刑罚权的基础在于社会契约，因而社会契约中未包含的刑罚就是不正当的刑罚；衡量犯罪的尺度不应是内心邪恶，而是犯罪对社会造成的危害，立法者必须用法律对之加以严格的规定。他认为，以犯罪时所怀有的意图为衡量犯罪的标尺是不科学的，"因为，这种标尺所依据的只是对客观对象的一时印象和头脑中的事先意念，而这些东西随着思想、欲望和环境的迅速发展，在大家和每个人身上都各不相同。如果那样的话，就不仅需要为每次犯罪制定一条新的法律。"[1] 概括地说，贝卡利亚所强调的，是要以行为对社会造成的实际危害作为衡量犯罪的标准，并以法律

〔1〕〔意〕贝卡里亚：《论犯罪与刑罚》，黄风译，中国大百科全书出版社1993年版，第82页。

形式对犯罪与刑罚加以规定，建立罪与刑的"及时性"的、"确定性和必定性"的、"相对称"的联系的定型。费尔巴哈的思想对刑法学的影响主要是，严格区分法与道德、主张犯罪的本质是对权利的侵害、倡导以心理强制说为基础的犯罪预防理论。客观主义犯罪观主要把犯罪价值论的着眼点放在行为的侵害性及其对社会造成的后果方面，从而使罪与非罪的区分有了客观、确定的标准；在行为的认识论上主张以自由意志为基础的因果行为论，这是崇尚理性正义的启蒙思想在犯罪论中的体现；在刑事责任问题上主张道义责任论，认为"责任能力的表现就是负担道义责任的能力，即根据规范决定意思和行为的能力"。[1]

🔳 第二节　传统刑事司法的犯罪观

一、传统刑事司法犯罪观概述

从历史进程的角度分析，刑法经历了不同的发展阶段，每一阶段又呈现不同的特点。古希腊哲学家认为，犯罪是人本身的一种行为，是人的意志或特性决定的，这是对犯罪本质的自然解释。中世纪对犯罪本质的探讨从自然解释转化为超自然解释。在这一时期，刑法的最大特征是带有浓厚的神权色彩。总之，这一时期对犯罪本质的认识是模糊的、不科学的，没有深入到犯罪本质的实质。18世纪，随着资本主义在欧洲的兴起，一些著名的启蒙思想家开始了对犯罪本质进行了有益的探讨，如被誉为"刑法学之父"的意大利刑法学家贝卡利亚就是典型

---

〔1〕〔日〕福田平：《日本刑法总论讲义》，李乔等译，辽宁人民出版社1986年版，第115页。

的代表。贝卡利亚认为犯罪的本质是行为具有社会危害性，"我们已经看到什么是衡量犯罪的真正标尺，即犯罪对社会的危害"。他认为犯罪的本质是行为，而不是人们的思想，行为才是沟通刑法与行为人之间的纽带，因为思想"只是客观对象一时印象和头脑中的事先意念"，"随着思想欲望和环境的迅速发展，在大家和每个人身上都各自不同"，因而是不可靠的。贝卡利亚社会危害性犯罪本质观的提出，在犯罪本质观的历史上具有里程碑的意义。

但随后有学者认为，把社会危害性作为犯罪的本质特征本身就带有一个极大的困惑，本质特征应该是某一事物所特有的属性，但社会危害性并非犯罪所独有，其他违法行为也都具有社会危害性，认为社会危害性不仅没有把犯罪从不法行为乃至一切不法行为界定中抽出，反而暴露了他们共同的本质。功利主义大师边沁认为，犯罪是一种禁止的恶，并将对这种恶的判断细化为六个方面：①行为本身；②客观条件；③行为意向；④伴随的意识；⑤行为动机；⑥一般习性。边沁从功利主义原则出发，在犯罪的认定标准上，采取的是客观主义惟效果论。黑格尔把犯罪归入"不法"这一更大的范畴，把民事上的不法同刑事上的不法都看作是同一个不法的不同发展阶段，力求把它看作是一个过程。费尔巴哈在严格区分法律与道德的基础上，认为犯罪的本质不在于行为的社会危害性，而是在于对权利的侵害。权利侵害说以启蒙主义思想的人权保护思想为背景，认为犯罪是侵害他人权利的行为，国家也是具有人格，享有权利，对国家的犯罪也是对权利的侵害。在19世纪初期，这一学说在刑法学中占有统治地位。该学说摒弃了中世纪将犯罪视为邪恶，将道德责任与法律责任混为一谈的犯罪观，从法律上严格界定了犯罪的范围，具有一定的历史进步意义，并且该说还引申出犯罪的形式定义，并与犯罪的实质定义相对应，加深了对犯罪现象的认识，代表了人们对犯罪本质认识的一个新阶段。

在西方，刑法学者们普遍认为，与民事侵权不同，犯罪侵害的是国家法益，而不是单个个人的利益，因此由国家垄断刑罚权，并排除私刑和私了的合法性，被认为是符合某种自然法精神的。[1]上述说法实际上是现在颇为流行的法益侵害说的理论主张。

二、传统刑事司法犯罪观诸种学说揽要

有关犯罪观的诸种学说主要是从犯罪本质观的角度而言的。有人总结出历史上关于犯罪本质的几种观点为：神学本质观、法律本质观、新派的本质观、阶级本质观与社会危害性本质观。神学本质观认为神是人世间万事万物的主宰，犯罪既然侵犯了世俗的秩序，实际上便是违背了神的意志，国家就会秉承神意，"代天行罚"，予以制裁；法律本质观，是指在维护资产阶级的权利和自由平等的思想指导下，把犯罪认定为是违反法律的行为，纯粹是法律范围内的事情，超出法律无所谓犯罪；新派的本质观，是指刑事人类学派和刑事社会学派的观点，即以行为人反社会的危险性来解释犯罪，阶级本质观与社会危害性本质观，是指前苏联和我国刑法学者所主张的观点，其中阶级本质观认为犯罪的本质就是社会危害性。[2]传统刑事司法犯罪观主要是指除了神学本质观以外的法律本质观、新派的本质观、阶级本质观与社会危害性本质观。有关传统刑事司法本质观的学

---

〔1〕 张庆方："恢复性司法研究"，载王平主编：《恢复性司法论坛》，群众出版社2005年版，第236页。

〔2〕 参见青锋：《犯罪本质研究：罪与非罪界说新论》，中国人民公安大学出版社1994年版，第8～17页。

说有许多种，如阶级斗争说、社会危害性说、权利侵害说、法益侵害说、规范违反说、义务违反说、秩序违反说以及折衷说等，其中，阶级斗争说、社会危害性说、权利侵害说、法益侵害说和规范违反说是五种影响比较大的学说。这些学说从不同的侧面对犯罪本质观进行了说明，均有着各自的合理性，但也难免存在着一定的缺陷。

（一）阶级斗争说

犯罪本质中的阶级斗争说源于马克思、恩格斯的一段话，马克思、恩格斯在《德意志意识形态》一书中说："犯罪——孤立的个人反对统治关系的斗争，和法一样，也不是随心所欲地产生的。相反的，犯罪和现行的统治都产生于相同的条件。同样也是那些把法和法律看作是某些独立自在的一般意志的统治的幻想家才会把犯罪看成单纯是对法和法律的破坏。"[1] 对于马克思、恩格斯这一论断，我国刑法学者大多认为这是对犯罪本质的深刻揭露。比如通说认为，这（即前述马克思、恩格斯对犯罪所讲的那段话——笔者注）是关于犯罪的经典论述。这段话既深刻又简练地指出了犯罪的阶级实质及其产生的条件，阐明了犯罪与现行统治的关系，揭示了犯罪的本质属性。[2] 阶级斗争说在特定的历史范围与条件下当然有其科学和进步的一面，但以被害人以及人类社会产生和发展的视角观之，其无疑有着不足，其最大的缺陷就在于排斥了前阶级社会所存在的犯罪现象，具有片面性与不周延性。房保国博士认为，阶级斗争说最大的问题就是以偏概全，忽视了被害人的存在，导致刑法

---

〔1〕《马克思恩格斯全集》（第3卷），人民出版社1957年版，第379页。
〔2〕高铭暄、马克昌主编：《刑法学》，北京大学出版社、高等教育出版社2007年版，第48页。

以惩罚为主。[1]首先，犯罪的本质是"孤立的个人反对统治关系的斗争"这一论断，一般来讲应该主要针对的是那些直接危害国家安全、公共安全，直接威胁到一国政权安危的犯罪，而不能包括普通的刑事犯罪。其次，阶级斗争忽视了被害人的存在，这从被害人的角度来看是最大的问题。最后，阶级斗争说是从政治学或经济学上对犯罪概念的界定，受到政治观点和政策变化的影响，是不确定的。

（二）社会危害性说

犯罪本质的社会危害性理论最早产生于18世纪欧洲的古典学派，其提出者是贝卡利亚（1837~1864）。贝卡利亚认为"犯罪使社会遭受到的危害是衡量犯罪的真正标准"[2]，这一提法实际上是从社会学角度进行分析的。恩格斯指出："藐视社会秩序的最明显最极端的表现就是犯罪"。[3]这一论断亦是对犯罪的社会危害性本质的有力说明。社会危害性理论的真正发展，是在前苏联，1926年的《苏俄刑法典》在其犯罪概念中表明了犯罪是一种危害社会的行为，并在20世纪30年代后建立了以社会危害性为中心的犯罪理论体系。正如1935年前苏联刑法学家沃尔特夫指出的那样："在刑法中，特别是在犯罪问题上，主要的一环是社会危害性。"[4]由于历史上的原因，后来这种社会危害性学说传入我国，在我国刑法领域形成了以社会危害性为中心的刑法理论，犯罪本质被视为具有社会危害性的行为。这种社会危害性的犯罪本质说集中体现在我国的刑法立法上，例如

---

〔1〕 详情参见房保国：《被害人的刑事程序保护》，法律出版社2007年版，第21~22页。

〔2〕 ［意］贝卡里亚：《论犯罪与刑罚》，黄风译，中国大百科全书出版社1993年版，第67页。

〔3〕 《马克思恩格斯全集》（第2卷），人民出版社1957年版，第416页。

〔4〕 曹子丹：《苏联刑法科学史》，法律出版社1984年版，第20页。

我国《刑法》第13条规定："一切危害国家主权、领土完整和安全，分裂国家、颠覆人民民主专政的政权和推翻社会主义制度，破坏社会秩序和经济秩序，侵犯国有财产或者劳动群众集体所有的财产，侵犯公民私人所有的财产，侵犯公民的人身权利、民主权利和其他权利，以及其他危害社会的行为，依照法律应当受刑罚处罚的，都是犯罪，但是情节显著轻微危害不大的，不认为是犯罪。"

但是，社会危害性说强调社会危害的核心地位，强调社会危害是犯罪的本质属性，其极端的逻辑结论就是只要有了社会危害性就可以不要刑事违法性，这实际上意味着对犯罪刑事违法性的否定，甚至是对刑法的否定，有违罪刑法定原则。

在刑法类推制度没有废除之前，社会危害性成为类推制度存在的合理性与必要性的充足根据，那么在废除类推从而确定罪刑法定原则之后，"社会危害性所显现的实质的价值理念与罪刑法定主义所倡导的形式的价值理念之间存在着基本立场上的冲突"。[1]

在社会危害性理论中，主要体现的是一种保全社会的思想，而没有完全体现出刑法的人权保障机能。因此，社会危害性理论反映的主要是一种国家本位观，没有反映出重视保护个体被害人的倾向。[2]

（三）权利侵害说

费尔巴哈作为刑事古代典学派的重要代表人物，其最大的功绩就是将罪刑法定主义思想、法律与伦理严格区别的思想纳入到刑法理论，提出了犯罪本质的权利侵害说。费氏将犯罪分为针对个人的犯罪和针对国家的犯罪两类，认为犯罪的本质是

---

〔1〕　陈兴良：《本体刑法学》，商务印书馆2001年版，第156页。

〔2〕　房保国：《被害人的刑事程序保护》，法律出版社2007年版，第24页。

对他人权利的侵害，国家也具有人格、享有权利。刑法的任务便是保护权利；违反法规、侵害权利的行为就是犯罪，国家必须采取预防性措施。"费尔巴哈将犯罪理解为对权利的侵害，意味着从实质上限定中世纪以来所扩张的、含混的犯罪概念"，其理论渊源是启蒙思想家的社会契约论。权利侵害说主张，国家以刑罚所禁止的必须是侵害他人权利的行为和侵害契约社会为了保护个人权利而设置的国家权利的行为，或者说，只有侵害权利的行为才是具有社会危害性的行为；刑法的任务是防止对他人权利的侵害，警察的任务在于防止有可能侵害权利的危险行为、维护外部的平稳；提倡刑法改革，将犯罪的本质统一于对权利的侵害，从而保障市民的自由，因而该学说有助于保护市民的个人自由、限定国家的目的与任务以及克服刑法的不安定状态。

应当说，犯罪当然侵害了抽象意义上的国家利益和社会利益，但是"这种利益侵害通常必须通过行为对个体被害人所带来的具体危害才能表现出来"，社会危害概念的"意义结构尽管同时兼具抽象与具体的意涵，但始终以具体的意涵为基础"。[1] 费氏的权利侵害说还反映了一种个人本位的思想，认为立法时应将对个人的犯罪与所有的人都有关系，而且是常见的犯罪，所以最具有重要性。[2]例如1994年的法国新刑法典就体现了这一思想，该刑法典将犯罪分为妨害公益之重罪及轻罪和妨害私法益之重罪及轻罪两大类，为了强调法律对保护"人"的重视，新刑法典分则开篇就是对人的保护规定，然后是有关财产的规

---

[1] 劳东燕："被害人视角与刑法理论的重构"，载《政法论坛》2006年第5期。

[2] 房保国：《被害人的刑事程序保护》，法律出版社2007年版，第20页。

定，最后才是惩治危害民族、国家、公共安宁之重罪与轻罪。[1]

（四）法益侵害说

法益侵害说是大陆法系国家流行的犯罪本质学说。法益侵害说肇始于费尔巴哈所主倡的"权利侵害说"。"权利侵害说"将犯罪界定为侵害他人权利的行为，但是，这种说法不能完全说明实定法所规定的犯罪，因为有些犯罪可能没有侵犯权利，如对宗教的犯罪、破坏伦理秩序的犯罪等。因此，经过德国刑法学家毕尔巴模、宾丁、李斯特、威尔采尔等人的推动，"权利侵害说"逐渐被改造成为"法益侵害说"，成为德国刑法学的主流学说，并影响其他大陆法系国家刑法学说。

法益是由法所保护的、客观上可能受到侵害或者威胁的人的生活利益。犯罪的本质是对法益的侵害。法益可以分为个人法益、社会法益和国家法益三种，其中社会法益和国家法益是超个人法益。"社会利益、国家利益是满足社会成员生存、发展需要的利益"，"在一定层面上，法在保护个人利益的同时，也保护超个人利益，而在最高层面上，保护超个人利益，也是为保护社会成员的利益服务的（以超个人法益可以还原为个人法益为前提）。"[2]许多学者认为"应当将刑法法益纳入犯罪概念，以法益侵害作为规范刑法学中犯罪的本质特征，由此取代社会危害性的概念"，并认为法益侵害与社会危害性相比，具有规范性、实体性和专属性等优点。[3]

我国刑法学近年来也开始引入"法益侵害说"，该学说颇受许多中青年刑法学者青睐，他们认为用法益侵害说取代社会危

〔1〕　罗结珍译：《法国新刑法典》，中国法制出版社 2003 年版，第 1～16 页。
〔2〕　张明楷：《法益初论》，中国政法大学出版社 2003 年版，第 170 页。
〔3〕　参见陈兴良：《本体刑法学》，商务印书馆 2001 年版，第 161～163 页。

害性说更能科学地揭示犯罪的违法性本质，也有助于提升犯罪概念的规范属性，平衡刑法的保护机能和保障机能。

（五）规范违反说

此说是由德国刑法学者迈耶和日本刑法学者小野清一郎、团藤重光等主张的关于犯罪的本质学说。如迈耶认为，犯罪的违法性的本质在于与国家承认的文化规范不相容的态度，小野清一郎认为，犯罪的违法性的实质是违反国家的法秩序的精神、目的而对这种精神、目的的具体规范性要求的背反。违法性的实质既不能单纯用违反形式的法律规范来说明，也不能用单纯的社会有害性或社会的反常规性来说明。团藤重光认为，犯罪的违法性是对作为法秩序基础的社会伦理规范的违反。[1]德国刑法学者格吕恩特·雅科布斯的机能主义刑法学关于犯罪的违法性本质的解读实际上也属于规范违反说。雅科布斯认为，犯罪不是法益侵害，而是规范否认，刑法保护的也不是法益，而是规范的有效性。他所倡导的刑法机能主义因而主张刑法所要达到的效果是对规范同一性的保障、对宪法和社会的保障。[2]

三、传统刑事司法犯罪观的缺陷

通过对上述关于犯罪本质观诸种学说的介绍，不管是哪种犯罪本质观，一般都将国家利益放在最为核心的地位来考虑，单个被害人的利益或多或少被立法者忽视了，质言之，"犯罪是侵害国家利益"是在传统刑事司法处于通说地位的犯罪观。这一理念的发明者是1066年征服英国的诺曼公爵威廉。和其他很多征服者一样，威廉关心的并不是第格鲁—撒克逊人的利益，

---

〔1〕 张明楷：《法益初论》，中国政法大学出版社2003年版，第271~272页。
〔2〕 〔德〕格吕恩特·雅科布斯：《行为 责任 刑法：机能性描述》，冯军译，中国政法大学出版社1997年版，第101页。

而是想方设法从被征服的土地上多捞取财富，对英国的征服使他欠了一屁股债务。比如，为了将他的士兵运至英国，他欠了法国的船东们一大笔钱，虽然做了英国国王，但欠债还钱，这笔钱总是要有着落的。为了搜刮钱财，威廉想出了一个点子，他将此前在英国被认为是私人间的事情并由被害人享有诉权的犯罪宣布为侵犯的是国王利益并由国家进行起诉，由犯罪人向国王缴纳罚金。威廉用了五年的时间完成了英国刑事司法机制的转变，而真正将新的体制付诸实施的则是他的儿子亨利。[1]这就是"犯罪是侵害国家利益"观点的滥觞，后人以讹传讹，尤其到了19世纪，由于民族国家观念的影响，黑格尔在国家崇拜的论述中，更加强化了这种观点，以致流传下来，至今亦未能正本清源。

对"犯罪是侵害的国家利益"的犯罪观只要稍加分析，就可以看出其谬误之处。现实生活中的犯罪表现形态多种多样，在以自然人为侵害对象的犯罪中，犯罪不仅侵害了国家利益，更主要的表现为侵害的是个人的利益，如大量涉及财产与人身方面的犯罪就不能说成是侵害了国家的利益，而只能说是侵害了个人的利益。恢复性司法论者认为现代的刑法理念有意或无意的忽视了犯罪是对被害人的侵害这样一个直观的真理，偷走了犯罪人与被害人的矛盾，严重忽视了被害人的利益。按照霍华德·泽尔的观点，"综观西方的大部分历史，犯罪被理解为一个人对另一个人的侵犯，更像那些被视为'民事'的冲突和错误。在这段历史的大部分时候，人们认为主要的反映必须是如何使事情变得更好；赔偿和补偿非常普遍，或许是标准的形式。犯罪产生了义务和责任，这通常需要通过协商的程序予以承担。

---

[1] 参见张庆方："恢复性司法研究"，载王平主编：《恢复性司法论坛》，群众出版社2005年版，第236页。

复仇的行为可能发生但并不是很经常，复仇的功能也和我们想像的不一样。被害人和犯罪人在这种程序负有责任，社区也要承担责任。国家也有作用但是受到限制的，只在必需时按照被害人的愿望发挥作用"。

第三节　恢复性司法的犯罪观

一、社区中个人对个人的侵害——恢复性司法的犯罪本质观

在恢复性司法观念中，犯罪本质上是"社区中的个人侵害社区中的个人的行为"。[1]或换言之，恢复性司法认为犯罪的本质主要是犯罪人对被害人和社区的侵害，它从一个更广的视角看待犯罪，而不是把犯罪看成是一个单纯的违法行为；它也不是把犯罪看成仅仅是国家和犯罪人之间的事情，而是要求更多的社会方面参与进来共同面对犯罪，强调个人和社区在处理案件中的主导和推动作用，强调犯罪控制主要在于社会控制。这种犯罪观淡化了国家和犯罪人之间的关系，虽然修复性司法并不否认国家是犯罪处理过程中的参与者，但是其认为国家在犯罪的修复过程中并不具有主导地位，而是处于辅助的地位。[2]

恢复性司法的犯罪本质观主要目的是想突出被害人、犯罪人以及社区在犯罪冲突解决过程中的主体地位，赋予被害人、

---

〔1〕 刘仁文：《刑事政策初步》，中国人民公安大学出版社2004年版，第385页。

〔2〕 陈晓明："修复性司法：一种刑事司法的新模式"，载《福建法学》2007年第1期。

犯罪人和社区更多的权利，这就是所谓的"授权"（empower），从而排斥国家公权力的过度介入，以便更好地维护其自身的合法权益，这是符合人权保障的历史发展潮流的，因而具有巨大的优越性和时代进步意义。恢复性司法理念认为：犯罪固然侵害了国家和社会的利益，但在绝大多数场合，犯罪都是从犯罪人和被害人之间的对立和纠纷中产生的，直接侵犯的是被害人利益，而这种利益是相对独立于国家和社会利益的。同时，由于社会利益本身的抽象性以及社会分工的影响，所谓社会利益已经逐渐分解为团体利益。因此，有一些犯罪已经很难引起全社会的反响，犯罪常常伤害的是某个群体所共同珍视的价值和秩序，犯罪行为不仅仅是对社会整体和政府权威的挑衅，更是对被害人和社区的侵害。[1]恢复性司法扩展了刑事案件利害关系人的范围，从单纯的政府与加害者之间的关系扩展到被害人和社区成员，强调社会对犯罪的系统反应，即对犯罪的反应不仅仅是国家的权力和责任，被害人和社区也有权力和责任。正如美国东门诺大学的泽尔和中密歇根大学的米克（Harry Mika）所指出的，在恢复性司法理念中，犯罪被认为基本上是对他人和人际关系的伤害；犯罪引发的冲突的主要利害关系方为被害人、犯罪人和遭受影响的社区。[2]恢复性司法认为犯罪就其本质而言，首先侵害的是被害人的权利，其次是侵害了社区的权利，最后才侵害了国家的法律秩序，其核心应该是个人对个人的侵害。换句话说，犯罪既不是对国家利益的侵害，亦不是

---

〔1〕　孙国祥："刑事一体化视野下的恢复性司法"，载《南京大学学报》（哲学、人文科学、社会科学版）2005 年第 4 期。

〔2〕　Howard Zehr and Harry Mika，"Fundamental concepts of restorative justice"，载"北大法律信息网"，http：//ssw. che. umn. edu/rjp。最后访问日期：2010 年 11 月 15 日。

"孤立的个人反对统治关系的斗争",相反,犯罪是社区中的个人侵害个人的行为。

从渊源上考察,犯罪是"社区中的个人侵害个人的行为"这种恢复性司法的犯罪本质观可以追溯到原始社会。早在远古时代,犯罪即被视为两个氏族之间的冲突,也就是被害人与罪犯之间的冲突,其冲突可以通过赔偿被害人损失的办法得到解决。在欧洲中世纪,这一罪犯与被害人之间相互冲突的概念,逐渐被罪犯通过其犯罪来侵害社会和国家的观点取代。现在,冲突着的罪犯和被害人双方并不懂得如何解决其冲突,而由国家充当调解人与和事佬。一般来说,这种观点并无特别可非议之处,然而,事实上却并不能将被害人从犯罪原因和犯罪控制中完全排除出去。当犯罪行为必定导致罪犯与被害人之间的冲突,最经常的是加害者与其直接社会范围内的人,一般如家庭、邻里、具有同等地位的职业和娱乐团体内成员之间的冲突。在亚洲和非洲国家,对于犯罪的这种观点一直持续到现在。[1]

对此,天主教大赦年文件中作出了阐释,认为直到欧洲民族国家的兴起和君主制度的巩固之前,被害人经常是关注的焦点,但是在诺曼底人入侵的时候发生了模式的转变。征服者威廉和他的子孙为维护政治权力必须与男爵和其他权威斗争,他们发现通过对法院的控制,法律程序在确立他们对一些长期事情上的主导权和增加政治权威上是一个高度有效的工具。为了达到该目的,威廉的儿子亨利一世在 1116 年发布了亨里西法(Leges Henrici),创造了"国王的和平"(King's Peace)这一理念,确立了王室对于违反该法的纵火、抢劫、谋杀、伪造货币和暴力犯罪等特定犯罪的管辖权。对于那些违反了"国王的和

---

[1] [德]汉斯·约阿希姆·施奈德:《国际范围内的被害人》,许章润等译,中国人民公安大学出版社 1992 年版,中译本序第 1 页。

平"的人就是反对他们的人，因此国王就成为这种犯罪的主要被害人，就在法律上取代了实际被害人。实际的被害人在程序中失去了他们的地位，国家和犯罪人被当成了主要的被关注主体。

从恢复性司法犯罪本质观的视角观之，犯罪如同任何正常的社会交往关系一样可以理解为一种人际关系，只不过是一种比较紧张的人际关系，是加害人与被害人之间的冲突关系。在这种犯罪观下，犯罪人并未被排斥于一种互动的有效的人际交往状态下，恢复性司法认为，犯罪人仍然是社会与社区的成员，司法针对的应该是他们的行为而非其本人。因此，在恢复性司法视域下，犯罪人亦一般地被称之为加害人，以免使行为人背上"犯罪人"的烙印。进而言之，如何有效地化解被害人与加害人之间这种紧张或者是冲突的人际关系，关键之处就在于我们一定要对被害人与加害人的个性心理和情感特点进行探讨并有效地促进被害人与加害人相互之间的交流。例如郭建安教授认为，个性特点是被害人与犯罪人的人际关系建立的基础，情感是被害人与犯罪人人际冲突的内心起因，交往是实现被害人与犯罪人互动的形式。[1]

恢复性司法认为，犯罪本质不在于违反了法律法令或侵犯了抽象的道德秩序，而在于侵犯了包括人际关系及因个人作为社区成员而产生的社区关系在内的社会关系，损害了被害人的利益，毁坏了社会或社区网络，是人对人的侵害。恢复性司法认为，只要将人际关系、社区关系恢复到最初的和平状态，对犯罪行为也未必一定要给予刑事处罚，赔礼道歉、经济补偿等其他方式也是可行的。

---

[1]　参见郭建安：《犯罪被害人学》，北京大学出版社1997年版，第131～135页。

恢复性司法建立在犯罪是社区问题，解决因犯罪产生的问题既是社区成员的共同责任，也是其不可剥夺的权利的基础之上。恢复性司法认为从抽象的角度考察，犯罪违反的是国家的法秩序，而从现实的角度考察，犯罪影响的是被害人、犯罪人及其家庭，以及其他社区成员的心理状态和生活方式，换言之，恢复性司法不再仅仅将犯罪看成是对公共秩序与抽象的法道德秩序的违反，而是更加关注犯罪对具体被害人的物质与精神损害、对社区和平与安全的威胁及对社会公共秩序的挑战。因此，犯罪的处理过程和处理结果，与被害人、犯罪人和社区的切身利益休戚相关，因此只有他们共同参与到犯罪的处理过程中来，共同发表意见，共同形成处理决定，才能够真正制定出一套有现实意义的，有利于最大限度地消除犯罪的不良后果的方案。[1]

二、恢复性司法犯罪观的特点

恢复性司法犯罪观认为，犯罪是犯罪人错误选择的结果，在犯罪原因这一点上，恢复性司法与刑事古典学派所坚持的犯罪原因论颇为相似。按照刑事古典学派学者的论述，犯罪是犯罪人基于自由意志选择的结果，是道德邪恶的表现，而恢复性司法强调犯罪亦是犯罪人自由意志选择的结果，但稍有不同的是，恢复性司法承认在一定意义上，犯罪并不是犯罪人道德邪恶的结果，相反，很多犯罪人都是社会底层人士，他们都可能受到过来自国家和社会的很多不公正的待遇。从这个意义上讲，其又与刑法新派学者的犯罪原因观有着异曲同工之处。但不管怎么说，恢复性司法犯罪观是一种有别于传统刑事司法犯罪观

---

〔1〕 李卫红："当代中国犯罪观的转变"，载《法学研究》2006 年第 2 期。

的全新的犯罪观，有着自身独特的内涵与外在表现形态，这种犯罪观由于具有自由主义与人本主义的合理内核，因而具有强大的生命力。

（一）体现了自由主义的内核

1. 自由主义理论的简要说明。自由主义是一种强调个人自由和平等的政治社会理论，其出发点是个人的首要性而不是公众的首要性。按照自由主义观点，不管在任何特殊的政治体制中，个人都拥有生而具有的人权。无论是在公共生活中，还是在私人生活中，个人都拥有追求发展的权利。对此，社会和政府应予保护和促进，而不是强行压制个人的自由。尊重个人的权利是政府的使命，社会的多数人和多样化应当受到鼓励，在机会和资源的分配上应当平等和公正。当个人间利益出现冲突时，政治的作用应是为解决争端提供一种公平的程序。[1]

自由主义最基本的立场——强调个体的优先地位。自由是人的本性，人生而自由，放弃自由就等于放弃做人。自由主义的理论核心是个人主义，它的基本主张就是，个人先于社会，拥有不可剥夺的自由权。自由主义认为任何人都不可能比他人更加聪明，每个个体都是理性的个体，都有能力有效地选择自我生存的最适合的方式，任何人既无权也无能决定他人的生活，每个个体都可以自由地决定自己想要的生活。[2]

2. 恢复性司法犯罪观与自由主义理论的契合。自由主义理论认为，对付犯罪不能只靠无理性的暴力，而应该在制服犯罪的同时，首先要致力于消除各种社会弊端，以减少人们丧失理

〔1〕　冯契、徐孝通主编：《外国哲学大词典》，上海辞书出版社 2000 年版，第551 页。

〔2〕　杨洁："自由主义与当代中国社会发展"，载《河南社会科学》2003 年第1 期。

性的机会，从而成功地减少犯罪。因此要动员全社会的力量，综合运用各种非法律的手段来对付犯罪，而不能仅靠刑罚等暴力手段。[1]恢复性司法的犯罪观强调犯罪的本质是社区内个人对个人利益的侵害，而不是传统犯罪观所强调的犯罪的本质是个人对国家利益的侵害。这就使被害人、加害人与社区在处理犯罪的过程中处于中心与主导地位，换言之，被害人、加害人与社区是犯罪处理过程中的主导力量，这样就能充分地调动被害人、加害人与社区参与解决犯罪的积极性并有效地化解他们相互之间的矛盾；另外，恢复性司法强调犯罪的解决主要采取一种和平与理性的方式，一般体现为加害人对被害人进行有效地赔偿，不仅包括物质赔偿，而且包括精神上的道歉。这些都与自由主义的理论内核相吻合，即与犯罪有关的当事方，不管是被害人、社区还是加害人均有寻求妥善解决他们之间冲突的权利，当然，在这种冲突解决的过程中，被害人利益应当得到优先考虑。

（二）体现了人本主义的内核

1. 人本主义理论的简要说明。人本主义，也称人文主义，一般在与"科学主义"相对的意义上使用，有时泛指一种以人为本、以人为目的和以人为尺度的思潮。[2]按照康德的说法，就是要把人永远当成目的而非手段。他指出，任何人都没有权利仅把他人作为实现自己主观目的的工具，每个人都应当永远被视为目的本身。[3]

---

〔1〕 李卫红："当代中国犯罪观的转变"，载《法学研究》2006 年第 2 期。

〔2〕 冯契、徐孝通主编：《外国哲学大词典》，上海辞书出版社 2000 年版，第 10 页。

〔3〕 ［美］E·博登海默：《法理学：法律哲学与法律方法》，邓正来译，中国政法大学出版社 1999 年版，第 77 页。

西方社会在表述"人本主义"的意思时，更多以人文精神的提法出现。人文精神一词英文为 Humanism，不同学者对 Humanism 有过不同的意思表达。从种种不同表达中大致包含了如下内容：强调人的主体地位；尊重人的生命和价值；要求以人为中心对社会的政治、经济和文化进行全方位的改造；建立起充分肯定人的价值和尊严的新的社会秩序。

2. 恢复性司法犯罪观与人本主义理论的契合。由于恢复性司法犯罪观强调犯罪所侵害的对象是社区内的个人——被害人，而非抽象意义上的国家，因此，在寻求犯罪解决的过程中，与犯罪相关的各方，无论是被害人还是加害人都被视作目的而非手段来加以看待。首先，从被害人角度而言，由于在恢复性司法犯罪观下他获得了与加害人直接对话的平台与机会，能表达其被害后的各种需要，他在心理上因此获得了极大的赋权；其次，从加害人角度来说，他亦获得了一次倾诉其痛苦而释放其压抑心灵的机会。因为从某种意义而言，加害人本身是社会弊端的受害者，个人尊严的丧失、个性受压抑、机会上的不平等等因素迫使其走向犯罪。在这种情势下，加害人需要与其侵害的对象，即被害人展开直接地对话与交流，而不是期望国家依靠强制力对自己进行定罪处罚，这是体现加害人主体地位的表现。被害人和加害人这种主体地位无论如何也无法在传统刑事司法中得以体现，相反，他们只有在恢复性司法中才能获得此种可能，因为这两种不同的犯罪观早就注定了被害人与加害人在传统刑事司法与恢复性司法当中的不同命运。恢复性司法所强调的被害人与加害人在犯罪处理过程中的主体地位就与人本主义所强调的以人为目的和以人为尺度的内核相吻合。恢复性司法最大的一个价值就是尊重，这正是人本主义所要倡导的。

三、对恢复性司法犯罪观的批评

自恢复性司法犯罪观面世以来，赞成者虽大有人在，但对其批评之声也是不绝于耳。主流刑法学者们认为：恢复性司法主张犯罪侵害的是个人利益，而不是国家和社会公共利益，对犯罪的处理应该由被害人和犯罪人协商解决，这样做完全无视侵权行为和犯罪之间的本质区别，将民事纠纷的解决办法硬套到刑事司法中来，因此是行不通的。对无被害人的犯罪该如何处理？对犯罪人身份不明的犯罪又应当如何处理？犯罪不愿主动地承担责任时，被害人该怎么办？[1]主流刑法学者们上述声声诘问实质上表达了对恢复性司法犯罪本质观的怀疑与否定。正如 Susan M. Olson 教授和 Albert W. Dzur 教授所指出的，恢复性司法"通过最小化政府在刑事司法中的作用，使受害人成为主要当事人，而使刑事司法改变得更像民法，模糊了刑法与民法的区别。"[2]又如我国学者邵军指出，在针对妇女的家庭暴力犯罪中，恢复性司法程序把男子对其妻子的暴力行为合法化，而将家庭暴力犯罪视为"私人"的事情。[3]

笔者认为，上述批评实际上有所偏颇。诚然，恢复性司法犯罪观不能有效地概括所有犯罪类型，但在针对有被害人（限于自然人）的犯罪中，犯罪从本质上而言，与民事侵权没有实质上的区别，只是程度上有所差别而已。并且，在现实社会中，绝大多数犯罪主要表现为有被害人（限于自然人）的犯罪。犯

---

〔1〕 张庆方："恢复性司法研究"，载王平主编：《恢复性司法论坛》，群众出版社 2005 年版，第 334 页。

〔2〕 转引自祝圣武："论恢复性司法的两大理论缺陷"，载《江西公安专科学校学报》2007 年第 3 期。

〔3〕 邵军："恢复性司法的利弊之争"，载《法学》2005 年第 5 期。

罪如果不是直接针对国家的利益，其本质就不宜认为仅仅是侵害了国家的利益。虽然犯罪在侵害被害人利益的同时，也侵害了国家的法律秩序，但这种法律秩序只是一种抽象的利益，尤其对于那些轻微的犯罪，由于几乎不涉及危害国家秩序，因此，国家利益并不是我们所首要考虑的对象。在有被害人（限于自然人）的犯罪中，我们首要考虑犯罪的本质应当是被害人的利益遭到了侵害，而不是所谓的国家这种抽象利益遭到了侵害。至于近现代国家将犯罪视为侵害了国家的利益并主要以国家追诉的方式对待之，主要是基于两个方面的考虑：首先，从社会契约论的立场出发，由于单个人的力量过于弱小，如果仅仅通过被害人自身的力量恐怕很难维护自己被犯罪所侵害的利益，于是将这种对犯罪的追诉权托付给国家。其次，国家基于对人类无节制的复仇情感的忧虑，担心如果任由被害人与犯罪人来解决他们相互之间的冲突，难免出现"冤冤相报何时了"的不利局面，不利于社会的延续与人类社会自身的有效发展，因而需要国家公权力的介入。但不管出于何种考虑，在有被害人（限于自然人）的犯罪中，犯罪是一种严重侵权的本质观是不容抹杀的。房保国博士就认为犯罪的本质是一种严重侵权，即对他人合法的人身权利或财产权利的严重侵犯。其认为包括了三点含义：①犯罪是一种侵权，这里"权利"指的是一种人身或财产上的合法利益；②犯罪侵犯的是被害人的权利，这里的被害人指自然人，或在部分情况下包括单位；③犯罪是一种严重的侵权。那么如何理解这里的"严重"呢？这要从行为的性质、方法、手段、情节、危害后果和主观过错等诸多方面综合衡量，它涉及伦理道德、风俗习惯、刑事政策等社会评价机制问题。正是侵权行为严重性的不同，决定了犯罪与普通民事侵权行为的区别；或者说，犯罪行为与民事侵权行为并无质的区别，只有量的不同。只有那种非常严重的侵权行为，才能视之为犯罪。从被害人私人侵权的角度，也可以理解正当防卫、被害人承诺与自损自伤等去罪化事由的实质。[1]

第四节　两种犯罪观的比较
——以人权保护为维度

近现代以来，许多国家的刑法、刑事诉讼法无不以保护人权作为自己的价值理念，特别是第二次世界大战以后，鉴于对德日法西斯严重践踏人权的忧虑，全球这种在刑事法中加强人权保障的趋势日益明显。在刑事立法领域，各国不仅纷纷在本国的刑法典中确立了罪刑法定、罪刑相适应和罪刑人道主义三大原则；在刑事诉讼程序法上，强调对被告人刑事诉讼权利的保障，立法上不断赋予被告人更多的诉讼权利以对抗国家司法机关可能的权利侵犯，国家司法机关诉讼权力的行使受到法律的严格限制，被告人的沉默权、随时委托辩护律师的权利、证据法上的"毒树之果"规则都是这个导向的体现；在刑事执行中，制度的设计主要都是围绕着如何提高改造罪犯效果和改善罪犯处遇这个中心，不定期刑、矫治模式、医疗模式、累进处遇等都与罪犯的权利息息相关。[2]在刑事司法领域，强调人权保障，促使刑事司法的价值目标从"打击犯罪"本位向"保障人权"本位转移，是时代发展的客观要求。

无论是刑事立法的规定还是刑事司法理念的转变，均体现

---

〔1〕　房保国：《被害人的刑事程序保护》，法律出版社 2007 年版，第 18 页。

〔2〕　刘东根："犯罪被害人地位的变迁及我国刑事立法的完善"，载《中国人民公安大学学报》（社会科学版）2007 年第 2 期。

了人权保护在全球日益受到重视的事实，这无疑是一种巨大的进步。然而，正是这种刑事立法和刑事司法体制完全忽视了与犯罪相关的另一重要方——被害人的人权保护。且不说刑事立法对被害人人权保护付之阙如，单就现行刑事司法体制而言，其对被害人的人权保护亦严重不足，被害人在现行刑事司法体制中完全被边缘化了。究其原因，笔者认为，这主要是由传统刑事司法的犯罪观引起的。以国家利益为本位的犯罪观认为：犯罪的本质在于行为对国家利益的侵害，国家在处理犯罪中处于一种绝对的主导地位，被害人在整个犯罪处理程序中仅仅处于证人的地位，国家处理了犯罪人，就意味着被害人的利益得到了维护。这种单向线性思维完全将被害人的利益视为国家利益的附庸，将国家利益等同为被害人利益。在这种思维模式下，被害人利益遭到冷遇或忽视也就再也正常不过了，亦因此，即使在人权保障日趋高涨的时代背景下，整个刑事法制度的建设的焦点也只关注到了被告人或犯罪人，被害人有意或无意地被忽视了。"刑法具有保障人权的功能，但刑法中的人权只包括被告人的人权，而被害人的人权被认为是国家刑罚权存在的根据之一，属于主权的范畴，而人权是与主权相对应的，不能把刑法中的人权等同于被害人权利。"[1]

从上文分析我们已经得知，被害人的需求是多方面的，国家对犯罪人的处罚仅仅满足了被害人报应情感的需求，而诸如获得物质赔偿、心理康复和授权等需要则在该种司法体制中只能是一种奢望。而恢复性司法的犯罪观强调犯罪的本质乃是社区内个人对个人的侵害，这种犯罪观由于以个人利益与社会（社区）利益为本位，将处理犯罪的主导权交给了被害人、社区

---

〔1〕　陈兴良：《本体刑法学》，商务印书馆2001年版，第40页。

以及犯罪人，不仅使被害人的利益和人权与社区的利益能够得到充分与周全的保护，而且也使犯罪人的利益和人权得到相当程度的考虑。因此恢复性司法中的人权保护是一种均衡的人权保护，较之以国家利益为本位的传统刑事司法犯罪观的人权保护无疑是一个巨大的进步。因此，从人权保护的维度而言，恢复性司法的犯罪观较之传统刑事司法犯罪观有着无法比拟的优势。

一、国家本位——传统刑事司法犯罪观下人权保护的缺陷

如前所述，传统刑事司法的犯罪观强调犯罪的本质在于行为对国家利益的侵害，这种犯罪观是以国家利益为本位的。有学者将传统的犯罪观概括为绝对主义犯罪观，其要点有以下四个方面[1]：

第一，社会中存在着一种统一的、普遍公认的价值判断（或道德准则），所以每个社会成员都可凭借直觉分辨是与非、善与恶、正当与越轨。因为存在统一的价值判断，犯罪的概念就是绝对的。犯罪就是违反这种统一的、普遍公认的道德准则的行为，所以犯罪是一种恶，其本质特征是社会危害性。如麦金太尔认为："一种行为触犯某种强烈的、十分鲜明的集体情感就构成了犯罪。"[2]按照张绍彦先生的理解，这种集体情感不是别的，正是人们的道德准则。所以，当人们的道德准则能够更多些宽容时，这种集体情感就不会那么强烈和鲜明，违法犯罪也就不会再那么严重和可怕了。[3]

---

〔1〕 李卫红："当代中国犯罪观的转变"，载《法学研究》2006 年第 2 期。

〔2〕 ［美］A·麦金太尔：《德性之后》，龚群等译，中国社会科学出版社 1995 年版，第 85~88 页。

〔3〕 张绍彦：《刑罚的使命和践行》，法律出版社 2003 年版，第 184 页。

第二，恶果必有恶因、恶因必致恶果的因果模式。犯罪原因都具有恶的本质，只有恶的事物才能导致犯罪。社会普遍肯定的、赞扬的、默许的事物不可能导致犯罪。即善的事物不可能导致恶的结果。

第三，犯罪人与正常人有本质（根本）的差别，是完全不同的两类人。

第四，犯罪是可以消灭的。

这种绝对主义的犯罪观由于强调犯罪是行为对社会中所存在着的一种统一的、普遍公认的价值判断（或道德准则）所进行的破坏，这就需要一个凌驾于个体与社会之上的实体或权威对这种道德准则进行判断，而政治国家由于处于绝对强势地位而无疑是这个实体或权威唯一的人选。这就为政治国家在整个刑事司法程序中主导对犯罪的处理奠定了坚实的理论基础。我们可以将这种国家主导对犯罪的处理模式概括为对犯罪的国家控制观，其主要有以下内容：

第一，强调"国家至上"的理念。国家至上理念是一种以国家权力为核心，以权力至上为价值追求的意识形态观念。其内容包括：①国家是客观精神的最高阶段，国家理念作为意志的实体性的统一，是绝对不受他物推动的自身目的，意志向国家理念的推进活动，实质上是国家这一伦理理念自我认识和自我实现的过程；②国家是社会的最高形式，它居于至上的地位，拥有对社会的最高权力；③意志的各种形式的活动都以国家理念的伦理精神为自己的目的，并因此获得实体性的自由和存在的价值，成为国家整体的不可缺少的部分。[1]

第二，国家控制的内容包括司法控制和综合治理。司法控

---

[1] 参见严励："国家本位型刑事政策模式的探讨"，载《社会科学》2003年第9期。

制是司法机关通过刑事司法活动控制犯罪。司法控制是国家控
制的重点，这是因为它有专门的职能部门，最容易兑现，且由
国家强制力作为保证，具有最强的控制力。"国家至上"的理念
将国家利益神圣化，在对犯罪的控制上明显表现出以下倾向：
①刑事法网严密。②重刑主义。③漠视个人权利和利益。"犯罪
是社会健康的一个因素，是健康的社会整体的一个组成部分"，
任何"社会绝对不可能没有犯罪"。因此，"罪犯不再是绝对的
反社会存在，也不再是社会内部的寄生物，即不可同化的异物，
而是社会生活的正常成分。不应该把犯罪放在极窄的范围内观
察，当犯罪率下降到明显低于一般水平时，那不但不是件值得
庆贺的事，而且可以肯定，与这种表面的进步同时出现并且相
关的是某种社会的紊乱。比如，引起刑事责任的伤害，历来都
是在饥荒年代最少。"[1]

　　这种国家司法的观念，认为把刑事司法权交由国家进行垄
断，有助于避免复仇和避免扩大社会暴力，刑事司法变成将来
导向的，关心的是让犯罪人和潜在的犯罪人遵守法律，而不是
让他们弥补过去的罪行。赔偿由于是过去导向的和关注于被害
人，逐渐被废除；本应支付给被害人的金钱也被作为罚金支付
给国家。这种完全忽视被害人的地位、视惩罚为主要意旨的国
家司法，按照挪威犯罪学家尼尔·克里斯特（Nils Christie）的
话说，国家通过法官、检察官等"治疗人员"和律师，"偷走了
直接当事人之间的冲突，不仅取走了被害人的直接补偿，而且
剥夺了被害人及其社区参与、更充分理解和标准区分的机会"。

　　由于传统刑事司法的犯罪观将犯罪仅仅视为对国家利益的
侵害，全无或者很少有个人利益存在的空间。因此，在这种犯

---

　　[1]　[美] A·麦金太尔：《德性之后》，龚群等译，中国社会科学出版社1995
年版，第88~90页。

罪观指引下的刑事司法体制对人权的保护就有其天然的不足。由于国家过分强调自身利益的保护，加上国家自以为自己就是被害人利益的完全代表，其在处理犯罪的过程中就会把注意力放在自己和犯罪人身上，自己独揽处理犯罪的大权，而本是作为受犯罪直接侵害的被害人却不能在这样的机制与程序中表达自己独立与真切的诉求。在现代刑法中，对国家利益和社会秩序维持的考虑已经超越了对被害人利益的考虑，被害人的意愿对定罪量刑的影响已是微乎其微，国家在制度设计上，也只会注重犯罪人的人权保护，而对被害人的人权保护应承担什么责任只能在有意或无意中灰飞烟灭了。亦因此，这种犯罪观视域下的人权保护注定是片面的和不平衡的，因此也是短视的，不能为构建和谐社会与构建和谐世界贡献自己的力量。更进一步说，传统犯罪观视域下刑事司法虽然注重犯罪人人权的保护，这些年来世界绝大多数国家无论是在制度设计还是程序运作都有加强犯罪人人权保护的趋势，但由于犯罪人在传统的刑事司法中被视为客体，其人权保护也注定是肤浅和功利性的，亦因此在传统刑事司法下，犯罪人人权保护的目标不可能真正得以实现。

二、个人本位——恢复性司法犯罪观下人权保护的优势

从上文我们已经得知，恢复性司法的犯罪观是以个人本位为导向的，不仅强调以被害人人权的保护为导向，同时也全面关注犯罪人人权的保护，就后者而言，恢复性司法人权保护的目标与传统刑事司法人权保障的目标完全一致。但即便是如此，恢复性司法也没有忽视社会利益的保护，其主要表现为以下两个方面：其一，社区（社会）本身就是恢复性司法所要恢复的对象之一；其二，虽然从狭义上可以作国家和社会利益、被害

人利益和被告人利益的划分，但同时也应当看到，被告人与被害人的个体利益在本质上也是一种社会利益，是一种以个体形式表现的社会普遍利益[1]，因此，恢复性司法在保护被害人与被告人人权的同时，也是对社区人权的一种保障。综上所述，在人权的保护上，恢复性司法不仅照顾了被害人与犯罪人，而且对社区也有惠顾，较之传统刑事司法，其更具全面性与深刻性。

恢复性司法认为，犯罪在形式上直接表现为犯罪人与被害人之间的夹杂着严重的情绪对立的一种社会冲突。恢复性司法可以消解这种社会冲突，因为其能在犯罪人与被害人之间的直接对立的利益冲突中寻找利益的平衡点，即通过"被害人—犯罪人和解"和"被害人—犯罪人调解"等方式来有效地满足被害人的物质、情感和授权等方面的需要。犯罪是正常人的一种正常的反应方式，人人都是潜在的犯罪人，人人都可能犯罪。犯罪并不是某类人特有的行为方式，而是每个人都可能实施的行为。[2]在这个意义上，可以说犯罪是"我们"的行为，而不是"他们"的行为，在犯罪人与非犯罪人之间不存在一种明确的二分法，犯罪行为只是一种或多或少、或轻或重的现象。[3]这样的犯罪观明显的淡化了对犯罪的价值判断，是一种"中性"的犯罪观。这种"中性"的犯罪观在人权保护上的价值就体现在犯罪所涉及的当事方，无论是犯罪人、被害人还是社区，当然主要表现为犯罪人与被害人在寻求他们之间冲突解决的时候，能够更加积极主动地相互配合，这样就能有效彻底地化解他们

---

〔1〕 汪建成：《冲突与平衡：刑事程序理论的新视角》，北京大学出版社 2006年版，第 105 页。

〔2〕 白建军："控制社会控制"，载陈兴良主编：《法治的使命》，法律出版社2001 年版，第 106 页。

〔3〕 刘广三：《犯罪现象论》，北京大学出版社 1996 年版，第 40 页。

相互之间的冲突，从而有效地维护自己的权益。

恢复性司法的犯罪观势必将与犯罪有关的各当事方，包括被害人、犯罪人与社区均推向了解决犯罪问题的前台，比如恢复性司法在把被害人和受犯罪侵害的社区视为该程序的主体的同时，也将犯罪人视为犯罪解决的主体，鼓励他们积极地参与犯罪解决的过程，同时满足他们各自的需要，而不是像传统刑事司法将国家当成处理犯罪唯一合法主体一样而忽视了受犯罪影响各方的需求。在这种刑事司法体制下，由于自己成了自己权益的代言人，于是被害人、社区与犯罪人，尤其是被害人与犯罪人之间能够在相互妥协当中获得了最大程度的人权保护的平衡。这一点是传统犯罪观视域下刑事司法人权保护所无法企及的。恢复性司法犯罪观视域下人权的保护不仅涵盖了传统犯罪观视域下人权保护的内容，比如对犯罪人人权的保护，而且从深度与广度两个方面使人权保护远远超过传统刑事司法人权的保护，达到了一个新的高度。从广度而言，传统犯罪观视域下人权保护仅仅涵盖了被告人（犯罪人），而恢复性司法犯罪观视域下的人权保护不仅涵盖被告人，而且涵盖了被害人和社区；从深度而言，恢复性司法犯罪观视域下的人权保护不仅限于对当事人人身自由与物质方面，而且涉及到人性的最深处，如人格平等与尊严，甚至灵魂的解脱，这样的人权保护所体现的精神才是我们所应当予以追求的。对此，陈晓明教授评价说："可以说，传统刑事司法许多不足之处，正是修复性司法的长处所在。修复性司法最大优势就在于它的"修复"功能，它不是着眼于对犯罪行为的惩罚，而是着眼于对被害人修复，对受到损害的社区的修复以及对加害人自身的修复。"[1]笔者以为，这种

---

[1]　陈晓明："修复性司法：一种刑事司法的新模式"，载《福建法学》2007年第1期。

"修复"实际上反映了人权保护的核心与本质，是人权保护的最高和最理想的境界，即被害人和犯罪人的人权保护应当是在伤害和社会关系的恢复过程中而不是国家对犯罪人纯粹地惩罚中得以实现，因为，恢复性司法的基本宗旨是处理犯罪的同时尊重每个人的尊严并平等地对待任何一方当事人。恢复性司法能够给被害人提供一个获得补偿、感觉安全和寻求结束纠纷途径的机会；给犯罪人提供一个洞察其行为的前因后果，并以有意义的方式承担起自己责任的机会；给社区一个沟通和理解犯罪发生的潜在原因，提高社区的福祉和预防犯罪发生的机会。主要理由如下：其一，就犯罪人而言，由于修复，其避免了传统刑事司法赋予的"污名"，即避免了"犯罪人"的标签效应。按照现行刑事诉讼运作的逻辑，在证据确凿的前提下，哪怕再轻微的犯罪，犯罪嫌疑人一旦进入刑事司法程序，就有可能背上一个"罪犯"的恶名；而恢复性司法对于轻微的犯罪，只要犯罪人能够真诚的认罪，其就不会进入到正规的刑事司法系统，从而也就不会背上"罪犯"的恶名。其二，对于被害人而言，由于修复，其避免了再一次被害并获得了物质与精神的补偿。在传统刑事司法中，通过国家对犯罪人的定罪处罚，被害人的报复情感得到了一定程度的满足，其物质损害有时在一定程度上亦能得到满足，这体现了被害人人权得到了一定程度的保护。然而，这种人权保护十分肤浅且效果相当有限。正如上文所提到的，在现行刑事司法制度中，被害人遭受了双重伤害——犯罪和随之而来的社会反应。所谓双重伤害，一是指遭受犯罪人的伤害，二是指被害人受到现行刑事司法体制的伤害，比如被害人在刑事诉讼中的被边缘化、被害人常常要面对他人的反感，甚至遭到攻击和回答侮辱其人格却与犯罪无关的提问等。反观恢复性司法，其以"被害人为导向"的理念能有效地避免上述双重伤害。其三，对于社区而言，由于修复，其避免了社区安全感和信誉度的丧失，从间接的方面有效维护了社区所有人，包括犯罪人与被害人的人权。在现行刑事司法体制下，由于国家利益混同了一切，社区利益根本没有存在的余地；而恢复性司法犯罪观认为社区是犯罪所侵害的对象，修复了社区，其实就等于保护了在社区生活的所有人的人权，包括犯罪人与被害人的人权，换言之，社区的修复，体现了一种对集体人权的保护。

三、有限领域内恢复性司法犯罪观的倡导

当代中国犯罪观转变的基本脉络表现为：由绝对主义犯罪观向价值中立犯罪观转变、由科学主义犯罪观向人本主义犯罪观转变、由保守主义犯罪观向自由主义犯罪观转变、由结构主义犯罪观向过程主义犯罪观转变、由国家控制的犯罪观向社会控制的犯罪观转变。[1]

上述犯罪观的转变虽说是针对中国的语境而言的，但其实反映了一种世界性趋势。笔者以为，恢复性司法的犯罪观就是这种犯罪观转变的体现，理由如下：首先，恢复性司法认为犯罪是一种社区冲突，犯罪总在社区中发生，表现为一个社区内一个成员对另一个成员的侵害，犯罪是不同群体、不同成员间矛盾激化的产物，这就说明了犯罪在价值上是客观中立的，而不是传统刑事司法所认为的"犯罪本质是行为对国家利益侵害"这样一个颇具价值判断色彩的犯罪观；其次，恢复性司法认为，犯罪一旦发生就会加深犯罪人与其他社区成员之间的紧张和对立，所以"犯罪是社区问题，解决因犯罪产生的问题既是社区

---

〔1〕　李卫红："当代中国犯罪观的转变"，载《法学研究》2006年第2期。

成员的共同责任，也是其不可剥夺的权利"。犯罪问题只有在社区生活中才能得到最好的处理，对犯罪反应的基本机制应当是基于社区的。程序从社区直接启动，纠纷在社区中解决，社区成员和当事人拥有决定程序结果的权力，这无疑减少了国家控制，标志着由国家控制的犯罪观向社会控制的犯罪观转变。最后，恢复性司法强调被害人、加害人与社区，尤其是被害人与加害人之间的直接沟通与对话，不仅重视结果，更注重沟通对话的过程，在这一目标下，方式可以多种多样和灵活多变，这与传统刑事司法模式下国家与当事人之间一种结构性的权力/权利配置关系相比，体现了由结构主义犯罪观向过程主义犯罪观的转变。

从上文分析所知，恢复性司法犯罪观视域下的刑事司法能更有利于保护人权，这是我们坚持恢复性司法犯罪观的坚实基础。当然，恢复性司法犯罪观视域下的人权保护虽然从整体上较之传统犯罪观有其优势，但其保护人权也存在着一些瑕疵，比如恢复性司法强调社区在犯罪处置中的主导地位而相应地要求国家权力的远离，这势必导致国家对刑事司法程序控制的减少。在市民社会尚不发达，尚不能与政治国家分庭抗礼或取代政治国家的现状下，国家对刑事司法程序控制的减少利弊参半。从利的一面而言，国家控制力的减弱有助于当事人的人权保护，主要表现有两个方面：一是国家力量的过于强大往往导致对当事人、主要是被告人人权的侵犯；二是无论是被害人、犯罪人还是社区在国家控制力弱化的场域能够充分发挥意思自治的原则，在相互尊重对方各自合理需要的前提下使各方的人权均能得到有效地保护。从弊的一面来说，在犯罪人、被害人和社区实力悬殊的背景下，国家控制力的弱化可能会导致不能满足当事人自身真实的需要，处于弱势一方当事人的利益极有可能受损和相关当事人人权也极有可能得不到有效地保护。从上述分析我们可以得知，在市民社会尚不能取代政治国家的前提下，从人权保护的角度而言，恢复性司法的犯罪观有利有弊。因此，在目前以及可以预计的将来，要以恢复性司法的犯罪观来取代传统刑事司法犯罪观还只能是理想中的阁楼。理性与可行的做法是，在传统的刑事司法犯罪观的主导下，在一定的领域和范围引入恢复性司法的犯罪观对犯罪当事人，无论是被害人、犯罪人还是社区的人权保护和利益维护都是一个不错的选择。

第四章

恢复性司法与刑罚观

　　一般而言，刑罚观就是指刑罚目的观。所谓"目的"，即"想要达到的结果"。"考察人类对象性活动及其创造物，离不开目的性原则。"[1]所谓刑罚目的，简言之，就是指立法者通过制定和适用刑罚所希望达到的结果。

　　在刑罚观念的发展史上，人类限于时代发展的局限性和客观实际的需要性，在不同的时代、不同的社会出现了不同的刑罚观念，从古代的神意报应、威慑主义、惩罚主义，到刑事古典学派的报应刑理念，新派的教育刑理论，乃至现代预防犯罪，社会保卫理论以及改造罪犯为新人或使罪犯重返社会的理论。众多的刑罚观念和理论，无不反映了人们对犯罪的现在和将来（已然和未然）的思索和探讨。[2]在我国，刑法学界对刑罚观存在着诸多争议，概括起来，大致有报应论、目的论和一体论三种不同的观点。美国法学家戈尔丁认为惩罚的理论有三，即报应论、威慑论与改造论。[3]笔者认为，戈尔丁划分的报应论、威慑论与改造论实质上与报应论和目的论的分类是一致的，是不同的名称表达相同的概念，即目的论包含了威慑论与改造论。

────────

　　〔1〕　夏甄陶：《关于目的的哲学》，上海人民出版社1982年版，第9页。
　　〔2〕　薛进展："澳门刑法的刑罚观"，载《法域纵横》2001年第1期，第1页。
　　〔3〕　〔美〕戈尔丁：《法律哲学》，齐海滨译，生活·读书·新知三联书店1987年版，第141页。

报应与预防作为两个基本的价值观念是报应论、目的论和一体论这三种不同刑罚观所争论的核心。如林山田先生就将报应与预防视为刑罚理论的两大支柱："报应与预防两个基本思想，乃刑罚意义与目的的两大支柱。"[1]

无庸置疑，传统刑罚观，无论是报应、预防还是报应与预防相结合的一体论，都曾经在历史上或在当今发挥过或发挥着无可替代的作用。[2]但鉴于传统刑罚观存在着一些不可避免的内在缺陷，其无论对于实现正义还是防卫社会都有着诸多不足。在持续高涨的犯罪率和人权保障的全球背景下，探讨一种可弥补传统刑罚观不足的新型刑罚观就十分必要，而恢复性司法刑罚观，即恢复论就是这样一种新型的刑罚观。

在本章中，笔者通过对报应论和目的论以及一体论地探讨，指出三者在历史与现在的作用以及存在的缺陷，并在此基础上，引入恢复论。通过恢复论与报应论、目的论以及一体论的比较研究，找出各自的优劣得失，从而为我国接受并逐步推广恢复论提供理论上的一些准备。

---

〔1〕　林山田：《刑罚学》，我国台湾地区商务印书馆股份有限公司 1983 年版，第 47 页。

〔2〕　刑罚观对法官的量刑活动有着深刻的影响就是一个明显的例证。例如，迈克尔·戈德弗雷德森等人的研究表明，法官在量刑时对不同刑罚哲学的考虑或者重视程度是不同的，这种差别反映了不同刑罚哲学对法官量刑活动的不同影响力。具体情况如下：报应，占 36%；改造，占 36%；一般威慑，占 34%；特别威慑，占 9%；剥夺犯罪能力，占 4%。参见吴宗宪：《当代西方监狱学》，法律出版社 2005 年版，第 116 页。

第一节 传统刑罚观的分析

一、报应论——报应主义刑罚观

(一) 报应论的内涵

报应论,亦称绝对论或者赎罪论,是以报应主义哲学思想为基础的刑罚目的理论。[1]这种理论认为,刑罚没有特别希冀达到的目的,刑罚的意义就在于报应犯罪行为的害恶,给犯罪人以惩罚,以其痛苦来均衡犯罪人的罪责,从而实现正义的理念。如果刑罚必须考虑预防犯罪等刑事政策上的目的和因素,那么公正就不成其为公正。亚里士多德和格老秀斯都是报应论的积极倡导者。康德从报应性正义进而论证其报应刑论。他认为,刑罚只能是由于他犯了罪的理由才能予以科处,而不能是为了其他目的。他说:"法院的惩罚绝对不能仅仅作为促进另一种善的手段,不论这是对犯罪者本人或者公民社会都如此。惩罚在任何情况下,必须只是由于一个人已经犯了一种罪行,才加刑于他。因为一个人绝对不应该只作为一种手段去达到另一个目的……"[2]

---

〔1〕 报应哲学有不同的内容,通常包括神学、美学和赎罪三种观点。神学观点认为,对犯罪人进行报应是为了实现惩罚犯罪人的宗教使命。惩罚犯罪人的行为,实际上是社会代替上帝进行的行为;美学观点认为,惩罚犯罪人是要解决犯罪行为引起的社会不和谐,用偿还行为重建和谐感。根据这种观点,通过惩罚犯罪人,可以消除犯罪引起的紧张情绪,实现社会的和谐;赎罪观点认为,惩罚犯罪人是为了通过让犯罪人遭受痛苦,洗刷去他们的罪过,表示社会的谴责。参见吴宗宪:《当代西方监狱学》,法律出版社 2005 年版,第 127 页。

〔2〕 〔德〕康德:《法的形而上学原理》,沈叔平译,商务印书馆 1997 年版,第 164 页。

著名德国刑法学者罗克辛（Rosink）主张："通过使罪犯承担痛苦的方法，使行为人由于自己的行为而加于自身的罪责，在正义的方式下得到报复、弥补和赎罪。"[1]罗克辛这种对报应论的理解既秉承了古典刑法学派的意志自由的思想，又带有西方传统基督教的"赎罪"意识的痕迹，这也是绝大多数持报应论的学者的观点。对于报应论的理解，笔者以为，正确的路径应该是对"报应"这个核心词汇进行正确地理解。报应的核心是回溯与正义。作为刑罚正当根据的报应是对犯罪的回报（以恶报恶）以及受害者的补偿，它主要根据犯罪事实上造成的危害后果确定刑罚及其程度，追求罪行之间的大致均衡。[2]

（二）报应论的表现形态

具体而言，报应论分为神意报应论、道义报应论和法律报应论，其中以康德推崇的道义报应论和黑格尔力倡的法律报应论最为出名。[3]

1. 神意报应论。这种观点认为神意即正义，犯罪是违反神意的行为，因而应当受到神的惩罚。国家是神意的代表，刑罚即国家根据神所授予的刑罚权对犯罪实施的报应。神意报应主要盛行于中世纪，主要是将刑罚的目的视为神对普通人违反宗教经典所犯之罪的惩罚与报应，即神罚报应观，此外还有将刑罚目的部分视为犯罪者要通过刑罚之报应为自己的行为赎罪的观点，即赎罪报应观。从神的角度看，神意报应论体现了神罚

---

〔1〕 转引自王世洲："现代刑罚目的理论与中国的选择"，载《法学研究》2003年第3期。

〔2〕 周光权：《刑法学的向度》，中国政法大学出版社2004年版，第298页。

〔3〕 对于报应论的表现形态也有不同的划分方法，如将其划分为同害报应论、神意报应论、道义报应论和法律报应论四个阶段。详情参见高铭暄主编：《刑法专论》（上篇），高等教育出版社2002年版，第510页。

的特点，从凡人的角度看，神意报应体现了向神赎罪的特点。[1]

2. 道义报应论。这种理论认为犯罪是违反道德的行为，刑罚是根据道德观念对犯罪的报应，所以它必须与犯罪人所为的主观恶性相适应。刑罚除了作为对犯罪的道德过错的报应之外，不应该有其他目的，否则就不符合正义原则。该说发端于亚里士多德，其后，康德成为道义报应论的典型代表。康德将刑罚的轻重与罪犯违反道义的程度相联系，主张刑与罪的等量报应。道义报应论强调将刑罚仅仅视为对已然之罪的道德谴责，刑罚目的指向罪犯个人内在的道德人格和道德责任之回复，刑罚的报应恰恰是人自身的理性尊严的要求，对罪犯的报应恰恰是为了恢复其作为人的基本理性和固有道德感。

3. 法律报应论。这种理论认为正义的根据在于法律，犯罪是违反法律的行为，刑罚是法律对犯罪的报应，是理性上的当然要求。法律报应论认为"报应预先由法律规定并与犯罪之严重程度相对应，其不是为了报偿或者满足被犯罪伤害的被害人而施加的——即便其有这方面的作用，而是为了执行法律和恢复法律秩序。"[2]与道义报应内在指向不同，法律报应论的指向是人赖以生活的外部法律秩序；其前提是个人有义务遵守法律的规定，从而社会的安全与秩序可以得到维护。而犯罪破坏了这种秩序，刑罚因此要通过对犯罪人的处罚来恢复这种秩序。

---

〔1〕 参见邱兴隆：《关于惩罚的哲学：刑罚根据论》，法律出版社 2000 年版，第 28 页。

〔2〕 Ernest van den hag, *Punishing Criminals: concerning a Very Old and Painful Question*, University Press of America, Inc. 1991, p. 11. 转引自李川："刑罚目的理论的反思与重构"，中国优秀硕士学位论文全文数据库，第 15 页。http://lsg.cnki.net/grid20/Brief.aspx? ID＝9&classtype＝&systemno＝&Navi DatabaseName＝&NaviField＝。最后访问日期：2010 年 12 月 15 日。

黑格尔和宾丁是法律报应论的典型代表。

（三）简要评价

目前的资料证明，报应论应该是最为古老的刑罚理论，虽然其被后来的功利主义的刑罚观——目的论所替代，但报应论对人们的思维和心灵有着深深的影响，一直到现在。比如 20 世纪 70 年代，报应论以"应得"（just deserts）的面貌重新出现就是很好的说明。报应论有着深厚的宗教和神学根基并对传统的神权政治结构有强烈的影响。在有着浓厚宗教色彩的神权政治社会中，道德过错或罪孽与法律过错或罪行之间根本没有或只有着细微的区别。因此，在这样的社会，刑罚很难从神的报应中分离出来就是很自然的事情。在许多宗教中，关于道德枉行或罪孽的一个根本性概念就是正义只能通过犯罪人所遭受的痛苦来得以实现，或者说，在犹太基督教传统中，这种正义是通过犯罪人缴纳献祭品作为惩罚的替代所遭受的痛苦来得以实现。这就是"只有通过流血才能洗刷罪孽"的原则。[1]

不难看出，报应论关注犯罪人唯一应得只能是痛苦、遭罪，甚至死亡。只有"以眼还眼，以牙还牙"才是报应论的真谛，因为这是上帝对枉行首要考虑的原则，其他方法均不能弥补对神怠慢所造成的损失。如果对犯罪的不正义导致对与上帝关系的损害，除了对伤害进行同样的伤害，或者予以宽恕才能使对上帝的伤害得到修复。[2]

然而，报应论有着掩盖在神意报应概念下并与之相关的道德本质。这种本质既有光明的一面又有黑暗的一面，黑暗的一

---

〔1〕　Michael L. Hadley, *The Spiritual Roots of Restorative Justice*, State University of New York Press, 2001, pp. 36~37.

〔2〕　Michael L. Hadley, *The Spiritual Roots of Restorative Justice*, State University of New York Press, 2001, p. 37.

面就是，当我们确信自己受到严重的伤害时，就会存在着一种我们每个人都能感觉到的强烈的报复欲望，这几乎是所有人类的本性。在许多远古社会里，报复的冲动把"以血偿血"的形式予以制度化，这一点与现代社会的种族屠杀极为相似。[1]

笔者认为，这种神意报应的观念来自于深深的人性情感。然而，与更加高尚的道德动因相关的复仇欲望同时也深深扎根于不同的人类文化中，懂得这一点格外重要。在西方文化中有着这样一条黄金定律，即如果我们"希望别人怎样对待自己，自己就应当怎样对待别人"，当别人严重伤害到我们自己时，我们就会很自然地认为，侵害者对我们用同样的方式对待他们是不能有任何不满的。换句话说，复仇的欲望是黑暗的，它违背了深刻的道德原则，好像在违反该道德原则的同时是在按冲动行事。[2]

总体而言，报应论存在的基本前提，即惩罚必须与对犯罪所造成的不正义的纠正直接相关联是正确的。报应论坚持只有在犯罪人对其罪行承受惩罚时正义才得以恢复，这一点也是正确的。报应论最为坚持的一点在于：犯罪人应当被看成是道德上负有责任的社会成员，他们不能被当作威慑其他人的工具，他们亦不应该被当成病人或无责任能力者，惩罚既不多于也不少于犯罪人的"应得"。在这个意义上，报应论是适宜的。这就是报应论的法律报应原则——"以眼还眼"的旨趣所在，即报应与损害必须在质与量上保持对等。可以看出，对正义的追求是报应论的基础，其要求刑罚必须是为实现正义服务的。"'正

---

〔1〕 Michael L. Hadley, *The Spiritual Roots of Restorative Justice*, State University of New York Press, 2001, p. 37.

〔2〕 Michael L. Hadley, *The Spiritual Roots of Restorative Justice*, State University of New York Press, 2001, p. 37.

义'的观念要求刑罚与罪责的程度应当相适应，它在任何情况下都禁止采用对很小的过错适用强烈的惩罚的方法，来以儆效尤。"[1]当然，在现代刑法中，报应思想已经完全不同于原始状态下的简单报复。报复只是希望抚平仇恨的心理，并无节制可言。而现代报应思想以实现社会公平正义为使命，一方面强调透过正式的刑事追诉，防止私人间的报复；另一方面强调善与善、恶与恶之间的对等关系，刑罚程度与犯罪内容的比例关系，追求"均衡的正义"。由于正义是刑罚追求的主要价值目标，报应思想就当然被认为是国家刑罚权正当性的理论基础，"罪刑均衡"是报应思想的核心，有了这种均衡，就可以防止刑罚漫无目的或无节制的超量运用，所以，它被认为是正义理念的表征。[2]不幸的是，报应论强调对犯罪人的惩罚的一面，使得对犯罪人进行公正对待的一面多少显得有点暗淡无光，因为在实践中，这种以施加痛苦为特征的惩罚使犯罪人丧失了道德感和羞耻感，正义的一面亦因此很难彰显出来。

二、目的论——功利主义刑罚观

（一）目的论的内涵

目的论，亦称预防论或相对主义刑罚观，是一种以预防思想为基础的刑罚理论，其建立在功利主义基础之上。该论认为，刑罚首要关注的就是如何使社会免遭犯罪人的侵害，刑罚的正当性就在于其能够阻止人们破坏法律。该论之所以被称为目的论，是因为决定适用何种刑罚以及刑罚的量是否正当的唯一标

---

〔1〕 王世洲："现代刑罚目的理论与中国的选择"，载《法学研究》2003 年第 3 期。

〔2〕 陈晓明：《修复性司法的理论与实践》，法律出版社 2006 年版，第 43～44 页。

准就是对刑罚产生的社会后果进行全面的评估，即该刑罚能否使社会总体利益最大化。可以说柏拉图（Plato）是最早的目的论者，贝卡里亚在《论犯罪与刑罚》中首次对现代目的论进行了系统的论述，该论经过边沁和密尔的发展开始得以流行。该理论认为，刑罚的意义并不是通过惩罚罪犯来实现正义观念，而是要通过对犯罪人的惩罚来预防犯罪，最终实现防卫社会的效果。对防止犯罪而言，必要且有效的刑罚就是正当的刑罚。质言之，人们主要通过对预防犯罪实际效果的考察来寻求刑罚的正义性，不管是威慑，还是矫正，只要能有效的防止犯罪的产生，即只要具有有效防止犯罪发生的功利性，刑罚就具有正当性。台湾学者林纪东认为："刑罚本身，并不是目的，而只是达到另一目的的手段，其最后目的，在使犯罪人改过从善，适于社会生活，而不致沦为再犯。故对犯罪人可以刑罚，既不是单纯的恶报，亦不在于满足被害人或其家属的感情，而有更深远的，使犯罪人改过从善的目的。"[1]功利主义者们认为，惩罚是给人造成损害的一种制度，而损害本身不是给人以幸福而是给人以痛苦，因而，不具有作为刑罚目的的正当性。刑罚因而不能以惩罚本身作为目的。作为刑罚之正当性的根据只能是预防犯罪的发生。因为，一方面，刑法既然是一种给人以损害的措施，其正当性便只有通过阻止更大的损害才能得到证明，而所谓阻止更大的损害，只有通过预防犯罪才能实现；另一方面，预防犯罪是刑罚固有的功能，亦即是刑罚可以实现的目的，而且预防犯罪有益于社会防卫，其作为刑罚的正当性的根据具有天然的正当性。

---

[1] 林纪东:《刑事政策学》，"台湾正中书局"1969 年版，第 11～12 页。转引自蔡道通:"中国刑事政策的理性定位"，载陈兴良:《中国刑事政策检讨》，中国检察出版社 2004 年版，第 165 页。

（二）目的论的分类

目的论有威慑论（一般预防）、矫正论（特殊预防）以及兼有一般预防与特殊预防的双面预防的区别。贝卡里亚、费尔巴哈是威慑论的主要代表，而龙勃罗梭、菲利则是矫正论的核心人物。周光权博士认为，威慑论与矫正论的归宿点都只有一个：刑法威吓或教育、改造措施针对个人，但指向更为广泛的社会；所有针对犯罪的反应，都不是目的而是手段，由此能够取得的社会效果才是刑法学者要考虑的。[1]

1. 一般预防论（general deterrence）。该论主张通过对犯罪人适用一定的刑罚以对社会上的其他人，主要是那些潜在的犯罪人产生阻止其犯罪的作用。边沁认为，一般预防是惩罚的首要和主要目的，也是惩罚的真正的正当性所在。他说："惩罚的首要目的是防止发生类似的犯罪。过去发生的毕竟只有一个行为，而未来则未可限量。已经实施的犯罪仅涉及某一个人，类似的犯罪将可能影响整个社会。"[2]在刑罚目的方面，边沁虽然偏重于主张刑罚的一般预防论，却也不反对将个别预防作为刑罚的目的之一。边沁认为，"虽然刑罚之直接的主要目的是控制人的行为"，即"不只是控制因违法而被判刑后正在服刑的人的行为，而是控制一旦违法便应该受到惩罚的人的行为"[3]，亦即个别预防与一般预防。

2. 特别预防论。该说以实证主义、决定论为基础，以已然的犯罪人为作用对象，刑罚目的在于防止犯罪人将来再犯罪，

〔1〕　周光权：《刑法学的向度》，中国政法大学出版社2004年版，第303～304页。

〔2〕　［英］边沁：《立法理论：刑法典原理》，孙力等译，中国人民公安大学出版社1993年版，第26页。

〔3〕　［英］边沁：《道德与立法原理导论》，时殷弘译，商务印书馆2000年版，第103页。

其中又区分消极特别预防论与积极的特别预防论。前者以龙勃、罗梭等为代表，认为刑罚目的仅在于消极隔离排害，防卫社会。而李斯特倡导积极的特别预防，即教育刑论[1]，认为犯罪并不是犯罪人自由意志的选择，而是不良社会环境的产物，国家不应惩罚作为牺牲品的犯罪人，而应当用刑罚或其他手段来教育改造他们，使其尽快回归社会，因而矫正、教育、改造犯罪人，以保卫社会，这才是刑罚的目的。教育刑论虽然使刑罚目的发生了升华，但实际效果却颇令人怀疑，正如拉德布鲁赫所说："就刑罚的性质而言，它是否适合于教育还值得怀疑。刑罚教育是强制教育，而强制就会产生对抗，现代的监狱建筑，防止越狱的堡垒，对犯人处处设防的囚车，都构成了教育的障碍，而教育只能在信任的气氛中进行。"[2]值得注意的是，在20世纪出现了矫治论的一个分支——康复论。康复论宣称能够提供惩罚的替代方式，因为其拒绝接受传统理论给犯罪人施加伤害的模式。在20世纪的欧洲和北美国家刑事政策的制定中，康复论或许是影响最为深远的。[3]

---

〔1〕 李斯特在《刑法的目的思想》一文指出："真正的刑罚，亦即合乎正义的刑罚，是指有需要的刑罚。刑法的正义是表现在合乎目的思想的刑度标准上。刑罚权的行使，唯有充分结合目的的思想，才是最理想的刑法正义。而改善、吓阻及补偿损害等目的，可谓刑罚的直接作用。这种作用具有保护法益的原动力。"参见苏俊雄：《刑法总论 I》，我国台湾地区"台湾大学"法学院图书部 1995 年版，第 90 页。

〔2〕 〔德〕拉德布鲁赫：《法学导论》，米建等译，中国大百科全书出版社 1997 年版，第 88～89 页。

〔3〕 康复论根源于 20 世纪早期的社会与行为科学的发展以及被许多学者称之为治疗型国家的出现。该理论建立在由于疾病而导致行为的偏离的犯罪概念上，这种犯罪的后果必须由犯罪人、犯罪人的家庭以及犯罪人所在的社区来承当。犯罪人被认为是病人或被害人（或两者都是）。如果是"病人"，即犯罪人不被认为要为其行为承当道德上的责任，因为犯罪是疾病的产物，因此不必为其行为负责。病人，尤其是精神和行为病人的作用不包括控制其情境和治愈其社会问题的能力。由于犯罪人都不认为要为其犯罪承当责任，对于"被害人"而言，他们亦只能算是社会环境

3. 双面预防论。该说认为刑罚目的兼容一般预防和特殊预防思想。贝卡里亚、边沁是该说的代表。贝卡里亚认为："刑罚的目的仅仅在于，阻止罪犯再重新侵犯公民，并规诫其他人不要重蹈覆辙。"[1]

（三）简要评价

目的论者反对报应论的神学理论假设，认为施加痛苦能矫正枉行仅仅是对原始复仇情感的理性化的结果。然而，威慑论坚持认为痛苦是阻止潜在犯罪人最为有效的方法。该论深深扎根于现代国家与法的理论当中。根据国家与法的理论，国家被认为是社会中唯一有权使用武力的实体，法律被看作是以武力威胁作为后盾的国家的规则或命令。[2]

笔者认为，目的论之所以对报应论进行批评是因为目的论者认为报应论者忽视了刑罚的首要功能，即维持民众对法律与社会秩序的服从并因此而保护全体公民的福利。包尔生指出，惩罚的实施是因为已经犯下的罪行。可是这个"因为"并不是惩罚的真正理由，而只是惩罚的近因。理由应当从后果中去寻找，

功能失调的产物。犯罪人的"疾病"是更大的社会"疾病"的产物。犯罪人不应受到责备，解决的方案只能是治疗而不是惩罚。康复模式在20世纪中叶是整个刑罚理论与实践的核心。监狱被被作康复院或恢复院或矫正设施，主要为犯罪人提供医疗康复服务而很少涉及监狱自身的改革。然而，康复模式在最近几十年来招致了不少批评，许多社会科学家得出结论说，在现行刑罚体制下，这种医疗康复工程是无效的。理由主要有以下几个方面：其一，承认强制性的行为治疗很难成功。犯罪人很快就会做出已经康复的姿态以便早日获取假释和其他的特权；其二，对于什么是犯罪人康复适宜或成功的方法在医疗专家当中没有统一固定的标准；其三，较之设施好的医疗机构而言，在普通监狱对犯罪人进行康复与矫正有着更大的坏处。

〔1〕［意］贝卡里亚：《论犯罪与刑罚》，黄风译，中国大百科全书出版社1993年版，第42页。

〔2〕See Michael L. Hadley, *The Spiritual Roots of Restorative Justice*, State University of New York Press, 2001, p. 40.

而后果不在过去而在将来之中。[1]

威慑论者声称该论具有保护社会和无辜被害人免受犯罪侵害的最为强大的力量，因此，威慑论宣称其是以被害人为导向的。但事实上，由于威慑论将注意力全部放在潜在的被害人身上，几乎完全忽视了实际被害人的利益，这是因为威慑论以施加痛苦作为威慑的主要手段，判决对于直接的被害人起不了任何作用。如果说报应论的失败是在于其仅仅关注恢复某些抽象和形而上的平衡的正义，那么威慑论的失败也具有相同的原因，即威慑论试图通过刑罚来阻止不特定潜在犯罪人来伤害不特定潜在被害人，这同样是在关注一种抽象的正义。而对事实上的被害人具体正义的恢复，不管是报应论，还是威慑论均无能为力。至于康复论，虽然强调犯罪人的康复，对犯罪人体现了一种具体的正义，但由于该论完全忽视了被害人的利益，因此康复论也有其局限性，在实践中也逃脱不了失败的命运。[2]

三、刑罚一体论——综合主义刑罚观

由于报应论（报应思想）和目的论（预防思想）各持一端，彼此水火不容。奥古斯丁（Augustinus）认为："找到适宜

---

〔1〕 参见周光权：《刑法学的向度》，中国政法大学出版社 2004 年版，第 314 页。

〔2〕 民意也表明了康复和矫正方案是失败的。许多人不仅认为康复项目是无效的，而且也认为其对犯罪人太仁慈了。一般而言，民众反对将犯罪人视为被害人或病人的这种开放自由的观点，因为康复论将犯罪人的所有责任和对犯罪人的谴责都推得干干净净。在这一方面，人们对报应论深表赞同。许多当代法理学家和法哲学家也对医疗式康复模式提出了批评，这种批评是建立在这样一个原则的基础上的，即如果把犯罪人看作是被害人或病人，就是将他们视为无责任的道德体，从而也就否认了他们的尊严。对犯罪人强加治疗实际上是对他们的侮辱，就好像犯罪人只是精神上有疾病的人或只是不幸的社会环境的被决定者，然后，按照行为类型对他们进行治疗。

惩罚的度，让犯罪人接受的惩罚恰好与其罪行相抵，不多也不少，——这是一个多么深刻和疑难的问题！……常常发生的情形是：你若惩罚他，他会走向毁灭；你若放任了他，别人又会遭他的毒手。"[1]在此背景下，在20世纪中后期，具有综合性质的刑罚一体论开始崛起。

所谓一体论，就是"以刑罚的本质为对犯罪的报应，同时要求应当实现刑罚诸种目的的学说"。[2]刑罚一体论又称折衷论，其代表人物就是当代英国著名法学家哈特（H. L. A. Hart）。在"Punishment and Responsibility"（1968）一书中，哈特系统论证了自己的思想。他认为，对于刑罚的本质，既不能简单地说说是报应主义，也不可简单地理解为功利主义，刑罚的本质实际上具有二元性，即既有报应的一面，又有功利的一面。对刑罚本质的认识，都是以对刑罚的合理证明（justification of punishment）为中心展开的。而刑罚应具有多样的价值目标，如威慑、报应、改造等，这些不同目标中的每一个都可用来作为刑罚合理的证明。显然报应主义不可能完全解释刑罚的合理证明问题，功利主义也无法完全做到。因此，有必要对二者进行调和、折衷，从而创造出一种新的刑罚本质论。美国学者约翰·莫利逊把哈特所提出的刑罚折衷论称之为"有限的或限制的功利主义"（limited or quailed utilitarianism）[3]。

一体论认为刑罚的意义与目的除在于公正地报应犯罪之外，还在于威吓社会大众，以及教化犯罪人。因为报应、威吓与教化

---

〔1〕　转引自［爱尔兰］J. M. 凯利：《西方法律思想简史》，王笑红译，法律出版社2003年版，第105页。

〔2〕　马克昌主编：《刑罚通论》，武汉大学出版社1999年版，第57页。

〔3〕　谢望原：《欧陆刑罚制度与刑罚价值原理》，中国检察出版社2004年版，第274页。

等刑罚目的，在本质上存在对立、矛盾之处，故必须调和这种对立现象，将各种不同刑罚目的间的矛盾减至最低限度，使之能并存互助生效。[1]一体论主张刑罚的正当性既在于其报应性也在于其功利性，刑罚既以报应为其正当根据，又以预防犯罪为其正当目的。陈兴良先生认为："报应与功利都是刑罚存在的基本根据。因此，刑罚既回顾已然的犯罪，也前瞻未然的犯罪。对于已然的犯罪，刑罚以报应为目的；而对于未然的犯罪，刑罚以预防为目的。在预防未然的犯罪上，刑罚的目的既包括防止犯罪人再犯罪的个别预防，也包括阻止社会上其他人犯罪的一般预防。"[2]

一体论因致力于对刑罚正当性的全面揭示而吻合系统论思潮，并因致力于传统诸说的折衷而兼报应论与功利论的魅力于一身，因而很快取代矫正论而占据刑罚理论的主导地位，进而对各国刑罚体制产生了重大影响。[3]在刑罚一体论的指导下，大多数国家将报应思想和预防思想进行整合，采用刑罚与保安处分并存的"双轨理论"，并在此基础上建构刑罚制度。

第二节　恢复论
——恢复性司法的刑罚观

20 世纪 90 年代以来，一种全新的刑罚观，即恢复性司法刑罚观——恢复论[4]，开始在全世界范围内大行其道。恢复性司

---

〔1〕　林山田：《刑法通论》（下），"台大法学院"图书部 1998 年版，第 696 页。

〔2〕　陈兴良：《本体刑法学》，商务印书馆 2001 年版，第 646～647 页。

〔3〕　邱兴隆：《刑罚的哲理与法理》，法律出版社 2003 年版，第 117 页。

〔4〕　所谓恢复论，是笔者出于简洁的考虑，通过对恢复性司法基本理念的探讨而对恢复性司法刑罚观给予的一个名称。恢复性司法的刑罚观由于其核心是"恢复"，故笔者将其命名为恢复论。

法的核心理念就是恢复加害人、被害人和社区相互之间被犯罪行为所破坏的关系。这种关系的恢复不是通过传统刑罚手段，如剥夺和限制加害人的自由，而是通过加害人给予被害人和社区以赔礼道歉、物质赔偿和提供无偿服务等方式来实现的。虽然在某种意义上，赔礼道歉、物质赔偿和提供无偿服务等方式也具有惩罚的效果，但这些方式是在充分尊重加害人的自由与人格并有效促使其回归社会的基础上实施的，不会给加害人打上"罪犯"的烙印，因而是一种全新的刑罚观。比如，作为恢复性司法最常见的赔偿手段，与作为刑罚手段的罚金有一个根本性的差别：罚金仅仅强调通过剥夺犯罪人的金钱造成犯罪人的痛苦，而恢复性司法将赔偿并入到一个更为宏大的和解程序，这个程序在满足被害人需要的同时，亦能满足加害人的需要。

恢复论不是以简单的报应或者矫正为目的的，而是致力于促进加害人人格和社会角色的复归，致力于修复被损害的社会关系。在恢复论看来，犯罪是对人际和谐关系与信赖关系的破坏，过度强调报应会增加犯罪的恶性循环。犯罪行为实施前，加害者与被害者、加害者与社区之间的关系是良性互动的，但由于犯罪行为，导致了他们相互之间的对立。要恢复和谐的人际关系，社会对犯罪的反应应该是全面与系统的，即应该通过恢复性的手段使被害人、加害者以及社区相互之间消弭对立，恢复原有的和谐状态。因此，通过罪犯的忏悔、被害者的宽恕、社区的谅解和社会的支持来修复社会关系，可见，恢复论的目的主要是为了化解由利益冲突引发的矛盾，进而避免和预防潜在的犯罪。恢复论强调通过调解与和解的方式来解决冲突和反社会的行为，因此在冲突的解决过程中，是社区而不是监狱承载着更多的使命。"刑罚不是万能之器，应将目的立足于社会秩序的恢复、犯罪人格的回归。作为犯罪人而言，他有承认侵害行为存在的义务，有责任采取有可能的措施来弥补对于被害人的伤害，而接受刑罚的惩罚只是犯罪衍生的后续系统的一个方面。"[1]

科拉格（Cragg）认为，法律的主要功能就是用一种最小强力和暴力的手段来解决社会冲突，这是作为一种强制制度的法律在多元社会中得以存在的唯一道德基础。因此，刑罚只应是法律赖以平和解决社会冲突的手段。不管是出于威慑还是应得（desert），法律的制裁不应关注痛苦或遭罪，而是应注重犯罪双方冲突的解决。这种"恢复性"的解决方式应当与下列三个目标保持一致：其一，法律应当向公众表明：不管是社会还是执法者，都应以一种支持公共利益的方式履行他们对法律秩序的职责；其二，法律应当尽力说服民众自愿地遵守法律；其三，法律能使民众与法律秩序保持一致。科拉格指出，恢复性司法关注的焦点就是解决刑事犯罪中的冲突。刑事审判应尽可能地做到：不仅通过修补犯罪所造成的损失，而且通过改善犯罪造成的冲突情境来解决冲突。这意味着审判不仅要尽可能地恢复被害人的损失，而且应努力地促使犯罪人对恢复损失积极承担责任，同时使犯罪人像守法公民一样，重新融入到社区的正常生活中来。[2]

一、恢复论产生的背景

（一）对被害人利益的关注

从上述分析得知，无论是报应论、威慑论还是矫正论，均把关注的目光放在怎样对待犯罪人身上。报应论强调犯罪人的

---

[1] 孙国祥："刑事一体化视野下的恢复性司法"，载《南京大学学报》（哲学、人文科学、社会科学版）2005年第4期。

[2] Michael L. Hadley, *The Spiritual Roots of Restorative Justice*, State University of New York Press, 2001, p. 37.

应得，威慑论强调怎样阻止犯罪人，包括潜在的犯罪人犯罪，而康复论则强调怎样治愈犯罪人。如果说刑事司法要考虑到受犯罪侵害的真正被害人蒙受的不正义的话，那么上述三种刑罚观均未或很少考虑到这一点。最近些年来，随着越来越多的人质问在发达的刑事司法体制下，为何忽视了那些遭受犯罪最严重侵害的群体，公众才将目光逐渐转向被害人。

被害人的地位在漫长的历史进程中处在不断发展变化中。在原始社会，被害人处在私力救济过程中的主体地位；随着国家的出现，刑罚成了国家司法权的重要组成部分。但是，当时社会只承认报应和对被害人补偿。在这个制度下，被害人有责任去发现和逮捕犯罪人，对犯罪人进行审判和决定惩罚方式，被害人被赋予很大的权利，占主动甚至核心地位。这些特点在《摩奴法典》、《汉谟拉比法典》和罗马法中都有体现。例如，《汉谟拉比法典》就规定："无论是刑事案件或其他案件的判决，往往由双方当事人自己来执行"。"法典允许在一定场合，对所抓获的窃贼可以依法就地处死，而不必通过法院处理。"[1]被害人这种地位一直持续到中世纪，后进入衰退期。工业革命后，犯罪人导向的司法制度取代了被害人导向的司法制度，尤其随着世界人权保护运动的高涨，犯罪人在刑事司法制度中获得了越来越大的空间，与之相反，被害人渐渐被人忽视，权利不断萎缩。这种以犯罪人为本位的司法制度"使人感到刑事司法机构是为了保护犯罪人的利益和满足犯罪人的要求建立的，在整个刑事司法过程中都必须考虑到并满足被告人或罪犯的需要和权利，而不必注意被害人的需要和权利。对被告人或罪犯的权利不能满足，动辄就被上升到人权问题，而比比皆是的被害人

---

〔1〕 参见林榕年主编：《外国法律制度史》，中国人民公安大学出版社1992年版，第21～31页。

需要和权利不能满足的情况则被习以为常"。[1]

（二）传统刑罚观的失败

无论是对犯罪人进行报应还是矫正，大多是通过以监禁为标志的严厉惩罚来实现的。从西方国家的情况来看，人们已经达成这样的共识，即"历史和科学都不同意使用刑罚可以阻止犯罪的观点"。[2]

陈晓明教授对传统刑罚观的失败归结为五个方面：①缺乏清晰的惩罚目的；②报应和矫治存在冲突；③造成被害人挫败感强烈和远离司法；④严厉的刑罚并没有改变犯罪人行为，没有达到公众对犯罪控制的期待目标；⑤司法资源投入过大，造成社会负担过重。[3]

在控制犯罪的实践中，传统刑罚观的失败主要表现为世界各国，尤其是西方发达资本主义国家监禁率和犯罪率的同步上升。当今人类社会面临三大公害：犯罪、毒品、环境污染，后两者都与前者关联。因此，犯罪已经成为人类的最大公害。据联合国预防和控制犯罪委员会全球犯罪调查显示，世界各国的犯罪率呈持续增长之势：1975年被调查国年均犯罪率十万分之三百三十（330/100000）；1980年十万分之三百八十（380/100000）；2000年预计达到十万分之六百二十（620/100000）。犯罪增长速度超过人口增长速度。

美国是西方发达国家中唯一保留死刑的国家，同时也是监禁率最高的国家。资料显示，美国监狱中的在押犯在2003年是210万，它意味着每10万人口中有730个囚犯，监禁率超过

---

〔1〕 郭建安：《犯罪被害人学》，北京大学出版社1997年版，第11页。

〔2〕 参见吴宗宪：《当代西方监狱学》，法律出版社2005年版，第138页。

〔3〕 请详见陈晓明：《修复性司法的理论与实践》，法律出版社2006年版，绪论部分第1~4页。

0.7%。此外，还有470万犯罪人处在缓刑或假释的状态下。所以，在美国总人口中，有2.4%实际处在刑法的控制之下，其中在15岁以上的人口中，有3.1%处在某种控制之下。[1]如此高的监禁率，按常理推算，美国应该是世界上最安全的国家，然而事实恰恰相反，美国是目前西方发达国家中社会治安最差的国家。詹姆斯·奥斯丁（James Austin）等人在1989年发表的一份报告认为，"在美国和加拿大，犯罪率并没有随着监禁率的增加而下降。相反，随着每10万人口中被判处监禁刑罚的犯罪人数量的增加，犯罪率也上升了。"他们进一步认为，"近年来，美国刑事司法系统针对公众对犯罪的恐惧，采取了将更多的犯罪人长期监禁起来的做法。这种做法并没有导致犯罪率的显著下降。事实上，监禁了大多数犯罪人的州，继续有很高的犯罪率。"[2]

法国，从1975年至1995年，监狱人口增长100%，而同期法国人口增长不足60%。法国在2002年监狱总共有47473个位置，而有21个监狱超员200%，40个监狱超员150%。

俄罗斯，2000年6月统计，监禁率达750/100000，居世界第一，自1961年以来，有4200万人受过监禁，从1992年以来，有1000万人、1/4成年男人坐过牢。

日本，是犯罪率比较低的国家之一，但从1990年至2000年犯罪率增长了50%。由于恶性犯罪增加，造成监狱超员，日本共有189个看守所和监狱，只能关押6.5万名犯人。近几年，由于每年增加五六千个犯人，造成超额关押。

巴西，监狱只能关押8.2万人，而2001年却关押了21.7万

---

[1]　参见陈晓明：《修复性司法的理论与实践》，法律出版社2006年版，绪论部分第3页。

[2]　参见吴宗宪：《当代西方监狱学》，法律出版社2005年版，第135页。

人，其中约有 44% 的人能参加劳动，大部分犯人无所事事。
2001 年 2 月 18 日发生监狱暴乱，波及 29 所监狱，持续 27 个小时，造成 16 名囚犯死亡、77 人受伤。

尽管监狱人满为患，但各国的重新犯罪率并未减少，西方国家高达 50% ~ 60% 。

二、恢复论的内涵

现代的一些刑罚理论认为，刑罚的目的不仅在于赎罪需要的报应和预防，还包括犯罪人的复归社会和无害化，重建和谐的社会关系，稳定社会秩序。恢复论能有效地实现此种目的。相较传统刑罚目的的混乱，恢复论具有明确的目的。其从抽象的法益保护向具体的被害人保护转变，从满足被害人情感向实质的利益保护转变，对被害人损害、加害人自身损害、社区损害以及社会安全意识的损害进行修复。通过修复，建立人与人之间的和谐关系，重建社区和平。衡量的标准是损害在多大程度上被修复和关系是否恢复正常，而不是看有多少犯罪人被惩罚或多严厉的刑罚被运用。修复之外的其他目的都是次要的。[1]恢复性司法的倡导者们探讨用适当的场所代替正式的法庭来审理特殊的案件，通过对话促成犯罪人向被害人做直接真诚的道歉，加强双方的理解，减轻被害人对犯罪的痛恨情绪和恐惧感，恢复他们的情感和物质损失，恢复他们的安全感，恢复被破坏的关系、尊严和自尊。增加公众的参与，了解社区的犯罪诱因，并相信刑事司法体制能够为社区提供有效的服务，

---

〔1〕 陈晓明：《修复性司法的理论与实践》，法律出版社 2006 年版，绪论部分第 4 页。

努力把法庭变成公众易接受的地方。[1]恢复论既关注犯罪被害人的利益，又强调在惩罚的基础上注重犯罪人的回归社会；即将刑事司法的基本要求建立在恢复法律权威和社会秩序上，又将安抚被害和治疗社会心理创伤作为自身的目的追求。从本质上分析，恢复论是一种不同于传统意义上的刑事古典学派或是刑事实证学派刑罚观的崭新的刑罚思潮。其重要的思想特征是要求国家和社会改变传统的刑罚观念，将刑罚的适用建立在修补由犯罪造成的损害并在此基础上达至被犯罪所破坏的社会关系得到有效恢复的层面上。也就是说，恢复论一方面要求国家开拓更为广泛的刑罚职能和多种新式的刑事责任解决途径，尽可能地将利益的恢复、被害人的安抚纳入审判和行刑的过程之中，另一方面又反对国家绝对地垄断刑罚，要求社会各个层面的力量都能参与实现刑法目的的活动，希望社区组织和社会团体能够积极地对刑事犯罪作出必要的反应。[2]换言之，恢复论不再满足于"理性人"、"功利人"、"道德人"、"组织人"等对人性抽象概括前提下运用刑罚对犯罪进行控制。它考虑到了社会控制途径的多样性，是一种更技术化的犯罪应对模式。其实，从社会学的角度看，法律本身是一种社会控制，同时还有其他多种社会控制方式存在于社会生活中，存在于家庭、友谊、邻里关系、村落、部落、职业、组织和各种群体中。[3]

当代美国著名法学家唐纳德·J. 布莱克（Donald·J. Black）认为，对于不轨行为的对策主要存在四种社会控制：刑罚、赔

---

〔1〕 参见《所有人的正义：英国司法改革报告》，中国检察出版社2003年版，第129~133页。

〔2〕 陈浩然：《应用刑法学总论》，华东理工大学出版社2005年版，第264页。

〔3〕 闻刚："恢复性司法的核心价值和基本功能"，载王平主编：《恢复性司法论坛》，群众出版社2006年版，第34页。

偿、治疗和和解。此四种方式中，治疗性控制和和解控制是补救性控制——对社会关系进行维持和补救，对陷入麻烦的当事人进行帮助。恢复论很好地运用了布莱克这一理论。恢复论的责任形式主要包括赔偿、道歉、为被害人及其家属提供劳务和社区服务等。[1]这种责任形式完全有别于传统刑事司法以惩罚为目的的刑罚措施，而是以实现恢复性结果为目标。其理论内核是重新融合性耻辱理论。犯罪人的责任不是消极的接受惩罚，而应当是积极地消除因犯罪而造成的各种损害。恢复论不仅能有效地改造犯罪人，而且比传统的报应论与目的论所需资源要少得多，符合司法的经济原则，以最小的司法成本获得最大的收益。

监禁刑对很多犯罪人（如对偶然犯与非暴力犯）来说只是没有必要的痛苦。由于监禁刑，犯罪人与被害人和社区成员之间根本没有直接的接触，难以在相互之间形成有效的沟通，从而不利于探求犯罪的原因、寻求解决的办法以及消除彼此之间的误会。相反，监禁刑只能给犯罪人以耻辱感和痛苦感，从而使犯罪人怨恨被害人与社区。恢复论首要关注的是矫正枉行和恢复性正义，因此，其并不主张将罪犯关入监狱，认为犯罪是犯罪人错误的选择，对犯罪人的行为应该进行道德的谴责。恢复论关注犯罪人通过积极的使被害人恢复原状的行为承当责任，它同时关注惩罚应公平对待犯罪人。更重要的是，恢复论给予了更多的具体和实践的理由来说明对被害人的不正义是如何得

----

[1] 从承担责任方式的角度而言，恢复论与报应论有着共同的渊源。如梁慧星教授认为："现代法律责任有民事责任、刑事责任和行政责任之分，三种责任同出一源，起初并无区别。例如上古社会之赔偿金制度，既可以是民事上的损害赔偿，也可以是对犯罪行为的民事制裁。其后，由于法律之发达，逐渐分化为属于民事责任的损害赔偿，属于刑事责任的罚金，以及属于行政责任的罚款。"参见梁慧星主编：《民法总论》（第2版），法律出版社2001年版，第82页。

以纠正的，同时亦对正义是如何在犯罪人身上得以实现做出了说明。

恢复论力求发掘犯罪的根源，针对具体案情对犯罪进行恰当的处理，可以有效地实现对罪犯的个别化预防，这种个别化预防相较报应论和目的论，效果更为持久和稳固。在恢复论看来，强制与惩罚并非是改造人的恰当手段，理解、宽容和帮助才是最佳的途径。因而恢复论强调在当事人及社区间互动的过程中满足社会一般信念中对报应性正义的需求，体现犯罪行为人的主体性，实现对犯罪人的改造和再犯的预防。恢复论贯彻的精神是"通过树立人们的自尊和培养兴趣比威慑和限制取得的收效还要大"。[1]恢复论的这种尊重犯罪利益方主体人格的精神是对报应论和目的论所崇尚的以刑罚作为惩罚和预防犯罪手段，从而将犯罪人视为刑事司法客体的传统做法的一种极好地批判与扬弃。

恢复论认为犯罪的主要矛盾双方是犯罪人和被害人，因此"恢复性司法在进行恢复、调停、追究责任和预防的过程中，充分重视主要利害关系方，特别是主要被害人以及犯罪人"。[2]刘仁文教授也指出："恢复性司法认为犯罪是社区中的个人侵害社区中的个人的行为，因此，对犯罪的处理应该充分发挥被害人和犯罪人的作用。"[3]这一理论的后果就是在恢复性司法程序中，受害人的态度决定着犯罪人承担什么样的责任以及责任轻重。

---

〔1〕　〔意〕恩里科·菲利：《犯罪社会学》，郭建安译，中国人民公安大学出版社2004年版，第191页。

〔2〕　参见吴宗宪："恢复性司法述评"，载《江苏公安专科学校学报》2002年第3期。

〔3〕　刘仁文：《刑事政策初步》，中国人民公安大学出版社2004年版，第385－386页。

一般来说，公共政策包括刑事政策发挥社会关系重建功能的目标是建立一种和谐、合作共享的社会关系，刑罚不能从根本上达到这一目的。恢复论强调对社会关系的维护与重建，可以有效地实现公共政策发挥社会关系重建功能的目标。

三、恢复论与报应论、目的论的关系

报应论者声称恢复论未能给犯罪人"应得"，目的论者担心恢复论允许对审判方式进行选择的做法过于仁慈，以致不能阻止犯罪人再次犯罪和阻止潜在的犯罪人犯罪。他们还担心，如果放弃传统的监禁方式，社会就不能有效地保护无辜者免受危险个人的侵害。[1]笔者以为，恢复论不仅有自己独特的内涵，而且与传统的刑事司法的刑罚观在某些理念方面有相通之处，换言之，在某种程度上，恢复论是报应论和目的论的"扬弃"。因此，在一定的范围内，恢复论不仅能有效地实现报应论和目的论的目标，而且其还能实现报应论和目的论想实现却不能实现的目标，这也是恢复论比报应论和目的论的高明和优越之处。

（一）恢复论与报应论

恢复论与报应论有许多共同之处，主要表现为两个方面。其一，两者建立在相同的前提之上，即惩罚与促使人们变成荣誉社区的负责任成员的任务有着根本的联系。因此，刑罚不应是羞辱人、使人无能或道德退化的。不幸的是，传统的报应论会造成上述所有的后果。作为复仇的报应达不到报应性正义所追求的目的，而只会适得其反。与之恰恰相反的是，恢复论能达至上述目标。恢复论最重要的方面就是改善被害人对自己的被伤害感，其中和解程序所关注的中心就是对待这种被伤害感。

---

〔1〕　Michael L. Hadley, *The Spiritual Roots of Restorative Justice*, State University of New York Press, 2001, p. 37.

这就是为什么被害人希望听到犯罪人对其道歉和忏悔是如此之重要，这种道歉与忏悔可以平息被害人对自己被害的恐惧与愤怒，最终甚至原谅犯罪人。这也是犯罪人对自己给被害人造成的伤害最根本的承担责任的方式，即承认罪行并对罪行承担责任，这也是报应论所坚持的。其二，两者追求的正义目标具有相似性，即正义的回复。当然这种目标的相似性掩盖不了报应论与恢复论各自所要实现目标内涵的不同和实现目标路径的差别。如果刑事司法的目标是要将正义回复到以前的状态或以重建正义的方式来解决冲突，由于冲突情境的复杂性，那就意味着审判的替代手段需要灵活多样。由于手段的单一和粗糙，报应论很难达至这个目标。在一个利益天平失衡的两端，传统的刑事司法过程不是在被害人和社会那一端充分地补偿利益损失，而是于犯罪人那一端通过惩罚减少其利益。[1]这种正义的回复实质上既没有给被害人带来任何利益，也没有给社会带来任何好处。"用暴力来矫正暴力总不是一种好办法……社会在与罪犯的残暴之间的斗争失去效力时便会恶性循环。"[2]而恢复论既不受刑罚必须要以伤害或其他害恶的手段对犯罪人进行"报复"这种观念的拘束，也不受惩罚须与所受损害的量保持相称的正义观（或是'应得'，或是'足够威慑'）的影响，因此，恢复论可以自由地寻求各种方法使被害人、犯罪人和社区对判决都满意。这不需要固定的所谓正义判决的先例。对于这种公平解决被害人、犯罪人和社区之间矛盾方式的态度不应被批评为

---

[1]　闾刚："恢复性司法的核心价值和基本功能"，载王平主编：《恢复性司法论坛》，群众出版社2006年版，第33页。

[2]　[意]恩里科·菲利：《犯罪社会学》，郭建安译，中国人民公安大学出版社2004年版，第190页。

"太温柔"或"太激烈"。[1]对于恢复论与报应论之间的关系，凯瑟琳·戴力（Catherine Daly）教授表明了自己的观点，她说："尽管在一些恢复性司法的倡导者看来有些自相矛盾，我得出的结论乃是：因被宽泛地理解而包括了报应性谴责在内的刑罚，不应当被摒除于恢复性程序之外；相反，看来是刑罚才使得恢复性司法成为可能。"[2]

（二）恢复论与目的论

恢复论和目的论主要是在社会防卫的目标上一致，只是实现目标的方式和效果不同而已。任何刑事司法观都得对社会防卫和威慑犯罪予以强烈的关注。这不仅是公众对刑事司法制度的要求，更为重要的一个原因就是，法律的一个根本目的就是维持公共秩序，包括对公民权利和利益的保护。因此，执行法律在某种意义上需要制裁，这样会有助于对那些或许没有强烈动机侵犯他人利益的人造成威慑。制裁可以采取多种形式，但是传统西方刑罚观仅仅将威胁致人痛苦与剥夺自由作为可以信赖的法律制裁手段。[3]笔者以为，恢复性司法并不必然排斥制裁与威慑的观念，相反，其有更为广泛和现实可行的有效制裁方法。恢复论认识到，在许多案件中，犯罪人对其行为承担责任的要求是一种有效的威慑制裁方法。有人认为，这种要求赔偿和和解的"威胁"不足以震慑潜在的犯罪人，因为其不够严厉，至少也得把惩罚性赔偿加入损害赔偿当中。

威慑论认为，只有监禁才是威慑性的制裁手段。笔者以为，

---

[1] Michael L. Hadley, *The Spiritual Roots of Restorative Justice*, State University of New York Press, 2001, p. 37.

[2] Heather Strang and John Braithwaite, *Restorative Justice: Philosophy to practice*, Ashgate Publishing Company, 2000.

[3] Michael L. Hadley, *The Spiritual Roots of Restorative Justice*, State University of New York Press, 2001, p. 37.

监禁或许对社会的短期防卫有效，但作为一个长期防卫社会的战略却被证明是失败的。这是因为受到监禁的人心理和道德都受到贬损，他们在狱中不仅得不到改造，而且学会了犯罪的技艺。从长远的观点看，恢复论比目的论更能满足社会防卫的需求和更为有效的威慑犯罪。如果其（恢复论——笔者注）能够成功地实现使犯罪人建设性的回归到社区的目标，这种特别预防的价值就要比监禁造成犯罪人道德感被剥夺的特别预防的价值高得多。由于恢复性司法的制裁方式，包括赔偿的要求并不明朗，这与那种靠施加伤害和剥夺自由的一般预防的效果相比并不差。[1]预防是法律以及执行法律的合法目的，恢复论能够完成这样的目的，并且其不要通过对犯罪人自由的剥夺来威慑潜在的犯罪人。

当然，基于对人性和人类社会的现实理解，我们不得不考虑到这样一个事实，即并不是所有的犯罪人对他们的罪行都愿意承担责任并且像其他守法公民一样重新融入社会。恢复性司法的倡导者也注意到了这一点，他们坚持犯罪人与被害人以及社区的和解和恢复关系只能建立在自愿的基础上，并且他们也不排斥现行刑事司法的介入。然而，不管怎么说，监禁和其他惩罚性剥夺自由的措施只能最后使用，换言之，就是不得已而为之。

四、针对恢复论的批评

恢复论虽然较之报应论与目的论有着诸多的优势，但其亦遭到了诸多的批评。恢复性司法认为，犯罪人接受刑罚承担的仅是一种抽象责任，却逃避了现实的、具体的责任，即面对被害人，了解自己行为的后果，向被害人道歉并提供赔偿，恳求

---

〔1〕　Michael L. Hadley, *The Spiritual Roots of Restorative Justice*, State University of New York Press, 2001, p. 37.

社区成员的原谅并提供社区服务的责任。[1]有论者对恢复论的此种刑事责任观做出了以下批评：①恢复性司法将受害人作为犯罪引发的冲突中的主要当事人必将导致刑法和民法的混淆，而认为犯罪人的"主要义务是对被害人应当承担的义务"则将刑事责任和民事责任彻底的混到了一起。②恢复性司法认为犯罪人的主要义务是对被害人承担义务，主要责任形式是损害赔偿，其结果将导致整个社会特权横行，正义原则丧失。[2]也有批评者从相反的进路对恢复性司法的刑事责任方式做出了批评，他们认为：恢复性司法中的责任形式看似不具有惩罚性，而实际上往往比监禁刑更严厉。因为恢复性司法的责任形式和运作方式中包含着导致加重犯罪人的刑事责任的重大危险，比如将自己的犯罪行为暴露在熟悉的人面前，会使自己一生都无法摆脱在他们面前的耻辱。[3]

第三节　从报应论、目的论到恢复论
——刑罚观的重新认识

过去几百年以来，人类对于犯罪人所应付出的代价，均锁定在如何透过监狱功能以达到报应、隔离、威慑与矫治等目

---

〔1〕 张庆方："恢复性司法研究"，载王平主编：《恢复性司法论坛》，群众出版社 2005 年版，第 286 页。

〔2〕 祝圣武："论恢复性司法的两大理论缺陷"，载《江西公安专科学校学报》2007 年第 3 期。

〔3〕 张庆方："恢复性司法研究"，载王平主编：《恢复性司法论坛》，群众出版社 2005 年版，第 336 ~ 337 页。

的。[1]然而实践证明，由于传统刑罚观内在的缺陷，无论是报应、威慑、矫治还是他们的结合，所需的资源不仅巨大，而且效果并不明显，并没有达到人们预期的目的。严峻的现实迫使我们不得不对传统刑罚观进行反思。笔者以为，在现代社会中，刑罚不再是报应基础上的刑罚，不再是个简单的惩罚工具或惩罚手段，刑罚观应以追求正义作为其首选的价值目标并受制于正义的原则，也就是说，维护社会的正义观念应当成为刑罚观不可或缺的内容。不可否认，传统的刑罚观，不管是报应论，还是目的论，也都是建立在正义，即报应性正义和功利性正义的基础之上的。但随着人权保护运动的兴起，报应性正义与功利性正义已明显滞后于时代的发展，需要被一种全新的正义观来取代，恢复性正义顺应历史潮流横空而出。建立在恢复性正义基础上的恢复论由于具有全新的内容，因此是我们理想的选择。

一、传统刑罚观的缺陷

虽然报应论、目的论和一体论在各自的历史发展阶段都有其存在的正当理由，尤其一体论将报应论和目的论有机的结合在一起，克服了报应论和目的论的片面性，具有强大的回应犯罪的能力，其进步性不容被忽视。然而，建立在报应性正义基础上的刑罚和刑事诉讼，在对犯罪分子动用刑罚时，因主要是基于报应（包括法律报应和道义报应）的思想，尽管随着刑罚的进化，报应观念因功利观念的兴起，而在刑罚的适用中趋于淡化，但在累犯增多、犯罪率居高不下的现实背景下，由这种观念所产生的"以恶制恶"的刑罚措施，包括一体论在内的传

---

〔1〕　陈晓明：《修复性司法的理论与实践》，法律出版社2006年版，第46～47页。

统刑罚观存在着不可避免的不足与缺陷，其处境日益窘迫。针对传统刑罚观的批判主要有如下方面：

第一，针对报应论的批判。①对犯罪的评价只限于行为的客观损害而无视行为人的主观恶性；②在刑罚发动上的绝对性与连带性，无视人的责任能力的有无与人对犯罪应否承担责任作为动刑之前提条件的必要性；③配刑的轻重仅仅以行为的损害结果为决定性因素，而将行为人的主观恶性排除在配刑的根据之外，同种损害形态的故意犯罪、过失犯罪乃至意外事件被处以轻重相同的刑罚，即是这种无理配刑的明证；④完全无视功利性作为刑罚的基本理性的应然性、对犯罪与刑罚的各自的规定性以及对罪刑关系的质与量的应有规定。意外事件、精神病人、年幼无知者的行为以及动物与自然现象等刑罚所不能遏制或没有必要以刑罚遏制的行为均未能排除在动刑对象之外，过失犯罪之类不需以重刑遏制的行为被与故意犯罪一样配以重刑，以及并非犯罪人而不具有人身危险性的人无端受到刑罚的株连。[1]

第二，针对目的论的批判。①目的论常常过分强调刑罚的威吓功能，把"重典"当作刑事政策的灵丹妙药，误信杀一可以儆百。由于刑罚越重威吓效果越明显，只考虑预防，会导致刑罚没有上限。于是造成恶性循环，社会治安形势严峻，便适用于重刑，重刑之后，社会治安不仅没有根本好转，而且恶性案件上升，于是适用更重的刑罚。这样，恶性案件越来越多，刑罚也越来越重。②目的论中的一般预防极力强调通过对犯罪人适用刑罚来预防一般人实施犯罪，这必然导致将犯罪人作为"防止犯罪的工具"进行利用的现象。因为通过威吓进行一般预

---

〔1〕 邱兴隆：《刑罚理性导论：刑罚的正当性原理》，中国政法大学出版社 1999 年版，第 15～16 页。

防，意味着不是因为犯罪本身而受处罚，而为了他人而受处罚，意味着将犯罪人作为预防其他人犯罪的工具或手段，这违反了人的尊严。这说明目的刑论侧重对社会的防卫，而忽视对个人的保护。③目的论可能为了追求预防犯罪、保卫社会的目的，而导致对没有犯罪的人适用刑罚；④目的论总是强调量刑时偏重行为人的人身危险性或再犯可能性，但人身危险性不像行为对法益的侵害或者威胁那样容易被人们感知，于是所造成的量刑畸重畸轻的现象较多。⑤目的论还存在许多具体的缺陷。例如，刑罚的预防机能还没有科学根据，一般预防的效果因人而异、因势而异；不能科学预测犯罪人的再犯罪可能性大小，难以根据特殊预防的需要判处适当刑罚等。[1]

其三，针对一体论的批评。①对被害人缺乏足够的关注。在如今的大陆法系国家的刑法典中，国家垄断了处理被害人与加害人的权力，尽管这样实现了国家层面的正义，但被害人的权利被忽视了，没有考虑到许多案件中伤害的其实是具体的个人。比如在故意杀人和故意伤害案件中，如果被害人或其亲属没有得到加害人的赔偿，而国家又没有相应的补偿措施，被害人或其亲属会因此形成对国家、社会的仇恨，甚至会出现报复性犯罪，这样就违背了刑罚预防犯罪的初衷。②刑罚成本投入过高，与收益不成正比。有学者认为："已然的犯罪本已使社会遭受巨大的损失，付出了昂贵的代价，动用刑罚惩罚之，不但不能使这种已经付出的代价得到补偿与带来回报，而且还必须进一步付出高昂的人力与财力的社会代价，以致本可以投入经济建设等社会福利事业的劳动力被投入不能带来经济利益的刑

---

〔1〕 张明楷：《刑法的基本立场》，中国法制出版社2002年版，第343～344页。

事司法活动之中，并使本可用于社会福利的大量财力被消耗。"[1]③与未来刑事政策发展不符。[2]

笔者以为，传统刑罚观之所以举步维艰，关键在于其对刑罚的惩罚作用过于迷信，如报应论坚持惩罚是对犯罪人的一种报应、目的论坚持通过刑罚惩罚犯罪人达到防卫社会的目的以及一体论坚持既要报应犯罪人也要防卫社会，他们都把刑罚的惩罚作用过于夸大，以致身陷泥沼不能自拔。其实，刑罚的惩罚作用除了满足被害人和社会大众有限的报复情感以及能够产生一定的威慑作用从而能在有限的范围与程度上防卫社会外，其对正义的恢复和对犯罪人的改造的作用是大可质疑的。

（一）正义实现的局限性——以恢复性正义为视角

我们从传统刑罚观对正义的实现或恢复的作用来看，无论是报应论、目的论还是一体论均不能实现这个目标。

1. 报应论。报应论者坚持认为，通过刑罚对犯罪人的惩罚，正义就会得到恢复和实现。正义的恢复和实现果真如报应论者想象的那么简单和乐观吗？笔者不以为然。诚然，通过对犯罪人的惩罚，的确能满足被害人强烈的报复情感和社会大众朴素的正义观念。但正义的恢复和实现难道仅仅就是报复情感和抽象正义感的满足吗？问题恐怕没有如此简单。笔者在前文已经阐明我们所追求的正义应该是一种全面与平衡的正义，即恢复性正义。按照恢复性正义的标准衡量，被害人除了报复情感的需求得到一定程度的满足，其他需求，包括物质的与精神的均未得到满足，正义亦因此远没有得到实现。换言之，报应论满

---

〔1〕 邱兴隆：《刑罚理性评论：刑罚的正当性反思》，中国政法大学出版社1999年版，第34页。

〔2〕 请详见韩国高丽大学金日秀教授2007年1月16日下午在武汉大学的演讲稿《保护观察》。

足了被害人和社会大众的抽象正义感，却没能满足被害人的具体正义感，即物质和精神损害应得到赔偿。周光权博士认为，报应的含义与"报酬"（consideration）和"回报"（repayment）有关，其最初的含义是指对于某些服务给予金钱的回报。因此，报应概念应当"中性地"理解为回报（reward）或者回溯，是罪犯用它的犯罪行为和社会交换价值大致相等的应得惩罚量，而与报仇无关。所以，刑罚报应是"报酬"，而不是基于被害人意义上的"报仇"直觉的满足，被害人从犯罪人处受到惩罚这一事实中并不能得到任何直接的好处。[1]

2. 目的论。目的论是建立在功利主义基础上的。功利主义的正义观就是"最大多数人的最大幸福的满足"，具体而言，就是通过刑罚的适用，一方面通过惩罚犯罪人，达到威慑潜在犯罪人的目的；另一方面，通过刑罚手段改造和矫正犯罪人使其不再犯罪，从而达到特别预防的目的。笔者认为，目的论在正义实现上的局限性可以从威慑与矫治两方面展开。首先，从威慑的角度来看，威慑理论声称能够提供确定犯罪人适宜的刑罚的理性方法，即最好的刑罚就是以对社会造成最小损失和使犯罪人遭受最小痛苦的手段达至最大的威慑效果。这种决定对犯罪人惩罚的方式在某种意义上隐含着不正义，因为这种威慑的效果是建立在威慑其他潜在犯罪人的基础上的，这违背了一个基本的道德准则，即人不能仅仅被当成是实现其他社会目的的手段。因为这种正当化的类型和惩罚的水平已经超越了对犯罪人公平的惩罚，而这恰恰是威慑其他人的一种手段（一般预防）。由于目的论将人当成了实现目的的手段，忽视了少数人的利益，因此也是一种有局限性的正义观。其次，从矫治的角度

---

〔1〕 周光权：《刑法学的向度》，中国政法大学出版社 2004 年版，第 358~359 页。

来看，众所周知，矫正论主要基于对刑罚矫正功能的认识与追求之上，虽然赋予了刑罚以积极性，但其对不可矫正的犯罪人无能为力。与此相反，剥夺犯罪能力论注重的只是刑罚剥夺犯罪能力的功能，虽然不产生对无法矫正的罪犯无能为力的问题，但是刑罚的积极性不足而消极性有余，不可避免的对本可矫正者不予矫正而造成刑罚资源的浪费与对犯罪人权益的过分剥夺。功利主义的正义观的核心是通过预防犯罪来防卫社会，以实现社会上最大多数人的最大幸福为宗旨。正如陈晓明教授所言，预防思想的主旨是犯罪人的再社会化，希冀犯罪人经由矫治重返社会并不致再犯罪。犯罪人不再被视为罪犯，而被视为病人，刑罚也被许多医疗性处遇（treatment）措施所替代。以治疗性的措施代替刑罚在理念上具有先进性，因为它更加人道和宽容，但它很难为公众所接受，无法满足社会大众对于正义感的需求。[1]

3. 一体论。一体论由于兼顾了报应性正义和功利性正义，具有其进步的一面。但是，报应性正义与功利性正义的结合并不能有效地化解这两种正义观存在的缺陷，毋宁说，这种结合把报应性正义和功利性正义各自存在的缺陷无限的放大，因为报应性正义与功利性正义存在着很深的内部矛盾，这种矛盾不是通过两者简单的结合就能得到解决的。

（二）防卫社会的有限性

由于报应论并不以防卫社会为目的，其通过刑罚对犯罪人进行报应虽然在某种程度上起到一定的预防犯罪从而达到防卫社会的附随效果，但这种附随效果不在本书的考察之列。因此，我们探讨刑罚防卫社会的有限性主要是针对目的论而言的。不

---

[1] 陈晓明：《修复性司法的理论与实践》，法律出版社 2006 年版，第 47 页。

管通过刑罚的威慑，还是通过刑罚对犯罪人进行改造，是否就有效地达到了防卫社会的目的呢？

对于刑罚防卫社会是否有效，中外许多学者进行了深入的探讨。根据这些学者的探讨结果，大多数学者对通过刑罚防卫社会的效果是深表怀疑的。如马克思所言："历史和统计学都清楚地证明，自该隐以来，利用刑罚来感化和恐吓世界都从来没有成功过。"[1]尼采说："总的来说，惩罚能使人变得坚强冷酷、全神贯注，惩罚能激发异化感觉，加强抵抗力量。"[2]又如威廉·葛德文认为："强制手段（指刑罚——笔者注）不能说服人，不能安抚人，而相反地，使遭到强制的人离心离德。强制手段和理性毫无共同之处，所以不能有培养德性的正当效果。"[3]葛德文接着对刑罚为何无效进行了探讨，他认为："首先，一个明显的结论是，惩罚是同人类天性禀赋不相容的一种不得已的痛苦行为，它的实施是由人类中占据统治地位的腐败和无知所暂时强加给我们的。最荒谬的莫过于把惩罚看成是进步的源泉。它对于培养优秀品质的贡献正同赛马场看守人对竞赛速度的贡献一样。除非在千钧一发的关头，再也没有什么事情比乞灵于惩罚更为非正义的了。真正的政治家将会竭力把强制限制在最小的范围之内并且不断寻求减少使用它的机会，而不是增加强制的机会并且把它当作挽救一切道德败坏的药方。在一切情况下，可以得到认可的为之辩解理由只有一个，那就

〔1〕 李富强："恢复性司法的根本原则"，载王平主编：《恢复性司法论坛》，群众出版社2006年版，第13页。

〔2〕［德］尼采：《论道德的谱系》，周红译，北京三联书店1992年版，第60页。

〔3〕［英］威廉·葛德文：《政治正义论》（第1卷），何慕李译，商务印书馆1980年版，第534页。

是放过罪犯会对公共安宁成为十分明显的危害。"[1]鲍桑葵亦曾对"惩罚的目的在于使罪犯变好"的观点进行评论时说:"为了检验一下这种主张本身是否恰当,可能会提出这个问题:'如果快乐能使罪犯变好,是否该让他获得快乐呢?'……有一点可能是真的,即残酷的惩罚与其说会制止还不如说会激起人们犯罪的倾向;但不能就此而断言无须把恐怖和罪行联系起来。"[2]

我国台湾地区刑法学者许玉秀女士从另一个进路——即效益和环保的角度,对刑罚(以监禁刑为例)防卫社会的效果进行了令人耳目一新的分析。许玉秀认为:"从生态环境和社会经济成本看,过去可能认为盖监狱将一群偏离社会期待而行为的人集中管理,既可保障正常社会秩序,又能有效管理,是比较经济的方法。但从生态环境资源日益窘迫的情势来看,盖监狱等于划定一个特定不开发的地区,只要想想监狱所在地如果不盖监狱,可能多出多少环境良好的住宅区,就能理解其中道理。其实犯罪的人住进监狱之后,还继续惩罚循规蹈矩的人,循规蹈矩的人必须忍受拥挤的生活环境,而且还必须负担罪犯们的生活所需,这实在不能算是符合成本效益和环保精神的法律政策。"[3]邱兴隆教授则是从成本与效益的角度对刑罚防卫社会的无效展开说明的。他认为:"已然的犯罪本已使社会遭受巨大的损失,付出了昂贵的代价,动用刑罚惩罚之,不但不能使这种已付出的代价得到补偿与带来回报,而且还必须进一步付出高昂的人力与财力的社会代价,以致本可以投入经济建设等社会

---

[1] [英] 威廉·葛德文:《政治正义论》(第1卷),何慕李译,商务印书馆1980年版,第560页。

[2] [英] 鲍桑葵:《关于国家的哲学理论》,汪淑钧译,商务印书馆1995年版,第220页。

[3] 许玉秀:《当代刑法思潮》,中国民主法制出版社2005年版,第48~49页。

福利事业的劳动力被投入不能带来经济利益的刑事司法活动之中，并使本可用于社会福利的大量财力被消耗。"〔1〕

西方一些学者认为，许多因素都会削弱刑罚作为减少犯罪的手段的效果。这些因素包括：①刑罚的严厉性。为了威慑而使用刑罚时，必须避免过分地使用刑罚，因为过分严厉的刑罚会激起公众对犯罪人的同情。②犯罪人的特点。那些最有可能被监视的犯罪人，已经习惯于经受剥夺，习惯于在日常生活中个人目标遭受到挫折的情况。③罪刑难以相称。人们在实践中不可能制造出一种"计算尺"，用来准确地确定报应（即刑罚）程度与不同类型犯罪之间的绝对相称。④单纯的强制并不能改变人们的行为。研究已经表明，单纯使用强制不能保证被强制的对象改变自己的行为，不能保证这些人遵从新的法律规范，也不能保证这些人服从自己以前曾经违反过的法律规范。⑤威慑效果的差异性。刑罚的威慑能否产生遏制犯罪和表达社会谴责的效果，往往是因人而异、因犯罪类型的不同而有差别的。对于威慑能否产生效果的问题，不能一概而论。〔2〕

通过以上分析，我们不难看出用刑罚防卫社会的效果被人们，当然主要是立法者和司法者想当然地放大了。

不仅对社会防卫理论持怀疑或者反对态度的学者对刑罚防卫社会的效果表达了不信任，即使社会防卫理论的一支——新社会防卫理论亦对作为刑罚的主要执行方式——监禁的效果表示了否定。刑事法上的新社会防卫理论认为，监狱将不同且孤立的罪犯混在一起，从而形成了犯罪的同质共同体，他们在监狱中结为同道，放出来以后仍然如此。监狱生产出的人成为名

〔1〕 邱兴隆：《刑罚理性导论：刑罚的正当性原理》，中国政法大学出版社1999年版，第34页。
〔2〕 吴宗宪：《当代西方监狱学》，法律出版社2005年版，第138页。

副其实的内部敌人，他们结成了一支犯罪大军。[1]著名的挪威法律社会学家托马斯·马蒂森对监狱所谓的改造作用的断言就是对新社会防卫理论的极好的注脚。托马斯·马蒂森经过对监狱改造作用的透彻研究，提出了一个深思熟虑、论证严密的意见。他断言：监狱在其整个历史进程中实际上从来没有改造过人，它从来没有使囚犯重回社会生活。恰恰相反，它们使囚犯"监狱化"，也就是说，怂恿或强迫他们接受并采纳了只有在惩处环境中才会形成的习惯和规矩。这些习惯与高墙外的文化标准所倡导的行为模式大相径庭。"监狱化"恰恰是"改造"的对立面和"回归社会生活道路上"的主要障碍。[2]如同美国学者 Tom Murton 所言：将一个人置于监狱加以训练，以期能适应民主社会生活，此事有如将人送上月球，以学习适应地球生活方式般之荒谬。[3]有学者甚至认为，刑罚与犯罪并不是"药"与"病"的关系，监狱并不是一般的开放的社会，它无法提供"再社会化"的环境，当然也就不能期待受刑人必然能够再社会化，因此，监狱的教化功能，也即能够使受刑人具备有"决定"自己要不要再犯罪的能力，其实是天方夜谭，是神话故事，应当对此进行"解魅"和"除神话化"。与其说"刑罚"具有使犯罪人再社会化的功能，毋宁说是"社会环境"才有使犯罪人再社会化的作用。[4]

---

〔1〕 卢建平："社会防卫思想"，载高铭暄等主编：《刑法论丛》（第1卷），法律出版社1998年版，第179页。

〔2〕 [英]齐格蒙特·鲍曼：《全球化：人类的后果》，郭国良、徐建华译，商务印书馆2001年版，第108页。

〔3〕 转引自蔡道通："中国刑事政策的理性定位"，载陈兴良主编：《中国刑事政策检讨》，中国检察出版社2004年版，第165页。

〔4〕 蔡道通："中国刑事政策的理性定位"，载陈兴良主编：《中国刑事政策检讨》，中国检察出版社2004年版，第166页。

二、恢复论的优越性

（一）正义实现的有效性

报应论的核心是"应得"（just desert）的理念。这种理念不仅深深扎根于文化和宗教中，而且与一些重要的道德准则相联系。但我们也能够发现在"应得"理念的背后隐藏着犯罪人必须被当成具有道德责任感的人这一要素，因此，犯罪人应当被要求对他们所实施的行为做出解释并承担相应的责任。报应论对于犯罪人承担责任的解释仅仅限于"报应"或"罪有应得"的角度，对于他们之间究竟是怎样的关系却从来没有做出令人信服的解释，更不用说对怎样矫正枉行或恢复性正义进行合理的解释了。恢复论对报应论者所关注的"承担责任"进行了非常具体可行的解释。恢复论认为，犯罪被害人不应被当成像国家或主权一样抽象的实体，而是利益受到法律保护的个人、机构和社区。犯罪人改正其对被害人造成枉行的方式应该是对被害人所造成的实际的物质损失承担责任。这只能通过犯罪人自己的行为对被害人所遭受的损失尽可能进行恢复，不仅仅是经济上的恢复，更是心理上和精神上的恢复。恢复论也承认另一个具体的社会学事实，即犯罪所导致的破碎的关系只有在被害人允许犯罪人承担责任的情形下才能得以完全的修复，质言之，犯罪人的修复是充分承担责任的前提。与被害人和解往往是完全修复的前提。认为恢复性司法选择仁慈与宽恕而不是正义来捍卫恢复性司法的观点是错误的。更准确地说，宽恕与和解是恢复的根本要素，而恢复又是正义重要的内涵与前提。刑事犯罪首要的不正义是被害人遭受的损失与伤害，只有这种损失与伤害能够得到完全的恢复或纠正，正义才可能实现。因此，赔偿并不能抹煞错误的存在，但却常常能减轻痛苦，而且对于罪犯改过自新复归社会具有真正的价值。违法者必须为自己的被害人做点什么。不能容忍他们仅做一些不得不做的事。[1]

(二) 社会防卫的有效性

传统的刑罚理论，无论是报应论还是目的论，一般都是通过限制或剥夺犯罪人的自由来惩罚或改造犯罪人。这种通过惩罚来改造犯罪人，从而达到防卫社会的目标已经被证明失败了。恢复论追求当事人之间关系的和解与恢复的目标，并倡导通过赔偿而不是刑罚惩罚来达至这一目标，从而能达到有效防卫社会的目的。

正如前文所述，恢复论是一种在充分尊重加害人的自由与人格并有效促使其回归社会的基础上实施的，并且不会给加害人打上"罪犯"的烙印的新型刑罚观，其是通过加害人给予被害人和社区以赔礼道歉、物质赔偿和提供无偿服务等方式来实现的。恢复论强调加害人在自愿的前提下应当承当一种具体而非抽象的责任[2]，这就会促使加害人加速灵魂的悔悟，真正做到洗心革面，彻底将自己改变成对社会无害者，从而达到特殊预防的效果，同时，这种特殊预防的效果又会产生一种良性的示范效应，对于那些本来主观恶性不大、人身危险性不强的潜在犯罪人将产生一种道德上的感染力，促使其不去犯罪，从而有效地起到社会防卫的效果。

对社会防卫效果的评价一项重要的指标就是再犯率的高低。实践表明，以恢复论为刑罚观的恢复性司法相较传统刑事司法

---

〔1〕 [德] 汉斯·约阿希姆·施奈德：《国际范围内的被害人》，许章润等译，中国人民公安大学出版社 1992 年版，第 27 页。

〔2〕 传统刑罚观下的抽象责任不但对很多犯罪人来说是不必要的痛苦（如对偶然犯、非暴力犯），而且对被害人和社区而言，同样无太大的意义，因为被害人与社区未能从犯罪人的责任中获得全面的利益，因此他们也就不可能真正原谅犯罪人，并接受其回归到社区中来。

再犯率要低。如美国一项针对 3124 件未成年人犯罪案件进行的调查表明，参加了被害人—犯罪人调解计划的犯罪人的再犯率只有 18%，而没有参加的犯罪人的再犯率是 27%。[1]英国的一项对成年犯的调查也显示，通过恢复性司法程序处理的犯罪人的再犯率要低 10%。而在澳大利亚等地的一些调查中，恢复性司法对降低再犯率的作用更为明显。[2]

三、恢复论的逐步践行——克服传统刑罚观缺陷的必然选择

从上文所述我们已经得知，恢复论相较传统刑罚观，即无论是报应论、目的论还是一体论均有着无可比拟的优越性。比如传统刑罚观目的混乱而恢复论具有目的明确性；又比如传统刑罚观重抽象的法益保护而恢复论重具体法益的保护，不仅能有效地满足被害人情感与实质利益的需要，而且对被害人和加害人自身损害、社区损害以及社会安全意识的损害进行修复。通过修复，建立人与人之间的和谐关系，重建社区和平。恢复论所具有的优越性无疑为我们实现刑罚观范式的转变勾勒了一幅美妙的图景，在笔者看来，这一美妙图景的实现应当从理想和现实两个层面展开。理想的层面就是以恢复论完全取代报应论与目的论，这是刑事法改革的动力与方向，应当成为我们为之追求的目标；现实的层面是在一定的领域与范围内践行恢复论，做到恢复论与报应论和目的论的有机结合，这是现实背景下刑事法改革的一种可行之路，尽管只是一种权宜之策。恢复论的逐步践行就是从现实的层面逐步过渡到理想的层面，虽然

---

〔1〕 吴宗宪："恢复性司法述评"，载《江苏公安专科学校学报》2002 年第 3 期。

〔2〕 刘仁文、周振杰："恢复性司法的经济分析"，载王平主编：《恢复性司法论坛》，中国检察出版社 2007 年版，第 17 页。

这一过程注定是漫长的，但应该作为我们坚持不懈的追求。

（一）理想的层面——以恢复论取代报应论与目的论

鉴于恢复论能够有效地弥补报应论与目的论的不足，从理想的层面而言，用恢复论来完全取代报应论、目的论以及一体论是达至刑事司法和谐的必然选择和唯一路径。这种取代所体现出来的优越性也是显而易见的，主要表现在两个方面：一是人权保护的全面性。保护人权虽然也是报应论、目的论与一体论所追求的目标，比如报应论强调保护被害人的人权而目的论则强调一种集体人权的保护。但这种人权的保护具有不周延性，在实际运作当中，主要表现为对被告人而非被害人的人权保护，这与报应论与目的论的初衷是背道而驰的。而恢复论不仅强调被害人人权的保护，同时也强调加害人和社区人权的保护，因而在人权保护方面更具有全面性；二是防卫社会的有效性。报应论、目的论与一体论在社会防卫方面的不足或无效以及恢复论在社会防卫方面的有效性，笔者在前文已做了详细地论述，在此不再赘言。但笔者要特别强调的是，恢复论由于强调人权保护的全面性，因此能使整个社会处于一种高度和谐的状态，真正能做到人权保护与社会防卫的有机统一。

（二）现实的层面——恢复论与报应论、目的论的兼容

从现实的层面看，传统刑罚观虽然有着诸多内在不可解决的矛盾与缺陷，但鉴于报应论在民众中长期以来所形成的强大影响以及在当今世界面临着日益严重的犯罪局面下，目的论虽然对防控犯罪效果有限但的确可以给人一丝改造犯罪人从而达到降低犯罪率的憧憬。尤其当人们报应情结与预防犯罪的憧憬同时得以满足时，一体论在人们心目中的高大形象更是挥之不去。在现实刑事司法环境异常复杂化下，以恢复论来取代传统刑罚观这一理想目标不可能一蹴而就，更何况恢复论、报应论

和目的论之间还有着剪不断理还乱的关系？因此，现实可行的目标不是以恢复论来完全取代报应论与目的论，而是在传统刑罚观的领域内逐渐对恢复论展开实践，做到恢复论、报应论和目的论的兼容，例如可以在轻罪领域以恢复论来取代报应论和目的论，而在重罪领域则以恢复论来缓解无论是报应论、目的论还是兼具报应论与目的论的一体论所形成的僵化的局面。只有在这样一个有限的领域逐渐展开卓有成效的实践，才能将恢复论的优越性展现在民众面前，也才能使民众有机会对恢复论、报应论与目的论三者之间进行理性的比较，从而在情感上逐渐接受这一全新的刑罚观，为恢复论最终取代报应论与目的论奠定一个良好与坚实的民众基础。

第五章

恢复性司法基本理念对我国
刑事法观念的影响

恢复性司法基本理念与西方的法律文化，尤其是后现代法律文化有着密切的关系。尽管恢复性司法基本理念与我国（传统）法律文化某些要素有契合的一面，比如追求无讼和重视调解等，但两者主要表现为悖离的一面，比较突出的是我国（传统）法律文化崇尚重刑和缺乏宽恕。更为重要的是，恢复性司法基本理念的践行需要市民社会与政治国家相分离的二元社会结构，而我国的市民社会还刚刚兴起，其实力远远未能达到与政治国家相抗衡的程度，毋宁说，我国的市民社会还处于依附政治国家的阶段。因此，恢复性司法基本理念在我国尚难以全面践行。

尽管如此，在追求人权与和谐的全球刑事法治背景下，恢复性司法基本理念可能为我国刑事法治改革提供一种可能的进路。比如"以被害人为中心"，由于突出了被害人的主导地位，从而会使我们对以被告人为中心的刑事诉讼机制的弊端进行认真思考并进行相应的改革。[1] 这几年在我国兴起的刑事和解实

---

[1] 可以说自 20 世纪 70 年代中后期至 20 世纪 90 年代初，是犯罪被害人在刑事司法制度中重新获得或恢复权利的时代。许多国家的刑事政策由以犯罪人为中心，转化为强调被害人与被告人权利的平衡。大多数西方国家以不同的方式、在不同程度上进行刑事司法制度的改革。参见杨正万：《刑事被害人问题研究》，中国人民公安大学出版社 2002 年版，引言第 1 页。

践就是这一思考的直接表现。[1] 又如"司法社区化"可为我国社区矫正制度的完善和独立社区刑罚制度的设立提供思路与方向。不仅如此，恢复性司法的基本理念还与我国目前实行的宽严相济的刑事政策和构建和谐社会的目标有相通之处，加强对其的研究有助于上述目标的实现。因此，本章从刑事政策、刑事立法和刑事司法三个方面就恢复性司法基本理念对我国刑事法观念可能产生的影响做一初步的探讨，试图为我国的刑事法治改革提供一些可能幼稚但却真诚的建议。

第一节　恢复性司法基本理念对我国刑事政策观的影响

一般认为，刑事政策是刑事立法与司法的灵魂，其具有一定的抽象性。[2] 刑事政策包括刑事立法政策与刑事司法政策。刑事政策的存在负有两项崇高的使命：一是保障人权；二是防控犯罪。所谓刑事政策观，即是指人们对刑事政策内涵和功能的理解和定位。

---

〔1〕　刑事和解凸显了被害人的主导地位，使被害人成为程序的推进者和控制者，该机制也强调犯罪人回归社会和注重社区（社会）利益的保护，同时国家的刑事司法主导权也没有受到根本的损害。由于刑事和解注重了国家、社会和个人（犯罪人与被害人）利益的平衡，尽管其在实施的过程中还存在一定的争议，但在整体上有利于被害人的归复。

〔2〕　曲新久教授认为，刑事政策绝不仅仅只是一个灵魂，否则，刑事政策将失去它真正的生命力。在现代社会，刑事政策有具体的原则，有较强的实践性、具体性和精确性，表现为一种具体的公共决策。参见曲新久："刑事政策与刑法适用"，载《国家检察官学院学报》2007 年第 3 期。

一、我国刑事政策观概述

从我国刑事政策的不同时期的表现来看，由于其着力点主要在防控犯罪方面，人权保障相对不足，因而可以把我国的刑事政策观概括为一种功利型或工具型的刑事政策观。

从建国以来，我国的刑事政策一直表现得比较简单，主要体现为惩办与宽大相结合的政策。如对严重破坏社会主义秩序和侵犯公民人身与民主权利的犯罪分子坚决进行镇压，而对少年犯普遍采用感化、挽救、教育的手段。近年来，随着我国经济高速发展，社会结构分化整合频率加快，开始面临着发达国家备受困扰的高犯罪率以及重大刑事案件多发的问题。受"治乱世用重典"的传统重刑思想的影响，惩治犯罪的刑事政策一度片面地强调从严从重打击刑事犯罪。从 1983 年到 2005 年的 22 年中，全国范围内大规模的"严打"就有 4 次，期间还穿插有各种各样、难以计数的专项性"严打"。但是，严打并没有使重大恶性犯罪明显减少，却使轻微犯罪人服刑后在回归社会的过程中引发的社会问题显著增多。另外，刑法中的缓刑、假释等刑罚制度也部分由于执法力量不足没有得到充分合理地使用，罚金、管制等刑种也因为行刑方式的单一形同虚设，被害人的权益没有受到充分尊重，引发了一些地方的上访问题，激发了新的社会矛盾，影响了社会的稳定。更为严重的是：接连不断的"严打"不仅进一步强化了人们的重刑思想和报应观念，而且在一定程度上影响了宏观刑事政策的研究和制定，并进而延缓了以制度治理为内容的社会控制和以公正、效率为价值追求的司法控制的形成。[1]

---

[1] 狄小华、李志刚编著：《刑事司法前沿问题：恢复性司法研究》，群众出版社 2005 年版，第 4 页。

　　在这种背景下，我国在 2005 年正式提出了"宽严相济"的刑事政策[1]，用以指导刑事司法工作。在严厉打击重大恶性刑事犯罪的同时，开始注重对轻微犯罪人的宽缓处理。这样一个从惩办与宽大相结合的刑事政策到注重严打政策再到强调宽严相济政策的起伏式变化过程，标志着我国刑事政策观有了一个较为理性与深刻的变化。[2]

　　一般认为，较之惩办与宽大相结合刑事政策以及严打政策而言，宽严相济刑事政策既强调刑法的谦抑性和最后手段性，也不忽视刑法防卫社会的积极功能；既强调应首先注意对犯罪人从宽处断的可能，也注重对少数凶恶犯罪人依法予以严厉制裁，因而更能体现打击犯罪与保障人权之间的平衡。应当说，我国当下的刑事政策已突破 20 世纪 80 年代以来所形成的"重刑化"或"轻刑化"的单极化之争，在扬弃单极化的严打政策的同时吸收了惩办与宽大相结合刑事政策的合理内涵，顺应了

　　　　　　　　　　　　　　　　　

　　[1]　宽严相济的刑事政策是 2005 年 12 月由罗干同志提出的，他指出："……一方面，必须坚持'严打'方针不动摇，对严重刑事犯罪依法严厉打击，什么犯罪突出就重点打击什么犯罪，在稳准狠上和及时性上全面体现这一方针；另一方面，要充分重视依法从宽的一面，对轻微违法犯罪人员，对失足青少年，要继续坚持教育、感化、挽救方针，有条件的可适当多判一些缓刑，积极稳妥地推进社区矫正工作。"参见马克昌："宽严相济刑事政策刍议"，载《人民检察》2006 年第 10 期。

　　[2]　宽严相济刑事政策与我国长期实行的惩办与宽大相结合的刑事政策有着密切的关系。但二者究竟是什么关系，学界和司法实务界见仁见智，概括起来有以下不同观点：①新刑事政策说，认为宽严相济刑事政策是一种崭新的刑事政策。②二者等同说，认为宽严相济刑事政策就是惩办与宽大相结合刑事政策的名词置换。③二者并行说，认为宽严相济刑事政策是与惩办与宽大相结合刑事政策同时实行的政策。马克昌先生认为，宽严相济刑事政策是惩办与宽大相结合刑事政策的继承与发展。参见马克昌："论宽严相济刑事政策的定位"，载《中国法学》2007 第 4 期。笔者基本赞成马克昌先生的说法，认为宽严相济刑事政策乃是在惩办与宽大相结合刑事政策的继承与发展的基础上一种新刑事政策。

世界范围内刑事政策"轻轻重重"的两极化趋势。[1]

从惩办与宽大相结合到宽严相济的刑事政策，虽然在一定程度上反映了我国刑事政策的进步，但不容否认的是，我国的刑事政策因受功利主义思想影响甚深，在人性维护和人权保障方面尚存在诸多欠缺。这种功利主义的刑事政策片面地追求政策实施的实际效果，忽略甚至根本否认人性关怀的价值和意义，其对打击犯罪效率的算计甚至超过了对人本身的尊重和关注，不是把人看作目的，而是把打击犯罪的效率看作目的，人本身则成了实现"控制犯罪"的一种手段，因而使刑事政策存在着诸多方面的非理性因素：一是注重刑事政策实施的绩效、效果或结果，不计较政策制定和实施的动机。动机纯洁与否，只要有好的效果就可以了；二是在政策实施前权衡、比较，计算利弊得失，不利于打击犯罪的工作不开展，无效的司法活动不启动；三是立足于打击犯罪的效率，追求控制犯罪局势是根本的，为此，有时也不得不牺牲人权保障的一面。[2]

二、我国刑事政策观的可能走向

（一）从过度功利到人性关怀——我国刑事政策观的应然进路

从上文已知，我国的刑事政策观是一种功利型或工具型的刑事政策观。这种政策观存在着诸多的弊端，实践证明，其不仅没有实现打击犯罪的目标，而且在相当的程度上损害了法治国家的公正和人权保障的价值，并有使刑事活动完全蜕化为政

〔1〕 梁根林："欧美'轻轻重重'的刑事政策新走向"，载《中国刑法学年会论文集》（上卷），中国人民公安大学出版社2006年版，第554页。
〔2〕 姜涛："刑事政策价值的回归：从过度功利到人性关怀"，载《贵州社会科学》2006年第2期。

治的附庸和工具的危险。有论者对功利的刑事政策观从四个方面表达了自己的担忧：其一，过度功利主义——刑事政策适用信度丧失；其二，过度功利主义——刑事政策适用效度缺损；其三，过度功利主义——刑事政策适用地位下降；其四，过度功利主义——刑事政策终极关怀缺失。[1]

　　鉴于此，我们应该逐步以一种"人性关怀"为导向的刑事政策观来替代功利型刑事政策观。笔者以为，从恢复平衡理念的视角出发，"以人性关怀"为导向的刑事政策观应包括以下两个方面的内容：其一，以"恢复"为中心的目的观。笔者意指"恢复"，主要是以人权保障的终极目的为指向的。人权保障不仅仅是指被告人的人权保障，而且包括被害人的人权保护，相较于当前以被告人人权保障为中心而有意或无意忽视了被害人利益的刑事政策观，笔者所指的"恢复"为导向的刑事政策观反映了人权均衡保障，更能体现人性的关怀。恢复不仅仅是对被害人的物质损失和精神损失以经济补偿，还要采用精神活动来治愈被害人因犯罪带来的精神创伤。因此，仅仅是一般的参与是不起作用的。被害人亲自参与对犯罪的追诉，是被害人恢复的一个重要方面。被害人的当事人身份不仅仅是满足被害人报复欲望，更是精神治疗必要的。[2]其二，非犯罪人化的方法观。众所周知，犯罪人是社会给违反刑事法律的人所帖的标签，犯罪人标签效用一旦产生，就会对行为人的心灵造成一辈子也抹不掉的创伤，因此，我们应当谨慎地使用犯罪人标签。对于轻微或偶尔触犯刑事法律者，一般可以采取非犯罪人化的做法，

---

　　〔1〕　姜涛："刑事政策价值的回归：从过度功利到人性关怀"，载《贵州社会科学》2006年第2期。

　　〔2〕　杨正万："刑事被害人问题研究"，中国人民公安大学出版社2002年版，第58页。

这也是一种"以人性关怀"为导向的刑事政策观的表现。

梁根林教授曾对我国刑事政策观应该具备的合理内涵做出了说明，他认为，合理地组织对犯罪的反应，应当在刑事政策观念上彻底破除片面强调刑法为政治统治服务的刑法工具意识，树立"以人为本"的人本主义观念和刑法本身就是社会主义象征的目的主义观念，树立国家刑罚权制约观念，确立犯罪人既是刑法规制的对象、又是刑法保护的应当给予理性尊重的法秩序主体的意识，从而赋予充满刚性的刑事法治以丰富的道德底蕴和强烈的人文关怀，使刑事法治超越其单纯的强暴性和威慑性，强化公正对刑法规范的亲近感和认同感，使公正对规范和禁令的信守奠基于对规范的内心忠诚而不是对制裁的心理恐惧之上，从而保证"以人为本"的刑事政策思想和现代法治理念在刑事法领域得到全面体认。[1]笔者以为，上述说明基本反映了我国应然刑事政策观的进路，即从过度功利到人性关怀，或从工具主义的刑事政策观到目的主义（人权保护为目的）刑事政策观。但在恢复性正义理念的观照下，上述说明却显得比较片面。在一个利益多元化的社会里，刑事政策应当是相互冲突的利益调和、妥协、权衡的结果，而不应当是单一的、极端的选择，即我们在刑事政策的人权保护方面不能将目光仅仅停留在被告人身上，而应将人性关怀的目光同时惠顾到被告人与被害人，具体而言，就是要在刑事立法与刑事司法中同时体现对被告人与被害人平等的人权保护。近些年来，我国刑事立法和司法虽在被告人人权保障方面取得了较大的进步，如在立法上，1997 年刑法中明确规定了罪刑法定、罪刑相适应和刑罚人道三大原则以及在 1996 年的刑事诉讼法中规定了被告人诸多的辩护

---

〔1〕 梁根林：《刑事法网：扩张与限缩》，法律出版社 2005 年版，代自序第 4 页。

制度，这些立法规定无疑反映了我国刑事政策价值导向的进步；又如在刑事司法实践中，也加强了对犯罪嫌疑人与被告人的人权保护。但以恢复性正义的视角观之，由于这种人权保障只涉及到被告人的人权，而忽视了被害人的人权，因此该刑事政策的人权保障趋向是片面和不完整的。

要实现我国刑事政策观的转变，价值取向的转变是一个极为重要的调整角度，即从防卫社会的价值取向到人性关怀的价值取向。从价值的角度对我国刑事政策观的转化进行探讨既是刑事政策本身的逻辑取向，同时也是人权在全球勃兴的时代要求。由于功利刑事政策观过度强调打击犯罪，导致了刑事立法和司法对人性关怀的弱化以及对人性基本需求的漠视。刑事政策应该促进人性的发展，即帮助每个人聪明地、愉快地、像样地活着，而不去触犯刑法。人性化刑事政策高举人性关怀与复归的大旗，以人为目的，立足于人的全面和谐发展，这本就是其勿需演绎的真谛。[1]

对于我国刑事政策观这种价值取向的转变，恢复性司法基本理念提供了一种极好的思路。目前，我国尚缺乏恢复性司法基本理念全面践行的文化、制度和社会结构空间，但鉴如我国目前的"宽严相济"刑事政策所体现的宽容精神与恢复性司法基本理念有相吻合之处[2]，体现了我国刑事政策的进步。在构

---

〔1〕 姜涛："刑事政策价值的回归：从过度功利到人性关怀"，载《贵州社会科学》2006年第2期。

〔2〕"宽严相济"的刑事政策，提倡对于有的轻微犯罪，可以不通过刑罚处理；对于有的严重犯罪，可以从轻处理。而并非是有罪必有刑，有轻罪必有轻刑，有重罪必有重刑。实务中，那些本应该判处死刑的犯罪人，在积极向被害人家属履行赔偿、取得家属一定程度的谅解后，法官也有改判死刑缓期执行或是无期徒刑。交通肇事罪中，肇事人积极赔偿的，也很可能被判处缓刑。参见谭淦："刑法、刑事政策与社区矫正"，载《北京政法职业学院学报》2007年第1期。

建和谐社会的大背景下，我们不妨以"宽严相济"刑事政策中"宽"的一面为突破口，不断在其中融入恢复性司法基本理念，逐渐实现我国刑事政策观的转变。具体而言，从恢复平衡理念的视角出发，在"宽"的一面强调"以人性关怀"为导向。这种导向指导下的"恢复观"主要是以人权保障的终极目的为指向的，人权保障不仅仅是指被告人的人权保障，而且包括被害人的人权保护。详言之，就是赋予被害人一定的诉讼主体地位以及在司法层面完善相关"非犯罪化"的机制，前者针对被害人，后者则针对犯罪人。

从上述分析可知，以"人性关怀"为导向的刑事政策观的内涵应当是"利益均衡，体现宽容"。这种刑事政策观体现在具体的政策层面，那就要求我们实行一种"宽严相济，整体趋轻"的刑事政策，具体言之，为了确保刑罚适用工具的正当性与刑法效益的最大化，以刑法的适用为核心内容的刑事政策必须强调刑法的效益性和谦抑性。正如林山田先生所说的"刑罚之界限应该是内缩的，而不是外张的，能够不用刑罚，少用刑罚，用轻刑罚亦能达到维护社会共同生活秩序及保护社会和个人法益之目的时，则务必放弃刑法的手段。"[1]这种以人性关怀为导向的刑事政策观对有效改变人们头脑中根深蒂固的刑法万能主义和"治乱世用重典"的重刑思想，从而使我们对刑罚的认识趋向理性化和现实化是具有重大的指引作用的。

（二）非犯罪化——可能走向之一

非犯罪化是指根据刑事政策的需要，通过变更或废止法律而使过去被作为犯罪的行为不再成为犯罪。非犯罪化可分为法律上（立法上）的非犯罪化和事实上（司法上）的非犯罪化。

---

〔1〕 林山田：《刑罚学》，我国台湾地区"商务印书馆有限公司"1983年版，第128页。

法律上的非犯罪化是指立法机关通过立法活动将一定的犯罪不再认定为犯罪的过程，事实上的非犯罪化是指虽然刑法上关于一定行为的罪刑规范没有发生变化，但事实上该行为却没有被司法机关作为犯罪处理的情况。法律上的非犯罪化是通过立法活动实现的，因此亦可称为立法上的非犯罪化，从其结果上看，可分为合法性、行政违法性、民事违法性和国家态度中立四种情况。事实上的非犯罪化又可分为追诉上的非犯罪化和审判上的非犯罪化。追诉上的非犯罪化是指刑法关于一定行为的罪刑规范没有发生变化，但追诉机关通过不予立案和不起诉等制度而不将该行为作为犯罪处理的情况；审判上的非犯罪化是指刑法关于一定行为的罪刑规范没有发生变化，但审判机关通过变更罪刑规范的解释和适用，将从来作为犯罪处理的该行为不再作为犯罪处理的情况。在我国的刑事法律制度和实践中，对犯罪的追诉和审判都属于司法活动的范畴，因此，追诉上的非犯罪化和审判上的非犯罪化又可合称为司法上的非犯罪化。

20 世纪中期以来，从世界范围看，各国基本刑事政策已形成若干共同的发展趋势，那就是体现在定罪政策上的非犯罪化、体现在量刑政策上的非刑罚化、体现在行刑政策上的非监禁化。[1]德国当代著名刑法学家耶赛克对此作出了精当的评价，他认为，现代刑事政策在怎样处理犯罪以及应该采用什么方法和手段来战

---

〔1〕 20 世纪 50 年代以来，非犯罪化潮流席卷世界各国：①在德国，停止对轻微犯罪科处刑罚，将其作为违反秩序的行为科以行政处罚。②在英美等国，对同性恋、近亲相奸等罪名，以及卖淫、堕胎、使用毒品、出版淫秽书刊、亵渎神灵等"无被害人的犯罪"进行非犯罪化。③在法国，一方面由于某些非犯罪化是社会所企盼的，立法者就顺应民意，将其从犯罪名单中删去（容忍的政策），如为保护家庭生活的隐私，基于"家庭豁免"，对家庭成员间的盗窃非犯罪化；为尊重妇女的隐私权、平等权，对堕胎行为非犯罪化（1979 年）。参见周光权："论社会整合与刑事政策"，载《法学杂志》2007 年第 1 期。

胜犯罪方面，大致已经形成了以下三个方面的共识：其一，立法者为了避免不必要地将某些行为规定为犯罪，同时也是为了在一般人的思想上维护刑罚的严肃性，必须将刑法所必须归罪的行为范围限制在维护公共秩序所必需的最低范围之内。其二，因为大部分人都是正常发展的，所以，对于轻微甚至中等程度的犯罪行为的人，应当扩大在自由状态中进行考验的办法。其三，应当使警察和司法机关的工作集中于较严重的犯罪，至于轻微的犯罪则委托给行政机关通过简易程序予以处理。[1]

在人类社会已经进入 21 世纪的今天，面对犯罪的持续高压，我们应当思考以往刑事政策的得失，应当重新调整刑事政策的思路，即将刑事政策的重心由行为转向行为人，实行"非犯罪人化"。所谓非犯罪人化，是指将那些只有符合犯罪构成类型的行为，而没有犯罪人格的行为人，排除于犯罪人之外，对其不予定罪、判刑，按照一般违法行为予以处置。[2]

对于那些没有犯罪危险性人格，只有符合犯罪构成类型的行为人，则不能称之为犯罪人，不能给其贴上犯罪人的标签，而是应当对他们实行非犯罪人化，当作一般违法行为人，用非刑罚方法予以惩戒。[3]

笔者以为，非犯罪化实质上与刑法的谦抑性有着紧密的关联。我国台湾地区学者张甘妹认为，刑罚谦抑主义，实际上就是 20 世纪中叶在各国所流行的所谓"非犯罪化"和"非刑罚化"。张智辉先生认为，刑罚谦抑主要包括三个方面的内容：其一，政策上的宽容性；其二，立法上的谨慎性；其三，司法上

---

〔1〕 ［德］汉斯·海因里希·耶赛克："世界性刑法改革运动概要"，转引自梁根林："非刑罚化：当代刑法改革的主题"，载《现代法学》2000 年第 6 期。

〔2〕 张文："'非犯罪人化'刑事政策初探"，载《法学杂志》2007 年第 4 期。

〔3〕 张文："'非犯罪人化'刑事政策初探"，载《法学杂志》2007 年第 4 期。

的非犯罪化和非刑罚化。[1]

我国在刑事立法层面上的非犯罪化空间不大，相当长时间内刑法立法的重心不应是非犯罪化而应是犯罪化，因为我国《刑法》当前的实际保护范围与《刑法》调控社会的应然需要相比，可能还存在着相当的距离。所以，在当前刑事法制的背景下，贯彻宽严相济刑事政策主要应该关注的是司法层面的非犯罪化、轻刑化和非监禁化。[2]以恢复性司法基本理念观之，在不突破现有法律框架的前提下，要实现司法层面的非犯罪化、轻刑化和非监禁化，应当从实体与程序两方面入手。首先从实体法角度来看，对轻微犯罪尽可能地适用管制刑、单处罚金、缓刑等，以避免拘役、短期有期徒刑（1 年以下有期徒刑）等短期自由刑的广泛适用不仅带来弊端，而且应当设立社区刑并完善社区矫正制度，对于不得不判处监禁刑的犯罪人尽可能用社区刑和将其放在社区进行矫正。从程序法的角度看，完善刑事司法的犹豫制度是一个不错的选择，例如暂缓起诉正是体现对轻微犯罪宽大处理的有效途径。

（三）司法社区化——可能走向之二

社区司法排斥国家公权力的介入或至少是过度介入，这一特质是与政治国家和市民社会相分离的二元社会结构密切相关的[3]，这也是恢复性司法之所以首先在西方出现的原因之一。

---

〔1〕　张智辉：《刑法理性论》，北京大学出版社 2006 年版，第 93～94 页。

〔2〕　黄京平："宽严相济刑事政策的时代含义及实现方式"，载《法学杂志》2006 年第 4 期。

〔3〕　自从黑格尔对市民社会和政治国家进行实质性的区分以来，政治国家与市民社会两分的现代社会结构得到了基本的学理说明。现代社会被认为是由政治国家与相对分离独立的市民社会组成的有机的社会整体。政治国家强调国家公权力的政治统治，而市民社会则是独立于政治力量的"私人自治领域"，强调社会的自我管理，即社会自治。参见梁根林："刑事政策解读"，载陈兴良主编：《中国刑事政策检讨》，中国检察出版社 2004 年版，第 61 页。

在中国几千年的历史上，由于绵延数千年强大的政治国家思潮和自然经济的发达，难以孕育出自由、独立和自治的思想果实，这也是以个人为本位、以团体为网络的"市民社会"未能在中国本土成长发育的重要原因。这些不利因素至今仍对我国的市民社会的建构产生一定的影响，主要表现为我国市民社会仍然不发达。[1]目前，中国市民社会的不发达从非政府组织的建设现状就可略见一斑。至 2004 年底，我国已经有了 28.3 万个"非政府组织"，但是对于这些组织，首先，缺乏独立性与自治性，这从其经费构成上可以清楚地看出来。清华大学非政府组织（NGO）研究所的一项调查显示，中国非政府组织最主要的收入来源是政府提供的财政拨款和补贴，约占 50%，既然经济上具有依赖性，其就不可能具有良好的独立性与自治性。其次，缺少人力资源。调查表明，中国非政府组织的专职人员较少，志愿者就更为缺乏。以北京的非政府组织为例，1999 年北京非政府组织中 8.7% 没有专职人员，34.6% 的非政府组织专职人员

---

〔1〕 我国虽然实现了经济形态的转变，即由计划经济转向了市场经济，但由于中国的文化传统与现实政治体制等制约因素，必将给中国的市民社会发展造成重重障碍。主要原因在于：其一，经济基础薄弱。产权的私有和经济的市场化是市民社会的生成基础，而中国市场经济尚处于初级阶段，目前的产权制度仍然强调公有制的优越地位，并且这种状态在短期内难以改变。其二，主体缺位。与西方自发形成的市民社会不同，在当前，中国无论建构或者培育市民社会均需政府发挥主导作用，至少必须得到政府的认可和支持。理论界对此问题已袁袁烈烈讨论了十几年，但是目前政府仍然对社会的独立和自治持消极态度。而且，中国民众（潜在的市民社会主体要素），自我管理和监督政府的能力和意识比较薄弱，难以有所作为。总之，作为后发现代化国家，中国市民社会不可能自发形成，如果主体缺位，市民社会就只是美丽的"空中楼阁"。其三，观念滞后。市民社会根基于西方悠久的自由主义的文化传统，如个人主义、多元主义、公开性、参与性以及法治精神等，而中国缺乏这种自由主义的文化传统。详情参见王月萍："市民社会、公法与法治"，载张文显主编：《法学理论前沿论坛》（第 2 卷），科学出版社 2003 年版，第 345～346 页。

规模在1~4人之间，55.8%的非政府组织没有志愿人员。其次，由于一些特殊原因，中国很多非政府组织成为吸收离退休人员、机关事业单位的下岗分流人员的"养老院"，其人员素质较低，缺乏创新精神。最后，缺少缺乏相关的知识与经验。中国现有的非政府组织很多是从原政府机关或事业单位分离出来的，甚至被人称为"第二政府"或"准政府"。他们有的还保留着原有的官僚习气，既不了解非政府组织的管理技能，也缺乏非政府组织的创新性、灵活性，缺乏解决社会问题、满足社会需求的经验与手段。[1]

市民社会与政治国家分离的经济原因在于市场经济。市场经济的内在要求是私人的物质生产、交换、消费活动摆脱政府家长式的干预，实行自由放任政策，实现经济自由。这样，财产关系乃至整个经济生活便日益摆脱了政治国家的直接控制，政治关系与经济关系的界限变得明确起来，由此推动生产力的发展。[2]随着我国社会主义市场经济制度的建立，市民社会在我国得以产生和发展壮大成为可能[3]，这就为社区司法在我国的践行提供了可能的社会结构空间。

社区司法在我国目前比较原始的表现形态为社区矫正。社区矫正与恢复性司法基本理念的提出几乎同时出现，本质上都是吸引公众参与司法的一种形式。社区矫正对于体现宽缓的刑

---

〔1〕 参见周振杰："论恢复性司法在现阶段的不可行性"，载陈泽宪主编：《刑事法前沿》（第3卷），中国人民公安大学出版社2006年版，第239~240页。

〔2〕 徐国栋："市民社会与市民法"，载《法学研究》1994年第4期。

〔3〕 市民社会的发展壮大除了市场经济，还需要其他方面的因素。正如邓正来先生所言："虽然市民社会的基础是市场经济而且中国当下的改革也正在确立市场经济，但市场经济并不是市民社会的充分条件，而只是其必要条件。换言之，如果没有适当的道路，即使在市场经济中也不可能建构起市民社会。"参见邓正来："国家与社会：中国市民社会研究的研究"，载《中国社会科学季刊》第15期。

事政策，弥补现有短期自由刑的缺陷有其积极作用。我国试点经验已经表明：社区矫正是实现轻罪的非监禁化的必由之路，成效也是十分显著的。目前，我国正在稳步推进社区矫正制度，如最高人民法院、最高人民检察院、公安部、司法部为依法规范实施社区矫正，联合制定了《社区矫正实施办法》，并于2012年3月1日正式实施。《社区矫正实施办法》对社区矫正的适用对象、适用前的调查评估、矫正对象的交付与接收、矫正工作人员的配置以及矫正对象的监管、处罚措施等都有详细规定，对进一步推进《社区矫正法》的出台、提高矫正质量以及预防再次犯罪具有重大意义。[1]

当然，社区司法不能仅仅停留在社区矫正这样原始的层面。然而，社区司法的践行是一项十分复杂的系统工程，除了要有与其相匹配的法律文化与相关法律制度空间，市民社会与政治国家相分离的二元社会结构客观的存在也是必不可少的。然而，社区司法的践行离不开市民社会与政治国家相分离的二元社会结构。鉴于社区司法在维护被害人利益、预防犯罪和实现正义方面较之传统的刑事司法有着诸多的优势，很有必要在一定的领域在我国推行社区司法。因此，以司法社区化理念为指针，着力在我国培育与壮大市民社会，从而使司法社区化理念在我国的践行获得一个较大的社会结构空间，应当是我们理性可行的选择。具体言之，在充分利用已有的市民社会资源的前提下，如扩大社区矫正的范围等，大力在全社会培育国民的"市民社会"理念。只有这样，才能使国民的自我主体意识逐步扩大，市民社会的力量也因此才能日益强大。

---

〔1〕 从我国现有的社区矫正对象来看，适用范围还比较有限；另外，社区矫正需要成熟的社区，需要市民社会的壮大，需要一系列与此相关的配套设施与制度措施，因此，社区矫正的实践价值与效应可能还需要一个较长时期才能显现出来。

第二节 恢复性司法基本理念对我国刑事立法观的影响

一、我国刑事立法观的简要说明

(一) 刑事立法观的内涵及其定位

所谓刑事立法观,简言之,就是指导立法者进行具体立法活动的观念总称。刑事立法包括刑法立法和刑事诉讼法立法两个方面。我国《刑法》第2条规定:"中华人民共和国刑法的任务,是用刑罚同一切犯罪行为作斗争,以保护国家安全,保卫人民民主专政的政权和社会主义制度,保护国有财产和劳动群众集体所有的财产,保护公民私人所有的财产,保护公民的人身权利、民主权利和其他权利,维护社会秩序、经济秩序,保障社会主义建设事业的顺利进行。"我国《刑事诉讼法》第2条规定:"中华人民共和国刑事诉讼法的任务,是保证准确、及时地查明犯罪事实,正确应用法律,惩罚犯罪分子,保障无罪的人不受刑事追究,教育公民自觉遵守法律,积极同犯罪行为作斗争,以维护社会主义法制,保护公民的人身权利、财产权利、民主权利和其他权利,保障社会主义建设事业的顺利进行。"无论从实体上还是从程序上,我们一般将上述立法规定概括为"惩罚犯罪,保护人民"八个字。究其内涵,"惩罚犯罪,保护人民"仅相当于刑事法的保护功能,而限制刑罚权、保障人权的功能却无从体现。根据上述立法规定,笔者认为,我国现阶段的刑事立法观是一种以"打击犯罪和保护国家利益"为主的绝对主义刑事立法观。[1]

(二) 我国刑事立法存在的问题

1. 重刑思想在立法中体现较为明显。从 1979 年我国制定第一部刑法到 1997 年全面修改刑法，在这短短十几年的时间，我国制定的刑事单行法就有 22 个。从 1997 年到 2006 年不到 10 年的时间里，又制定了 1 个有关刑法的决定，6 个刑法修正案，9 个关于刑法问题的法律解释 (立法解释)。刑法立法已成为我国立法活动中最积极、最活跃的一个方面。这种积极的立法不仅表现为立法活动的频繁，还表现在立法内容的取向，在对刑法的历次修改中，基本上是增加罪名或加重对某些犯罪的刑罚。[2]

我国传统政治法律思维是绝对主义的国家观与法律观。这种绝对主义的国家观在不同的历史时期分别表现为封建专制时代的皇权绝对主义与当代社会的国家至上主义、国家权力绝对主义。在这种绝对主义国家观与绝对主义法律观的影响下，中国法律文化传统上习惯于将刑法存在的必要性及其作用绝对化，赋予刑法及刑罚绝对的必要性和正当性，动辄企图动用刑法手段干预社会关系，并且奢望通过严刑峻罚追求"禁一奸之罪而止境内之邪"的理想境界。这种绝对主义的刑法认识论必然导致刑法泛化和重刑主义。直到今天，我们的决策者和立法者仍然没有完全摆脱这种绝对主义刑法认识论的羁绊，而不时流露出对刑法及其想像功能的顶礼膜拜，不断地制定应急性的刑罚法规，企图借助刑法的威力挽狂澜于既倒。甚至我国刑法学教

---

[1] 所谓绝对主义刑法观，就是指刑法的目的与任务仅仅限于通过打击犯罪来保护国家利益，一切以国家利益为核心，而忽视其他利益的一种刑法观。

[2] 郎胜："在构建和谐社会的语境下谈我国刑事立法的积极与谨慎"，载《法学家》2007 年第 5 期。

科书论及刑法的特征时，往往亦忘不了强调一下刑法调整范围
的广泛性，即刑法规制的犯罪行为不仅限于社会关系的某一领
域，而是涉及社会关系的许多方面，其他部门法所调整的大多
数社会关系都可能成为刑法调整的对象，以致刑事法学者往往
颇有些"大刑法"的自豪。[1]

在刑法立法的指导思想上，几十年来，我们国家的政治运
动不断，刑法的任务长期归结为打击敌人、保护人民。而对敌
要狠，其目的是保护人民。因此，只要对敌狠，打击有力，就
保护了人民。而没有看到，打击犯罪与保护人民是两个不同层
面的问题。打击犯罪本身，在保护人民的过程中，也可能给人
民的权利造成不应有的损害。

1979 年，我国在制定《刑法》的时候，在立法思想上，对
重刑主义是持否定态度的。这与当时人们要求政治上的民主和
国家决心在安定的社会环境下加快经济建设步伐的社会背景是
相协调的。

但是，20 世纪 80 年代以来，我国在实行对外开放政策的同
时，对内进行了经济体制改革。经济体制改革引起了我国社会
的深刻变化。在这种变革中，与计划经济相适应的思想观念、
分配方式和管理模式，与商品经济和市场经济下必然出现的思
想观念、分配方式和管理模式，与商品经济和市场经济下必然
出现的思想观念、分配方式和管理模式之间的矛盾和冲突，引
起了各种社会问题和社会矛盾的出现，引起了人们社会行为的
失控，使现实社会中的犯罪急剧增长，社会治安成为影响整个
社会正常秩序的严重障碍。随着社会治安状况的严峻和各种经
济犯罪的凸现，重刑主义在立法思想上有所抬头。这主要表现

---

[1]　梁根林：《刑事法网：立场与范畴》，法律出版社 2005 年版，第 214～215
页。

在三个方面：其一，扩大了死刑立法；其二，增设了轻罪重罚的规定；其三，出现了多余立法。[1]

2. 犯罪人权益保护不周全。我国现行刑法虽然规定了罪刑法定、罪刑相适应和刑罚人道三大原则，这三大原则虽然在保护犯罪人合法权益方面起到了纲领性的作用，但囿于工具主义刑事立法观的影响，刑法对犯罪人权益的保护仍显不够周全，主要表现为两个方面：一是罪刑法定原则没有贯彻到底；二是一些具体的刑法条文规定存在问题。从罪刑法定原则在具体条文中的贯彻情况来看，我国刑法在具体条文的设计上并没有完全贯彻罪刑法定的要求。其集中表现为以下四点[2]：①"兜底性"规定。《刑法》在其452个条文中有171个条文使用了242个"其他"。其中239个"其他"都是作为"兜底性"条款来规定的。②程度性规定。我国《刑法》中大量使用了"情节严重"、"情节特别严重"、"情节恶劣"、"情节特别恶劣"，"数额较大"、"数额巨大"、"数额特别巨大"等模糊不清的程度性规定。刑法条文中有137次使用了"情节严重"，46次使用了"情节特别严重"，10次使用了"情节恶劣"，5次使用了"情节特别恶劣"，40次使用了"数额较大"，46次使用了"数额巨大"，22次使用了"数额特别巨大"。其中有些涉及犯罪的成立与否，有些涉及对犯罪应当判处的刑罚档次。③犯罪构成要件不清楚。刑法分则对一些犯罪规定的构成要件不清楚，使人无法确切地知道构成有关条文所规定的犯罪，究竟需要哪些要素。④法定刑的幅度过宽。《中华人民共和国刑法》第100条规定："依法受过刑事处罚的人，在入伍、就业的时候，应当如实向有

---

〔1〕　张智辉：《刑法理性论》，北京大学出版社2006年版，第223～231页。

〔2〕　请详见张智辉：《刑法理性论》，北京大学出版社2006年版，第208～212页。

关单位报告自己曾经受过刑事处罚，不得隐瞒。"这就是学界所说的"前科报告制度"，或是一种"告知义务"。这显然是说明受过刑罚处罚的人，一生中都要受这种否定评价的折磨。这种"烙印化"对受刑人今后的再社会化过程相当不利，而这种不利影响，轻则影响到受刑人今后正常的生活，重则可能把他们推向重新犯罪的老路上去。

3. 被害人权益保护的实质性规定阙如。被害人权益保护的立法规定一般体现在刑事诉讼法中。以恢复性司法基本理念为观照，刑事诉讼法最大的立法缺陷就是被害人权益保护的有关实质性规定阙如。1996年新修订的《刑事诉讼法》，虽然将被害人定位为当事人，但却没有赋予其相关的实质性权利。犯罪被害人在我国刑事法律中地位的变化主要体现在1979年和1996年这两部《刑事诉讼法》中。在1979年的《刑事诉讼法》中，被害人只属于一般诉讼参与人，法律没有赋予其当事人的地位，被害人享有的诉讼权利并不完整。1996年修订后的《刑事诉讼法》在一定程度上加强了对被害人权利的保障，明确将被害人界定为"当事人"，同时也赋予了被害人更多的诉讼权利。但我们必须认识到，即使是在修订后的刑事诉讼法和刑法中，被害人也不是"完全且完整"的当事人，并不享有完全的当事人权利。[1]这种立法阙如无论是在类型各异的诉讼当中，如公诉、自诉和刑事附带民事诉讼，还是在公诉的各个阶段，如立案阶段、审查起诉阶段、审判阶段和执行阶段均有所体现。

笔者以为，我国立法存在的上述问题主要与绝对主义立法观有紧密的关联。在绝对主义立法观下，刑事立法的任务主要围绕打击犯罪，从而有效地保护国家利益而展开，个人人权保

---

〔1〕　吴宗宪等：《非监禁刑研究》，中国人民公安大学出版社2003年版，第301页。

护或保障被忽视自然是题中之义。虽然在刑事法人权保护的世界潮流强势影响下，我国针对犯罪嫌疑人和被告人的刑事立法表面看来十分完善，如在刑法中罪刑法定、罪刑相适应和刑罚人道等三大原则的确立以及刑事诉讼法中坚持"疑罪从无"、"禁止刑讯逼供"等原则就是这种表象的证明。毋庸否认的是，在绝对主义立法观的影响下，上述原则并未在刑事法律中得以贯彻始终。更为重要的是，以恢复性正义理念的视角观之，这种仅仅针对被告人和犯罪嫌疑人的人权保护的立法由于严重忽视了受犯罪侵害的被害人的人权保护，因而是一种不公正和不周全的立法。

二、我国刑事立法观可能的变化

（一）建构"以人为本"的刑事立法观——总体目标

国家为什么制定刑法，对刑法寄予什么期望，通过刑法的制定与适用期待刑法达到什么目的，既是一个关系刑法存在的根基的刑法价值哲学问题，也是一个直接制约国家刑事立法方向和刑法运作机制的刑事政策选择问题。[1]从上文分析得知，我国的刑法立法观长期以来表现为一种绝对主义观，主要表现为对国家权益的保护。虽然近些年来，这种立法观在全球人权保护日益重要的现实背景下对人权保障有所重视，但不可否认的是，我国目前的刑事立法观尚未实现国家法益保护与人权保障的平衡，人权保护也仅仅限于被告人的人权保护。笔者以为，在恢复性司法基本理念的视角下，我们应该追求一种"以人为本"的刑事立法观。

"以人为本"的刑事立法观实质上就是指以法益保护与人权

---

[1] 梁根林：《刑事法网：立场与范畴》，法律出版社 2005 年版，第 233 ~ 234 页。

保障的平衡为价值取向的立法观，其基本内涵有三个方面：其一，应当重视法益的保护。"刑法是基于国家维护其所建立的社会秩序的意志而制定的国家的意志，专门选择了那些有必要用刑罚制裁加以保护的法益。侵害或者威胁这种法益的行为就是犯罪，是科处刑罚的根据，刑法具有保护国家所关切的重大法益的机能。"〔1〕刑罚法规的这种机能被称之为法益保护机能。所谓法益，用李斯特的话说，就是法律所保护的生活利益。〔2〕法益可以分为个人法益与作为超个人法益的国家法益、社会法益。个人法益是刑法规范保护的个人利益，包括生命、身体、自由、名誉与财产等五个方面。国家法益是刑法规范所保护的国家利益，社会法益是社会共同体的全体成员共同拥有的超越个人利益的法益。现代刑法主流学说认为，犯罪的本质在于法益侵害，即对于个人法益、国家法益和社会法益的侵害或者侵害危险，作为对犯罪的正式国家反应方式的刑法，其价值与机能首先在于法益保护。其实，对法益的保护也是恢复性司法所追求的。其二，应当重视人权的保障。现代刑法不仅仅是法益保护法，随着民主主义或曰民权政治的确立，刑法被赋予了限制国家刑罚权和保护国民人权的大宪章功能，使人权保障机能一跃而成为与法益保护机能并驾齐驱的刑法基本机能。日本著名刑法学者西原春夫认为："刑法还有保障机能，即行使保护犯罪行为者的权利及法益，避免因国家权力的滥用而使其受害的机能。对司法有关者来说，刑法作为一种制裁的规范是妥当的，这就意味着当一定的条件具备时，才可命令实施科刑；同时当其条件

---

〔1〕　转引自〔日〕木村龟二主编：《刑法学词典》，上海翻译出版公司1993年版，第9~10页。

〔2〕　〔德〕弗兰茨·冯·李斯特：《德国刑法教科书》，徐久生译，法律出版社2000年版，第4页。

不具备时，就禁止科刑。虽然刑法是为处罚人而设立的规范，但国家没有刑法而要科以刑罚，照样可行。从这一点看，可以说刑法是无用的，是一种为不处罚人而设立的规范。"[1] 人权保障机能应该是恢复性司法最为注重的机能，但其人权保障与我们传统刑法和刑事诉讼法所注重的人权保障有较大的不同。传统刑法和刑事诉讼法所指的"人权保障"仅仅指被告人的人权，而对被害人的人权保障由于将其混同为一种抽象法益的保护而付之阙如；而恢复性司法所指"人权保障"却照顾到了被告人、被害人以及社会（社区）三个方面，是一种均衡的人权保护观。因此，在恢复性司法基本理念的视角下，我国今后的刑事立法应将一种均衡的人权保障观纳入优先考虑的视野与范畴。其三，法益保护与人权保障应该维持在一种动态平衡的状态。笔者以为，在恢复性司法基本理念的视角下，法益保护与人权保障实际上并不矛盾。法益保护既有国家法益的保护，也有个人法益与社会法益的保护。在传统刑事司法观下，一方面，由于将国家、社会与个人利益视为一体，这样就导致社会利益与个人利益、尤其是个人利益被湮灭在强大的国家利益中，如有学者认为，在刑事诉讼过程中，刑法保障人权的重点在于保护犯罪嫌疑人、刑事被告人的权利和利益，这不是说国家的利益、公众的利益特别是被害人的利益不需要保护，而是说国家、公众和被害人的利益已经由国家司法机关通过行使刑罚权所代表，国家通过启动刑事诉讼程序、对犯罪嫌疑人、被告人提出刑事指控、依法对被裁定有罪的人适用刑罚，一般情况下就能够满足对国家、公众特别是被害人权益的保护这一法益保护机能的要

---

[1] [日] 西原春夫：《刑法的根基与哲学》，顾肖荣译，上海三联书店 1991 年版，第 33 页。

求。[1]这一说法在我国刑事法学界有着较大的市场。笔者以为，这种说法具有片面性，这是没有全面深刻地弄清被害人的权益范围与性质所致的；另一方面，虽然提倡人权保障与法益保护并重，但由于人权保障仅仅局限于被告人，当然也有个别学者认为人权保障及于善良公民，如日本刑法学家庄子邦雄说："刑法的人权保障机能由于保障的个人不同而使实际机能有异，即具有作为善良公民的大宪章和犯罪人的大宪章两种机能。只要公民没有实施刑法所规定的犯罪行为，就不能对该公民处以刑罚。在此意义上，刑法是善良公民的大宪章。刑法作为犯罪人的大宪章，是指在行为人实施犯罪的情况下，保障罪犯免受刑法规定以外的不正当刑罚。"[2]即便如此，庄子邦雄眼里的善良公民也不包括被害人。因此被害人无论在人权保障还是在法益保护方面都没有存在的空间，在此现状下，传统刑事司法下法益保护与人权保障处于紧张的对立状态实属正常。而恢复性司法由于将被害人纳入到人权保障的体系，自然克服了上述法益保护与人权保障紧张的对立状态，只是在不同时期两者的地位有所消长，因此，"以人为本"的刑事立法观应当是一种法益保护与人权保障维持在一种动态平衡状态的立法观。

（二）构建更为公平的法律价值模式[3]——具体路径

以国家和犯罪人为价值主体构建起来的刑法学价值主体格局存在着不足，不能有效实现刑法的价值。当前犯罪的本来面

---

[1] 梁根林：《刑事法网：立场与范畴》，法律出版社 2005 年版，第 243 页。

[2] 转引自［日］木村龟二主编：《刑法学词典》，上海翻译出版公司 1993 年版，第 10 页。

[3] 参见谭志宏："刑法理念和人性的冲突与和谐"，载《中国优秀硕士学位论文全文数据库》，第 26 ~ 28 页。http：//lsg.cnki.net/grid20/Brief.aspx？ID = 9&classtype = &systemno = &NaviData baseName = &NaviField = 。最后访问日期：2010 年 12 月 15 日。

目并非犯罪人与国家之间的冲突与对抗,而是犯罪人对刑事被害人法益的侵犯,国家之所以成为刑法学价值主体格局的主角,并非理所应当。从历史上来看,国家成为刑法中犯罪的规制者,进而成为领导刑法学的主要角色,其合理性仅仅是国家代表了理性、文明、功利、有效、中立,能够避免同态复仇的野蛮反应方式。而随着国家加入到对犯罪人的责任追究中来,刑事被害人在对犯罪人的责任追究中的权利则逐渐趋于淡化,久而久之,形成了国家主导型的现代刑罚制度。在这一过程中,随着国家的日渐强大,弱小的被害人在国家这一强大主体面前无力再以独立身份出现,国家从刑事被害人手中接过追究犯罪人的权利摇身变为公共利益的维护者,而不是被害人利益的维护者,刑事被害人被忽视了。

　　刑事被害人作为独立的价值主体进入刑法学,这就使现行以国家和犯罪人为主体的两级刑法学价值主体格局,转变为以刑事被害人、犯罪人、国家为价值主体的三足鼎立新格局。①在这三足鼎立的刑法学新格局中,刑事被害人、犯罪人、国家三个价值主体在价值意义上的逻辑关系表现为:其一,犯罪人对刑事被害人的侵犯以及由此而产生的刑事被害人对犯罪人的追究;其二,国家给基于刑罚权的合理性和定分止争的目的性而产生的对犯罪人的责任追究;其三,国家在对犯罪人的追究过程中产生的对刑事被害人权利的侵害或障碍,以及由此而产生的刑事被害人要求国家防止出现这种侵犯或者障碍的权利。②刑事被害人这一独立的价值主体的加入更符合公正、谦抑和人道的刑法学价值精髓。刑法改革中弱化国家的惩罚性,让国家处于一个中立的位置,即刑法的价值不在于惩罚,而在于定分止争。和任何事物都具有两面性一样,刑法也是把双刃剑。就其功能而言,刑法在发挥维护社会稳定,打击犯罪、保护人

民的作用的同时，不可避免也会产生并积累一些消极因素，有
些受到刑事处罚的人及其家庭成员或亲友可能会因此而产生同
社会的对立，甚至导致对社会的敌对和仇视。改革开放以来，
中国经济以 GDP 年均 9.6% 以上的速度在增长，与此同期的犯
罪率也在以年均 7.5% 的速度增长。[1] 目前，我们每年的判刑几
十万人（2006 年为 88 万人），因他们被判刑而受到影响的家庭
和人员是一个人数众多的群体。伴随着我们长期执政，年复一
年，日积月累，这个群体的人数随着时间的推移而不断增加，
消极因素在不断蓄积，不仅可能形成对社会的长期稳定、经济
社会的可持续发展，以及构建和谐社会的潜在威胁，而且会影
响到我们执政基础的巩固。因此，最大限度地控制刑法产生的
消极因素的增长，积极地减少和化解由此产生的社会矛盾，是
在立法决策时，必须做出的政治考量。[2] 另一方面，高犯罪率
相应地造成了大量被害人的产生，而这些被害人受损害的权益
在现行刑事司法体制下得不到应有的救济与补偿。据统计，自
2001 年以来，我国每年刑事犯罪立案均在 400 万起以上，破案
率约为 40 ~ 50% 左右，这样我国每年有大约 200 万左右的被害
人根本不可能从罪犯那里获得赔偿；即使那些已经侦破并进入
诉讼程序的案件，由于犯罪人没有能力赔偿或者无财产可供执
行的情况也占相当大的比例。这样算下来，我国每年得不到赔
偿的犯罪被害人的数目相当庞大，我国涉法涉讼上访形式严峻，
其中被害人的因素不可低估。由于被害后的问题得不到妥善解

---

〔1〕 赵国玲："犯罪被害人补偿：国际最新动态与国内制度构建"，载《人民
检察》2006 年第 9 期。

〔2〕 郎胜："在构建和谐社会的语境下谈我国刑法立法的积极与谨慎"，载
《法学家》2007 年第 5 期。

决，部分被害人还可能转化为犯罪人。[1]

笔者以为，以恢复性正义理念作为观照，刑事立法（主要是刑事程序立法）的政治考量主要表现为价值选择的兼顾性。价值选择的兼顾性主要表现为刑法在保护某种利益或者满足某种需要的时候，应当兼顾其他各方面的利益和需要，在刑法可能涉及到的不同价值之间保持必要的平衡。因为任何一个社会都是由多元化的利益主体构成的，现实社会的客观需要也总是表现为多方面的需要。为了一个方面的利益而不适当地牺牲另一个方面的利益，或者为了满足某一方面的需要而不适当地损害另一方面的需要，都不能说是理性的和正当的。[2]宏观而言，刑事立法应当注重保护国家利益、社会利益与保障个人权利之间以及个人权利相互之间的平衡；具体言之，刑事立法不仅要关注国家利益、社区利益，也要关注犯罪人和被害人的利益，例如在刑事诉讼活动中，除了在保障犯罪人权利以免受国家公权力侵害的制度设计上下功夫以外，还应当加强对被害人保护的制度设计。立法者不能不考虑被害人的利益而仅仅从打击和预防犯罪的需要来立法，也不能一味地强调对被害者的补偿而给犯罪者及其家属造成过分的负担。笔者以为，刑事诉讼法中明确规定在有被害人的轻微刑事案件当中适用刑事和解程序是寻求这种平衡的理性选择。"刑事和解以被害人的利益保护为中心"，"极大地提高了被害人的诉讼地位，从而在传统的公共利益——被告人利益模式中增加了被害人利益的考虑，使现代刑事诉讼开始追求公共利益、被告人利益与被害人利益的三方平

---

〔1〕 赵国玲："犯罪被害人补偿：国际最新动态与国内制度构建"，载《人民检察》2006 年第 9 期。

〔2〕 张智辉：《刑法理性论》，北京大学出版社 2006 年版，第 70～71 页。

衡"。[1]

为此，应在立法上赋予被害人以下权利：①被告人与其权利有关的诉讼信息权利。②申请回避的权利。③在国家专门机关未予追诉或终止追诉时能按照自己的意志充分反映其追究犯罪的愿望和要求的权利。在具体程序上可以考虑，如果公安机关不予立案侦查或停止侦查的，被害人最终可以向检察机关提出追诉申请等。④本人或其亲属委托律师代理诉讼的权利。⑤协助追诉机关控诉犯罪，参加法庭调查的权利等。[2]

三、小结

在刑事立法中，我们应当不断地追求刑事立法政策的合理性。但在我国刑事法学界，对于什么是刑事立法政策的合理性却鲜有人研究。在现代汉语中，合理的"合"字指不违背，一事物与另一事物相应或相符。"理"字的含义是道理，事物的规律。合理的含义就是事物的发展要合乎理性、合乎事物发展的规律。笔者以为，刑事立法政策的合理性的基本内涵包括三个方面：一是刑事立法的目的性；二是刑事立法的合理性；三是刑事立法的节制性。从上文分析可知，我国从绝对主义刑事立法观到"以人为本"的刑事立法观的转变实质上是我们不断追求刑事立法政策合理性的必然要求与结果。因为从世界刑事立法发展变化的过程分析，刑事立法无非体现了刑法重国家与社会利益到国家、社会利益与个人利益并重再到突出个人利益这

---

〔1〕　马静华、陈斌："刑事契约一体化：辩诉交易与刑事和解的发展趋势"，载《四川警官高等专科学院学报》2003年第8期。

〔2〕　吴有文："社会主义法治理念下刑事诉讼价值目标的确立"，载陈光中等主编：《诉讼法理论与实践：司法理念与三大诉讼法修改》，北京大学出版社2006年版，第100页。

样一个"人性化回归"的过程。当代兴起的恢复性司法的基本理念其实反映了这样一个过程的最终目标。刑事立法重人权，尤其是重视对犯罪人人权的保护，这一点已在世界范围达成了共识，只是对犯罪的另一极为重要的当事人——被害人人权的保护究竟怎样在刑事立法中得以体现却仍有争议。就我国刑事立法的现状而言，不仅对被害人权益保护的规定严重缺失，而且在对犯罪人权益保护的力度上，虽然较之以前有较大的加强，但仍然存在着诸多的缺陷。例如，刑法第263条关于抢劫罪的8种加重处罚事由的规定，以单一的情节决定在10年以上徒刑，带来量刑过重的问题，如其中冒充军警人员抢劫的应处10年以上有期徒刑、无期徒刑或者死刑，并处罚金或者没收财产，现实中有人冒充派出所民警，以威胁方法劫得200元人民币的案件，因为符合上述规定至少要判处10年以上有期徒刑，显然过重。又如，我国刑法第310条规定的窝藏、包庇罪，将父母、子女、夫妻也包括在主体之内，这既与我们古代的"亲亲相隐"法律传统相悖，也不符合当今世界大多数国家将近亲属排除在此类犯罪主体之外的立法例，从人性出发，建议对窝藏、包庇配偶（包括同居者）或近亲属的犯罪行为而未经事先通谋的，作除罪化处理。[1]至于被害人人权保护究竟怎样在刑事立法中得以体现？笔者以为，关键是要在当代政治国家与市民社会二元社会架构下，厘清被害人与国家利益的不同诉求，而恢复性司法的基本理念恰好给我们指引了一个正确的方向。

---

[1] 刘仁文："宽严相济的刑事政策研究"，载《当代法学》2008年第1期。

第三节　恢复性司法基市理念对我国刑事司法观的影响

所谓刑事司法观，就是指人们对刑事司法整体的看法与观点。一般而言，不管是司法者还是普通民众均可以构成刑事司法观的主体，当然司法者，尤其是法官的刑事司法观对于整个刑事司法的运作起着举足轻重的作用。刑事司法观可以分为两种类型：一是工具型刑事司法观；二是目的型刑事司法观。所谓工具型刑事司法观，就是指刑事司法本身仅仅具有工具性价值，即刑事司法专门是为国家追诉犯罪而服务的，换言之，追究犯罪是刑事司法的唯一目的和任务。所谓目的型刑事司法观就是"以人为本"的刑事司法观，它强调刑事司法本身不仅仅具有工具性价值，而且具有其自身独立的价值追求，即正义、自由、人权等。它要求刑事司法领域的各个环节都要"尊重人的价值、维护人的权利、关注人的生存、重视人的发展"，真正贯彻落实"以人为本"精神。

长期以来，我国停留在工具型刑事司法观阶段上，近些年来，我国在慢慢向目的型刑事司法观转变，但囿于国家本位的刑事观念的影响，在刑事司法实践中，我国目前仍保留着工具型刑事司法观的许多残余，如重视打击犯罪而轻视人权保障等。

我国正进行刑事司法的改革，在民主、法治的主旋律和构建和谐社会的时代背景下，公正性、效率性、自治性应该是改革的理想目标，而恢复性司法基本理念基本涵盖了上述改革的目标。因此，通过对我国目前刑事司法观的探讨，结合我国刑事司法改革的本土语境，在恢复性司法基本理念观照下，提出革新我国刑事司法理念的思路就十分重要。

一、我国刑事司法观的现状

笔者认为，我国现行的刑事司法观主要表现为以下两个方面。

（一）以国家利益为核心的国家追诉观

根据起诉机关对某一具体案件是否拥有起诉裁量权，国家起诉分为起诉法定原则与起诉便宜原则，两者反映了国家追诉的不同理念，即以报应刑罚观为理论根基的起诉法定原则与以功利刑罚观（主要表现为预防犯罪）为理论根基的起诉便宜原则。起诉法定原则与起诉便宜原则虽各自有其独特的优点，但以恢复性正义的视角观之，则两者均有着诸多的缺陷。起诉法定原则的缺陷主要表现在：法定起诉主义不考虑个案具体情况，重形式正义，而无法兼顾实质正义；凡是具备起诉条件的都必须起诉，势必影响整体诉讼效率，造诉讼资源的浪费；不问罪轻罪重一律起诉，会造短期自由刑适用的增多等等。传统的刑事司法是以国家利益为重的国家本位价值观，其在司法实践中便表现为对国家利益、社会秩序的过分强调，而对个人利益的轻视。通过惩罚同犯罪作斗争成为应对犯罪的全部内容，司法机关的任务仅仅为惩罚犯罪、维护稳定。在这种观念下，刑事司法注意的焦点在于破坏了国家利益的犯罪人，被害者的利益往往被漠视。刑事司法过程往往以犯罪人为中心，受害人的作用仅限于参与公诉人一方的控诉而在事实上充当控方的证人。由于没有独立的主体地位，被害人只能随着国家的公诉与犯罪人处于对抗关系。当被告人被提交给国家时，国家只关心永恒的正义的崇高价值，而不考虑犯罪被害人，把索取赔偿看成是他们的一般私人利益，留待另外的司法活动来解决。[1]也正是这种注重国家利益和漠视个人利益的司法观，导致在刑事司法领域中，检察人员在长期的起诉实践中很容易形成一种有罪必诉的思维定式，对于只要是有证据证明实施了犯罪行为的犯罪嫌疑人，往往不考虑是否需要判处刑罚以及对其施用刑罚是否有利于本人的教育改造，一味地强调刑事追究。比如，在实践中，有的检察人员审查起诉时只重视有没有犯罪事实存在，而不重视有没有判处刑罚的必要。对于刑法中规定的构成犯罪的要件，特别是"情节严重"、"情节恶劣"等程度不确定的要件，在认定时往往强调从宽掌握而不是从严掌握，以致对凡是有犯罪行为的，不论情节轻重都提起公诉；对于犯罪情节比较轻微，依照刑法规定可以判处刑罚也可以不判处刑罚的，则主张从严掌握，而不考虑从宽解释的可能性和不判处刑罚的必要性。特别是在"严打"过程中，有的公诉机关对于证据本身有疑点的、不够充分的或者不能排除合理怀疑的案件，也提起公诉。这种做法在一定程度上违背了体现在刑法和刑事诉讼法具体规定之中的节制刑罚的立法精神，容易导致刑事司法的扩大化。[2]

在"刑法是犯罪者大宪章"的倡导下，触犯刑律者的人权保障得到极大重视，尽管司法实践中仍不同程度地存在着不尽如人意的地方，但是至少在法学理论上其是提高到了一个前所未有的历史性高度。然而与实施犯罪行为而触犯刑律者的命运不同的是，作为犯罪行为具体损害承受者的刑事被害人，却在"刑法也是自由民的大宪章"的旗帜下，承受着本不应该承受的

---

〔1〕　[意]恩里科·菲利：《犯罪社会学》，郭建安译，中国人民公安大学出版社2004年版，第330页。

〔2〕　张智辉：《刑法理性论》，北京大学出版社2006年版，第290页。

一些人权保障被遗忘和被冷落的痛苦。[1]

我国的这种以国家利益为核心的刑事追诉观导致了法院系统审结的刑事案件与判处的被告人数量逐年攀升。从整体上来看，地方各级法院 1998～2002 年审结一审刑事案件比前 5 年上升 16%，判处的被告人数量上升 18%。从具体的年度来看，全国地方各级法院 2001 年审结的刑事案件同比上升 23%；2003 年审结的刑事案件与判处的被告人数量同比分别上升 1.21% 和 1.51%；2004 年审结的刑事一审案件与判处的被告人数量同比分别上升 1.5% 和 2.8%；2005 年审结的一审刑事案件与判处的被告人数量同比分别上升 6.17% 和 10%。[2]

（二）以重刑惩罚为主导的刑罚观

重刑主义在我国有着久远的传统。所谓重刑主义是指无论轻罪重罪一律适用重刑，在重刑中再根据犯罪的轻重分出等级的主张。在现代，重刑主义倾向的思想根源主要有两个方面：一是在刑罚价值取向上把刑罚的威慑功能唯一化，过分依赖刑法的作用，过分迷信刑罚的威慑力量；二是在刑法目的上把打击犯罪与保护人民的关系简单化，认为打击犯罪本身就是保护人民。我国现行刑法规定的刑罚体系、各种刑罚制度，虽然适合我国的基本国情，然而，它毕竟带有很强的历史痕迹，其中表现出来的重刑倾向、惩罚色彩等都是比较明显的。[3]诚如上文所指出的，我国目前重刑思想虽然在刑事立法中有所体现，如适用死刑的罪名仍然过多，现行刑法有 68 个死刑罪名，长期

---

〔1〕 吴大华、王飞："构建和谐社会之刑事处罚权正当化新思考"，载《中国人民公安大学学报》（社会科学版）2007 年第 1 期。

〔2〕 参见最高人民法院 2001～2006 年的工作报告。

〔3〕 张绍谦："论我国刑罚改革制度中观念的更新"，载《社会转型时期的刑事法理论》，法律出版社 2004 年版，第 249 页。

自由刑在刑罚结构中地位突出等。但重刑思想主要表现为司法者的重刑化的刑罚观，主要表现为：其一，在刑事司法实践中广用重刑。实践中，死刑适用过滥，非暴力的经济犯罪和职务犯罪成为适用死刑的重灾区；长期自由刑适用比例过大，限制自由刑、财产刑和资格刑未得到应有的重视。就广用重刑而言，由于在观念上，刑罚的威慑效果被认为与刑罚的轻重成正比，即刑罚愈重，其威慑作用便愈大，威慑刑与重刑具有天然的血缘关系，后者是前者的必然产物，甚至于将两者同日而语也未尝不可。[1]其二，缓刑适用率偏低。在缓刑问题上，长期以来一直未能表现出应有的理性认知态度和水平。主流认识一直把缓刑案件的上升视为司法的软弱和值得重视的严重问题，认为它导致了对犯罪的打击不力。其三，刑事抗诉具有明显的偏向性。在刑事抗诉的实践中，抗诉机关多是对判刑"畸轻"的抗诉，而对判刑"畸重"的案件却故意视而不见，换言之，抗诉机关对判刑偏重的反应相对判刑偏轻要迟钝得多。

　　笔者以为，我国这种重刑思想从古到今，生生不息，至今仍具有强大的生命力，是与我国刑法长期以来一支独大的地位和家国同构的社会结构有关的。诚如周光权博士所言："中国有数千年刑法至尊、重罚威慑的传统。中国是个惩罚泛化的社会，惩罚的气息到处弥漫，惩罚的权力深深地嵌入我们的传统以及日常生活中……"[2]

二、恢复性司法基本理念下我国刑事司法理念的变革

　　鉴于刑事诉讼以打击犯罪和保障人权为最高目标，其功能的发挥也与其他社会功能的发挥一样，对国家利益的维护和个

---

〔1〕　邱兴隆:《刑罚的哲理与法理》，法律出版社2003年版，第43页。
〔2〕　周光权:《刑法学的向度》，中国政法大学出版社2004年版，第8页。

体权益的保护都依赖于对具体纠纷的合理解决。既然刑事诉讼包含公权与私权之间的纠纷以及私权之间的纠纷两个方面，刑事司法制度就不能仅仅把维护公权秩序视为自己的唯一宗旨，而将对私权的保护置于脑后。也只有对这两个方面的纠纷进行彻底、合理地解决，才能全面修复由犯罪造成的紊乱社会关系，实现社会的和谐与稳定。[1]

我国刑事司法在未来的发展趋势之一就是将工作的重心从发生之后的打击转向犯罪发生之前的预防，从对罪犯的惩罚和报复转向对罪犯的教化、改造以及对受害人的抚慰、赔偿和对被犯罪破坏的社区关系的恢复，从而达到减少社会冲突、促进社会和谐的目的。恢复性司法基本理念给予我国刑事司法观的启示在于：首先，司法应当兼顾个人利益和国家利益，维护国家的统治，社会的秩序只有在充分保护个人利益的基础上才是正当的，从私力救济到刑事司法国家化原本的目的就在于更好地保护个人的利益。具体言之，被害人在整个犯罪处理程序中的地位和作用应得到加强，其必须有机会透过诉讼程序来恢复已遭受的损害。其次，正如在英文中，"司法"与"正义"同为"justice"，司法的本质在于解决社会冲突，提供法律救济，维护和促进社会的公平、正义。刑事司法过程中，可以在自愿、不损害国家、集体和其他公民利益的基础上进行和解，可控制的、符合法治精神的"息事宁人"是值得提倡的。[2]

（一）由国家追诉观向恢复性司法观转变

笔者认为，国家追诉观向恢复性司法观的转变实质上反映

---

〔1〕 马进保、朱婧："被害人权益保护：一个需要全社会关注的沉重话题"，载陈光中等主编：《诉讼法理论与实践：司法理念与三大诉讼法修改》，北京大学出版社 2006 年版，第 139 页。

〔2〕 狄小华、李志刚编著：《刑事司法前沿问题：恢复性司法研究》，群众出版社 2005 年版，第 175 页。

了诉讼主体性理论的完善。诉讼主体性理论强调与案件结局有利害关系的人都有权参与案件的处理，并对案件的处理结果起着关键性的作用。诉讼主体理论在在创立的最初阶段，较为重视犯罪嫌疑人、被告人的地位，而忽视了被害人的诉求，被害人处于几乎被遗忘的境地。1996 年新修订的《刑事诉讼法》，虽然将被害人定位为当事人，但却没有赋予其相关的实质性权利，作为控方当事人所应享有的一些实质性权利，如起诉权、撤诉权、调查取证权、上诉权，法律都没有相应地授予被害人。现行的刑事诉讼程序忽略了被害人在刑事诉讼中所应具有的本体地位，被害人在刑事诉讼中鲜有话语权，犯罪人与被害人也缺乏充分的交流。这使得被害人的当事人地位缺乏保障，在实践中导致了很多问题。[1]

"以被害人利益为导向"理念对诉讼主体性理论完善可资借鉴的经验包括：①在刑事司法的目标上重视对受害人的保护，改变以对犯罪人的追诉作为刑事司法中心任务的指导思想。增加被害人的参与，增强被害人对自己命运的可控制感。保证不让不适当的司法程序、权利的滥用和权利的不作为加深受害人的受害程度。③允许和鼓励犯罪人通过多种方式对受害人进行经济赔偿，充分弥补受害人的物质损失，国家可以向犯罪人提供有关的途径和帮助。③不仅重视弥补受害人的物质损失，还要尽量弥补受害人的精神伤害。建立被害人服务机构，为被害人提供心理咨询或医疗服务。④把受害人保护和犯罪人承担责任联系起来综合考虑。通过对各种犯罪有选择地适用替代刑，促进犯罪人主动道歉、赔偿损失、承担责任进而弥补受害人的

---

〔1〕 马婷婷、罗鹏："恢复性司法相关理论问题探析"，载《政法学刊》2007年第 5 期。

损失。[1]

笔者以为，由国家追诉观向恢复性司法观转变是一个极其漫长的过程，不仅要对政治家、法官和普通民众灌输恢复性司法观的理念，更是要在司法实践中慢慢培育这种经验，而理念灌输是否有效离不开司法实践的效果。因此，当务之急是在诉讼过程中建立被害人与犯罪人沟通机制，即在一定的范围内建立刑事和解制度，这也是现实可行的方式。

刑事和解能有效地化解当事人之间的怨恨，既能把加害人和被害人重新整合进社区，又能节约司法资源，应该是我国追求的一种解决刑事纠纷的不错的刑罚的替代方式。然而，要真正化解加害人与被害人之间的怨恨，达至刑事和解的目标——被害人、社区和加害人关系全面的修复，社区的积极参与、和解手段的多样性以及独立称职的调解机构是缺一不可的，这在我国今后的司法实践中必须予以重视和加以解决。

（二）由重刑主义刑事司法观向宽严相济刑事司法观转变

我国正处于社会变革转型时期，面临着犯罪问题的压力，[2]在社会资源总量一定、对犯罪的遏制与打击需要高成本投入的情况下，为了有效地维护社会的基本秩序，必须将刑罚

---

〔1〕 其实，完善刑事被害人保护制度亦可以促进恢复性司法的实践。如鲁兰女士认为，"更本性的前提是，若国家没有强有力的刑事犯罪被害人保护制度和证人保护制度，被害人、证人等的法律地位、合法权利得不到切实保障的前提下，所谓加害人与被害人对话的修复性司法平台是难以构筑的。"鲁兰："修复性司法理念与模式：中、日修复性司法实践模式比较"，载王平主编：《恢复性司法论坛》，群众出版社2005年版，第83页。

〔2〕 中国现有监狱700余所，能容纳犯人100万人左右。1982年关押62万人，2002年关押154万人，增长2.5倍。2002年监狱执法经费144亿元，每个犯人每年平均花费9300元。据测算，除监狱建设外，每年需210亿元的监狱运转经费。参见胡泽君（司法部副部长）：2003年9月1日《关于〈最高人民法院、最高人民检察院、公安部、司法部关于开展社区矫正试点工作的通知〉有关问题的说明》。

的重点和中心限制在那些严重危及社会的有组织犯罪、恐怖主义犯罪、黑恶势力犯罪、暴力犯罪、公职人员犯罪等严重犯罪的预防上，对那些危害不大的犯罪、犯罪情节轻微的犯罪以及主观恶性不深、悔罪表现好的罪犯等，尽量从轻从宽，体现宽松的刑事政策，体现以人为本和社会公平正义的理念，展示国家和社会对犯罪人价值的尊重，让犯罪人充分体验社会宽容与温暖，以利于悔过自新，回归社会和实现自身发展，实现刑法保护人权的价值目标。[1]宽严相济刑事政策是指根据不同的社会形势、犯罪态势和犯罪的具体情况，对犯罪区别对待，科学、灵活地运用宽、严、相济三种手段，做到该宽则宽，当严则严，有宽有严，宽严适度。宽不是法外施恩，严也不是无限加重，而是要严格依照刑法、刑事诉讼法以及相关刑事法律的规定，根据案件的具体情况来惩罚犯罪，做到宽严相济、罚当其罪。宽严相济刑事政策的基本内容可以归结为：该宽则宽、当严则严，宽中有严、严中有宽，宽严有度、宽严审时；核心内容是区别对待。笔者以为，在新时期下，宽严相济的刑事政策主要表现为"以宽济严"，这就与恢复性司法基本理念相契合，这种"以宽济严"的刑事政策呼唤刑事司法观念的革新。

1. 建立和完善我国刑事司法中的犹豫制度。刑事司法中的犹豫制度，是指国家处置权的行使得以充分考量其社会效果，以暂缓或节制国家刑罚权的行使为指向，裁量作出不启动或暂缓启动司法处分决定的制度。犹豫制度与刑事政策的运用密切相关。从实质内容来看，犹豫制度实质上是指基于刑事政策的考量，法律赋予刑事司法机关一定的自由裁量权，以实现对犯罪嫌疑人、被告人、犯罪人的非刑事化处理。按所处的刑事诉

---

〔1〕 张顺强："构建和谐社会视野下修复性司法之借鉴"，载《法律适用》2007 年第 10 期，第 57 页。

讼的不同阶段划分，犹豫制度主要表现为侦查阶段的移送犹豫、检察审查起诉阶段的起诉犹豫、裁判阶段的宣告犹豫和执行犹豫等。[1]

我国公诉制度向来奉行"起诉法定主义为主、起诉便宜主义为辅"的基本原则，具体而言：对于构成犯罪、具备起诉条件的案件，检察机关应当作出起诉决定，并依照审判管辖的规定，向人民法院提起公诉；只有在特殊情况下，检察机关可作出不起诉决定。由此可见，我国的起诉方式相对比较单一。在恢复性司法基本理念的视角下，我国应充分利用刑事司法中的犹豫制度，建立和完善公诉替代程序。具体言之，在特殊案件中引入刑事和解程序，逐步在法定起诉与轻罪不起诉之间建构起公诉替代程序这一中间层，以有效提高诉讼效率，保障司法质量。

2. 加快刑罚轻缓化、非刑罚化的刑罚改革。刑事政策不能仅仅关注传统刑罚制度及其防制效果，而应当分析一个社会中以刑法运作为核心的反犯罪整体性战略。在这个意义上的刑事政策，就不能仅仅是国家、社会运用刑事法惩罚、预防和控制犯罪的实践，而且是社会整体的治理策略中的重要一环。[2]

传统观念中提到刑罚主要是指"坐牢"（监禁刑），但现代刑罚的趋势是对大量的没有社会危险性的犯人实行社区刑改造，这即节省国家开支，又有利于犯人回归社会（可保持与家人和社区的联系，而不致像监狱一样与社会完全隔离起来）。[3]应当承认，刑罚毕竟孕育于原始习惯，形成于文明社会，有着深厚

---

[1] 孙云红、郭云忠："论犹豫制度的刑事政策功能"，载《河北法学》2004年第6期。

[2] 周光权："论社会整合与刑事政策"，载《法学杂志》2007年第1期。

[3] 刘仁文："宽严相济的刑事政策研究"，载《当代法学》2008年第1期。

的道德基础和法律文化底蕴，所以，在相当长的历史时期内，它仍将是一种社会对付犯罪的理想手段。不过，为适应刑罚的历史发展趋势，并最大限度地发挥刑罚的效能，有必要在推行刑罚轻缓化的过程中，重视并引入复合正义，以弥补报应性刑罚的不足。[1]

笔者以为，要加快刑罚轻缓化、非刑罚化的刑罚改革，可以从设立社区服务刑和倡导转向处分两个方面入手：

（1）完善社区服务刑。[2]社区服务刑是指由法庭判决犯罪人，在一定的监督之下，在一定时间内，为社区的利益进行一定数量无偿公益劳动的非监禁刑刑罚方法。社区服务刑制度在国外已经有比较充分的发展和完善的体系，已成为世界范围内非监禁刑罚措施中最典型方式之一。与传统刑罚方式相比，社区服务刑存在三个较为明显的特点：其一，社区服务刑作为一种教育矫正刑，可以带来犯罪人的人格变化。扬（W. Young）认为，社区服务刑能从以下方面帮助犯罪人恢复人格，重新回

[1]　狄小华、李志刚编著：《刑事司法前沿问题：恢复性司法研究》，群众出版社2005年版，第187页。

[2]　我国较早之前就开展了社区矫正活动。根据最高人民法院、最高人民检察院、公安部、司法部《关于开展社区矫正试点工作的通知》（以下简称《通知》），社区矫正是指将符合社区矫正条件的罪犯置于社区内，由专门的国家机关在相关社会团体和民间组织以及社会志愿者的协助下，矫正其犯罪的心理和行为恶习，促进其顺利回归社会的非监禁刑执行活动。社区矫正适用的对象为：被判处管制、被宣告缓刑、被暂予监外执行、被裁定假释、被剥夺政治权利的罪犯。社区矫正的时间为：人民法院依法判决、裁定或决定的期限。社区矫正的工作主要是：对社区服刑人员进行管理和监督，进行法制教育和思想道德教育，解决他们的心理障碍、就业困难，组织他们参加社会公益劳动。《通知》确定首先在北京、天津、上海、江苏、浙江、山东六省（市）进行社区矫正试点，随后扩大到18个省、市、自治区。从北京市、上海市试点的情况看，可谓效果甚佳。截至2006年3月底，北京市已解除矫正4833人，重新犯罪率为0.046%；上海市已解除矫正6000多人，重新犯罪率不足1%。参见但未丽："社区矫正，在探索中前行"，载《光明日报》。

归社会："……培养社会责任感；同其他工人接触；学会充实业余时间；发展长时间的兴趣和技术；甚至发展获得新的就业机会，以及在失业或在不能就业阶段培养其工作习惯。"[1]其二，对于社会（社区），社区服务刑具有公益性，因为通过社区服务，犯罪人可以对社会（社区）做出一定的贡献，满足了社会公益事业在这一方面的需求。与监狱服刑相比，社区服刑可以节约大量的行刑成本，节省司法资源。其三，社区服务刑更侧重于对犯罪行为所侵害的合法利益和正常秩序的补偿与恢复。这样可以缓解犯罪被害人以及社区与犯罪人的抵触情绪，使被害人以及社区能够以较为宽容的心态对待犯罪人，以达到社区的和谐。我国刑法修正案（八）明确规定适用管制刑者与缓刑者必须进行社区矫正，这无疑是立法的进步，但应该加大社区矫正的适用范围，即对于过失犯、非暴力犯罪等没有社会危险性的犯人，不妨纳入社区矫正刑的适用范围。当然，社区矫正刑也不一定就只有一个模式，可根据其犯罪严重程度等规定宽严不一的社区矫正刑，如对某些比较严重的贪污贿赂和经济犯罪等，规定白天可以在社区劳动、周末可以与家人团聚，但平时晚上得回到监狱来，等等。[2]

（2）倡导转向处分。所谓转向处分，简称转处，是指通过公共和私人的帮助或者利用调解程序，使通常可以诉诸刑事诉讼解决的冲突避免进入刑事程序或者中断刑事程序的一切措施。转处的刑事政策基础在于，通过对危害不大的轻罪案件以及主观恶性不大的初犯、偶犯、未成年犯避免适用传统刑事追诉程序，取而代之以其他带有一定强制性的教育和矫正措施，从而

---

〔1〕［美］大卫·E. 杜菲：《美国矫正政策与实践》，吴宗宪译，中国人民公安大学出版社1992年版，第292页。

〔2〕刘仁文："宽严相济的刑事政策研究"，载《当代法学》2008年第1期。

缩小传统的刑事司法程序适用范围，合理化刑事司法程序，消除刑事程序的强制措施的消极影响，克服现行刑罚制度的无效。作为一项刑事政策实践，转处最初出现于 20 世纪 60 年代末 70 年代初的美国，至 20 世纪 80 年代，超过 30 个州的大约 140 个城市都实施了各种形式的转处计划，在刑事诉讼的某个阶段甚至在刑事诉讼程序启动之前所采取的许多替代或阻止刑事诉讼的措施，从警方的警告、将囚犯从普通监狱转移到特别设施到给予潜在犯罪被害人以辅导，都被冠之以转处的"时髦术语"。[1]

----

〔1〕　梁根林：《刑事制裁：方式与选择》，法律出版社 2006 年版，第 43 页。

第六章

我国刑事和解的完善：恢复性
正义理论的践行

刑事和解是 20 世纪 70 年代在西方出现的一种新型司法制度，其主要是随着犯罪被害人保护运动的兴起和对加害人复归社会的关注而产生的。70 年代以后，由于刑事政策上"重新发现被害人"之思潮，刑法学说上出现一些热门的话题：基于危险共同体之概念的犯罪被害人国家补偿制度、被害过程的探讨、被害人于犯罪过程中角色之定位、被害人在诉讼地位上之强化、加害人对被害人赔偿等问题。加害人及被害人和解，就是因刑事实体法及程序法上重视被害人之实益与法律地位之背景下，所建构起来的制度。[1]

刑事和解与恢复性司法有着密切的关系，无论是从源起、理论基础还是价值取向都相互交融与渗透，剪不断，理还乱。其中，恢复性正义不仅是恢复性司法的理论基础与正义观，也是刑事和解制度的正义观与价值追求，换言之，恢复性正义理论是连接刑事和解与恢复性司法的纽带。因此，以恢复性正义理论为视角，对我国目前正在进行的刑事和解实践进行检讨，不仅可以使司法机关加深对刑事和解性质的准确理解，而且对刑事和解实践的完善与有效展开都具有十分重要的意义。

---

〔1〕 高金桂："论刑法上之和解制度"，载《东海法学研究》1999 年第 14 期。

第一节 刑事和解与恢复性正义理论

一、刑事和解和恢复性司法的关系

（一）刑事和解和恢复性司法关系的理论概说

以刑事和解与恢复性司法之间的关系为专门的议题在国内学术界虽鲜有探讨，但在为数不多的学者一些零星的论述中，我们不难发现对于两者的关系有以下三种观点。

1. 同一论。即将刑事和解和恢复性司法看成是同一事物。如有学者认为，刑事和解，在西方国家，被称为"恢复性司法"，它不是指一定的具体方法、对策、一定的程序，而是一种哲学，是一系列的原则和价值。[1]

2. 区别论。即认为刑事和解和恢复性司法的性质不一致。如陈瑞华教授将刑事和解制度视为一种"私力合作模式"，并且认为其与恢复性司法在本质上属于不同的司法模式。他认为，"中国近年来兴起的刑事和解制度尽管无论在理念上还是在制度设计方面，都可以从'恢复性司法'中找到一些相类似的要素，但两者在本质上还属于不同的司法模式。为避免误解，我们有必要将刑事和解制度视为一种'私力合作模式'，以区别于传统的对抗性司法模式，也区别于那种国家公诉机关与被告方通过协商达成合作的'公力合作模式'"。[2]

---

〔1〕 黎宏：《刑法总论问题思考》，中国人民大学出版社 2007 年版，第 543 页。

〔2〕 陈瑞华："刑事诉讼的私力合作模式：刑事和解在中国的兴起"，载《中国法学》2006 年第 5 期。

3. 既有联系又有区别论。有学者认为恢复性司法与刑事和解既有联系又有区别。联系表现为：①刑事和解是恢复性司法的起源；②刑事和解是恢复性司法模式的主要组成部分；③刑事和解体现了恢复性司法理念；④刑事和解最重要的理论基础是恢复性正义。区别表现为：①源头不同；②主体和方式不同；③具体适用上的不同。[1]

笔者认为，从上文对恢复性司法与刑事和解的内涵与定位的理解来看，刑事和解与恢复性司法虽然有着密切的联系，但不应将两者视为同一事物，同一论无论如何是站不住脚的。至于区别论，笔者也难以苟同。恢复性司法理念的核心是强调当事人的意思自治，即充分尊重被害人与加害人，其与刑事和解的内涵基本一致，亦属一种"私力合作模式"，只是这种"私力合作模式"相较于刑事和解这种"私力合作模式"而言，范围更广泛一些，而不是性质上完全不同的两种司法模式。相对而言，既有联系又有区别论既看到了刑事和解与恢复性司法相同的一面又看到了两者不同之处，整体来看，这种观点基本能站得住脚，但其对于两者联系与区别之具体论述仅限于制度的层面，因而显得不够全面与充分。

（二）刑事和解与恢复性司法的联系与区别

总体而言，恢复性司法既表现为一种司法模式（制度层面），同时更是一种全新的刑事司法理念，而刑事和解是在恢复性司法理念指导下的一种具体刑事司法模式。从这个角度而言，刑事和解与恢复性司法既有联系也有区别。

1. 刑事和解与恢复性司法之联系。笔者以为，刑事和解与恢复性司法的联系有二：一是从理念的层面探讨，刑事和解是

---

[1] 赵国华："刑事和解与恢复性司法"，载《江苏警官学院学报》2008 年第5 期。

恢复性司法理念的具体制度化，即刑事和解是在恢复性司法理念，尤其是在恢复性正义理念指导下的一种司法模式；二是从制度的层面考察，刑事和解和恢复性司法都是一种"私力合作"的司法模式，前者是后者的一个有机组成部分，即刑事和解是恢复性司法的具体内容。

2. 刑事和解与恢复性司法之区别。笔者以为，刑事和解与恢复性司法的区别是明显的，主要体现为三个方面：

（1）两者的起源不一致。从起源来看，刑事和解与恢复性司法的关系十分复杂。从理念的层面看，应该说恢复性司法产生在前，刑事和解出现在后；而从制度的层面看，刑事和解和恢复性司法应该是同时产生的。[1]从理念的层面，恢复性司法的起源，可以追溯到前殖民时期，乃至更远。在北美和新西兰的土著居民中，他们解决争端的方法在很大程度上反映了恢复性司法的过程。在非洲的许多国家中，随着殖民地时代的结束，他们把传统处理纠纷的方式和现代司法形式结合了起来。从制度的层面，一般认为，刑事和解始于 20 世纪 70 年代的加拿大，即源于 1974 年加拿大安大略省陈纳市（kitchener）司法当局处理两个年轻人实施的一系列犯罪行为案。由于此案的处理方法具有独特性，引起了各方关注并被效仿，此后迅速流行。这种被害人—犯罪人的和解程序就是刑事和解，同时也被视为恢复性司法的起源。

（2）两者表现的维度不一致。刑事和解仅仅表现为制度的层面，即维度的单一性，而恢复性司法不仅表现为一种制度，而且表现为一种理念，即具有维度的多重性。如上文所述，在

---

〔1〕　有学者认为刑事和解的源头要比恢复性司法久远得多，这种观点不管从理念还是制度的层面都是说不通的。关于该说法详情请参见赵国华："刑事和解与恢复性司法"，载《江苏警官学院学报》2008 年第 5 期。

西方，对恢复性司法的理解有着广狭义之分，无论是广义还是狭义，恢复性司法都是从两个层面，即制度的层面和理念的层面展开的，尤其对于广义上的恢复性司法而言，主要体现为一种理念。正因为恢复性司法主要体现为一种理念，西方国家才能在短短的几十年里，将其发展为许多种有益于防治犯罪的模式，而且这种模式远未定型并处于不断发展变化之中。

（3）两者体现的模式不一致。从制度的层面看，恢复性司法的模式远比刑事和解的模式丰富，即刑事和解具有单一性，而恢复性司法具有多样性。就世界范围内众多国家的实践来看，刑事和解主要表现为司法机关为主导，以被害人与犯罪人为中心的单一模式，而恢复性司法的运作模式则表现多样。美国司法部下属的全国司法研究所司法计划办公室、全国矫正研究所犯罪被害人办公室和少年司法与少年犯罪预防办公室合作，在1997年编制了一份《恢复性司法事实小册子》，将恢复性司法的运作模式或者运作形式归纳为七种类型：社区恢复委员会、量刑小组、赔偿、社区服务、被害后果陈述、被害人犯罪人调解和家庭小组会议。从主要国家的实践来看，恢复性司法的运作模式主要有以下四种：被害人—加害人会谈/调解（Victim-Offender Mediation）、家庭成员/小组会议（Family Group Conferencing）、圆桌会议（Circle Sentencing）和社区恢复委员会（Reparative Community Boards）。

二、刑事和解的内涵及其理论基础

（一）刑事和解的内涵及其定位

刑事和解（Victim-Offender Reconciliation，简称 VOR），是一种以协商合作的形式解决刑事案件的方式，它是在加害人认罪和被害人自愿的基础上，经过双方面对面地交流与协商，最后由加害人通过赔偿、道歉以及其他方式达成和解，司法机关不再对加害人追究刑事责任，或者依据和解结果对其从轻处罚或免除处罚的一种制度。对刑事和解，学界见仁见智。不少学者，尤其是刑事法学者认为其属于当今西方流行的恢复性司法的重要内容，但亦有学者持不同的见解，如陈瑞华教授将刑事和解制度视为一种"私力合作模式"，并且认为其与恢复性司法在本质上属于不同的司法模式。[1]笔者赞同陈瑞华教授前半部分的观点，其后半部分观点却值得商榷。笔者认为刑事和解虽属于一种"私力合作模式"，但两者亦不能完全等同，即刑事和解应当属于恢复性司法的内容，是恢复性司法的一种特殊表现形态。换句话说，刑事和解是恢复性司法理念指导下所形成的通过恢复性程序实现恢复性结果的一种犯罪处理方法，因为恢复性司法理念的核心是强调当事人的意思自治，即充分尊重被害人与加害人，其与刑事和解的内涵基本一致，亦属一种"私力合作模式"。

（二）刑事和解的理论基础

按照美国著名犯罪学家约翰·R. 戈姆在《刑事和解计划，一个实践和理论架构的考察》中的说法，刑事和解理论基础系由恢复性正义理论、平衡理论和叙说理论组成。[2]在上述三大基础理论中，平衡理论与叙说理论只是为恢复性正义理论的提出与展开提供目标与手段，因此，恢复性正义理论是刑事和解的核心理论。这一判断主要基于以下理由：

第一，恢复性正义的目标在于平衡加害人、被害人和社区之间利益。按照恢复性正义理论的观点，犯罪破坏了加害人、

---

〔1〕　陈瑞华："刑事诉讼的私力合作模式：刑事和解在中国的兴起"，载《中国法学》2006 年第 5 期。

〔2〕　Gehm, John R：*Victim-Offender Mediation Programs：An Exploration of Practice and Theoretical Frameworks*，Western Criminology Review 1（1998），p45.

被害人和社区之间的正常利益关系，恢复性正义的任务就是在三者之间重建平衡。恢复性正义理论旨在重塑一个和谐的社会（社区）。为了恢复犯罪造成的损失，必须充分关心被害人及其社区的实际需要。恢复性正义已取代报应正义成为刑罚正义的主流。恢复性正义理论试图通过以被害人心理康复、重建为目标，以正义的整体观念为基础的早期社会规范的恢复来重构对犯罪行为的当代回应。被害人在犯罪中往往会遭到物质上和精神上的双重伤害，尤其是那些严重侵犯人身权的犯罪，其对被害人心理上的伤害常常是主要的，因而有必要对这种伤害进行抚慰治疗，以示公平正义。

第二，恢复性正义的有效实现离不开对叙说理论的正确运用。前文所述，叙说理论把叙说作为心理和精神治疗的手段，被害人就是通过获得向加害人讲述其被害经历的机会，而参与到刑事和解及对社会秩序的重新整合的过程中。从某种意义而言，叙说是沟通的一种方式，沟通是体现公平与正义的一种重要方式。叙说创造了某种场景，这种场景需要被害人、犯罪人与社区的积极参与，也只有在这种场景下，犯罪人、被害人与社区的不同需求才能得以有效满足。具体言之，叙说的程序能帮助被害人释放出心中痛苦，彻底摆脱潜意识中自我认同的"被害人"身份，从而重建生活；叙说的程序能使犯罪人换位思考，体验被害人的痛苦，从而彻底忏悔，有效救赎自己的灵魂；通过叙说，社区明白了犯罪人之所以犯罪和被害人之所以被害均与社区有一定的关联，从而在社区的重建中找准方向。

从上文分析所知，刑事和解与恢复性司法不仅从产生上同出一源，而且在理论基础上也存在着重合共通之处，其中，恢复性正义理论起着沟通两者的重要作用，换言之，恢复性正义既是恢复性司法基本理念中的正义观，同时又是刑事和解的理论核心。因此，以恢复性正义观来审视在我国践行的刑事和解就有着重大的理论与实践意义。

第二节　刑事和解在我国的实践及其完善

我国目前正在开展刑事和解的司法实践，虽取得了一些成绩，但由于相关理论研究的薄弱和对刑事和解理解上的片面，司法实践中也暴露出一些问题，如和解手段的单一、和解对象的狭窄和调解主体的不适当等。这些问题的存在，导致刑事和解在实践中的运用过于粗糙和功利化，比如，民间存在浓厚的"以钱买刑"的说法就是对这种粗糙和功利化的直接证明。[1]笔者以为，刑事和解与恢复性司法思潮的兴起有着密切的关系，因此，以恢复性正义理论为视角，对于正确理解刑事和解的内涵，从而对完善我国刑事和解的司法实践大有裨益。

一、刑事和解在我国的实践

（一）实践描述

北京市朝阳区人民法院在全国率先引入西方刑事和解经验，[2]将庭外和解制度应用于刑事案件领域。此后，上海、广

---

〔1〕　所谓"以钱买刑"，就是指被告人在有效赔偿被害人损失的前提下，得到被害人原谅，从而得到从轻处罚。对于"以钱买刑"，有多种说法，比如"花钱减刑"、"赔偿减刑"和"赔钱减刑"等，但不管怎样表述，均表达了同一个意思。"以钱买刑"只是民众的一种通俗的说法，其直接导源于东莞中院在对一宗抢劫致人死亡案进行的判决。在该案中，由于被告人王某的家属同意先行赔偿被害人家属5万元人民币，法官对被告人王某做出了一定程度的从轻处罚，一审判处死缓。东莞中院的这种做法在网上引起了热议。详情请见：http://www.xici.net/b607588/d51432071.htm。最后访问日期：2010 年 10 月 8 日。

〔2〕　早在 2005 年 10 月 10 日，北京市朝阳区人民法院就将民事案件中适用效

东、安徽、湖南、山东烟台、福建厦门、江西抚溪、江苏南通不少检察院、法院纷纷效仿，并取得了一定的成绩。根据现有的刑事和解实践，笔者大致将其分为当事人型、人民调解型和司法调解型三种类型。[1]

1. 当事人型。当事人型是笔者为保持文字的简练，对加害方—被害方自行和解模式进行的一种概括。所谓"加害方—被害方自行和解模式"，是指嫌疑人、被告人在认罪悔过的前提下，与被害人经过自行协商，就经济赔偿达成书面协议，使得被害方不再追究加害人刑事责任的纠纷解决方式。检察机关经过认真审查后，可以接受双方的协议和被害人的请求，对嫌疑人、被告人不起诉或者建议公安机关撤销案件。广东东莞各级法院进行的司法改革就是当事人型典型的例子。广东东莞的两级法院在多宗刑事附带民事赔偿的案件中，提倡对民事部分进行调解，并对做出经济赔偿的被告人给予从轻处罚。[2]

2. 人民调解型。人民调解型实际上是人民调解委员会调解模式的简称。所谓"人民调解委员会调解模式"，是指司法机关对于加害方与被害方具有和解意愿的轻伤害案件，委托基层人民调解委员会进行调解，对于经过调解达成协议的案件，可不再追究加害人的刑事责任。这种模式最早出现在上海市的司法改

果良好的庭外和解制度，首次应用于刑事案件领域，规定对进入诉讼程序、符合规定的刑事自诉案件和刑事附带民事诉讼案件，在自愿、合法的基础之上，法官积极促成当事人就争议问题通过协商达成和解方案。对已经赔偿了被害人经济损失的被告人，在量刑时酌情予以从轻处罚（参见 http：//www.chinanewsweek.com.cn/2007 – 07 – 23/1/8589. shtml）。最后访问日期：2010 年 10 月 8 日。

〔1〕 笔者对恢复性司法在我国的实践有三种类型的提法是在参考陈瑞华教授对刑事和解三种实践类型划分的基础上得出来的。（参见陈瑞华："刑事诉讼的私力合作模式：刑事和解在中国的兴起"，载《中国法学》2006 年第 5 期。）

〔2〕 杨涛："如何保证'赔钱减刑'的公正性"，载《北京青年报》，2007 年 2 月 1 日。

革中。如杨浦区司法局将富有中国传统特色的人民调解与现代的司法程序融为一体，分别与区公安分局、区人民检察院、区人民法院签订了《关于对民间纠纷引发伤害案件联合进行调处的实施意见（试行）》、《关于在办理轻微刑事案件中委托人民调解的若干规定（试行）》等规范性文件，较好地实现了传统与现代的有机衔接和统一。其中尤为重要的是，轻微刑事案件委托人民调解构成了一道独特的风景，成为有中国特色的恢复性司法模式。[1]

3. 司法调解型。所谓"司法调解模式"，是指司法人员通过与加害方、被害方的沟通、交流、教育、劝解工作，说服双方就经济赔偿标准、赔礼道歉等事项达成协议，从而促使被害方放弃追究刑事责任的纠纷解决方式。司法调解型在我国目前适用得比较多，有些地方司法机关对特定的公诉案件，诸如轻伤害案件或未成年犯罪案件，有意识地借鉴了"恢复性正义理论"。如，2004年7月，浙江省高级人民法院、省检察院和省公安厅联合在系统内下发了《关于当前办理轻伤犯罪案件适用法律若干问题的意见》（简称《意见》），该《意见》规定：轻伤犯罪案件在侦查、审查过程中，只要符合下列条件，经审查属实，公安机关可以撤案，检察机关可以作相对不起诉：当事人双方自愿就民事赔偿问题达成一致，形成书面协议；当事人双方和解，被害人书面要求或者同意不追究犯罪嫌疑人刑事责任；犯罪嫌疑人本人确有悔罪表现，社会危险性已经消除，不需要判处刑罚。

特别值得一提的是，2006年11月21日，湖南省人民检察院向社会公开了《湖南省人民检察院关于检察机关适用刑事和

____

[1]　石先广："司法新动向：恢复性司法在上海悄然兴起"，载《中国司法》2006年第1期。

解办理刑事案件的规定（试行）》（以下简称《规定》）。按照该《规定》，轻微刑事案件和未成年人刑事案件，当犯罪嫌疑人和受害人双方和解后，检察机关可以依法对犯罪嫌疑人不批准逮捕，或者不起诉，或者起诉后建议人民法院从轻、减轻判处。该《规定》明确规定：刑事和解是指犯罪嫌疑人、被告人以具结悔过、赔礼道歉、赔偿损失等方式得到被害人的谅解，被害人要求或者同意司法机关对犯罪嫌疑人、被告人依法从宽处理而达成的协议。刑事和解坚持当事人"自愿"和"公平公正"的原则，依刑事和解处理的案件主要是轻微刑事案件和未成年人刑事案件。据悉，这是在全国范围内首次提出"刑事和解办理刑事案件"。据了解，近年来湖南省检察机关办理的案件中，3 年以下轻微刑事案件占 40%，未成年人犯罪案件占 15%。湖南省人民检察院副检察长周世雄表示，这个规定能提高诉讼效率，降低诉讼成本，有效地防止未成年人再犯罪，较好地保护被害人的合法权益。[1]湖南省各级人民检察院按照"规定"进行了一系列实践，取得了较好的司法效果与社会效果。[2]

---

〔1〕 "湖南试行轻微刑事案件私下和解办法"，载 http：//news. sina. com. cn/c/l/2006 - 11 -23/151511598060. shtml。最后访问日期：2010 年 10 月 10 日。

〔2〕 案例一：隆回县未成年人罗某，为泄愤将受害人王某打成轻伤。当时正值高考期间，罗某要参加高考。检察机关介入后，经调查发现罗某悔罪态度较好，并听取了受害人王某家人的意见。罗某家人有愿意承担一切损失的意愿。新处理：根据《规定》，检察机关决定不对罗某提起公诉，让他如期参加高考。后罗某考上上海某大学，检察机关了解到，罗某在学校没有出现违法乱纪的事，品学兼优。案例二：宁乡县犯罪嫌疑人陈玉梅因在母亲的赡养等问题上与被害人陈政秋一直存在矛盾。一天，陈政秋驾驶打米机行驶在陈玉梅家前的公路上，两人发生口角并导致纠纷，陈玉梅便将锄头拗向陈政秋，打中其左脸，经法医诊断为轻伤。警方将犯罪嫌疑人陈玉梅刑事拘留，并移送检察机关。后来，两家在村组及家族兄弟成员的参与下，达成调解协议，内容包括担负陈政秋的医药费、误工费等；同时，公诉人在提讯犯罪嫌疑人陈玉梅时，其认罪态度较好，并反省了自己的过失。后公诉机关在听取被害人陈政秋的意见时，陈表示手足情深，陈玉梅也是一时激动，没有必要这

（二）存在的问题

1. 和解手段的单一性。从我国目前的刑事和解的实践来看，刑事和解的手段基本上是金钱赔偿的单一模式。[1]这种单一的金钱赔偿模式，就会使赔偿这种观念沦落为纯粹是对所造成损害的金钱偿付。不可否认，金钱赔偿有着其不可替代的优势，譬如，经由加害人的损害赔偿或抚慰金的支付，被害人（特别是过失犯及财产犯罪）可以获得完全或适度的赔偿，减轻其因受犯罪侵害所受之损失。因此，在这个意义上，金钱赔偿是被害人、被害人家庭甚至社区得以恢复的重要组成部分，在许多情况下，也的确没有更好的其他办法对造成的损害进行赔偿。[2]但这种优势并不意味着金钱赔偿就是唯一的模式，或在任何情况下都是最理想的模式。这种模式也存在着缺陷：其一，容易造成社会公平观念的缺失，不利于民众对刑事和解的理解与

么件事就让他付出如此沉重的代价。新处理：根据《规定》，检察机关决定对陈玉梅免除刑事起诉，取保候审。在听取村组干部的意见后，宁乡县人民检察院决定解除对陈玉梅的各种措施。参见"湖南试行刑事和解制轻微刑事案件可私下和解"，载 http://www.sxgov.cn/fzpd/fzdt/373776.shtml。最后访问日期：2010年10月8日。

〔1〕 如都江堰奔驰辗死男童一案，驾驶员彭永生赔偿28万元获缓刑。又如前面所提到王某抢劫致人死亡案，王某赔偿5万元获死缓。据悉，像这样的判例在东莞两级法院已超过30宗。在北京市朝阳区人民法院，2006年，刑一庭共审结刑事和解案件327件，解决赔偿金额600多万元。最高人民法院《关于审理刑事附带民事诉讼范围问题的规定》第4条规定：被告人已经赔偿被害人物质损失的，人民法院可以作为量刑情节予以考虑。可见，无论从司法解释，还是从实践操作，大抵体现了这种金钱赔偿作为唯一和解手段的倾向。

〔2〕 其实，我们完全可以通过建立被害人国家补偿机制来缓解刑事和解过于依赖金钱赔偿手段的局面。建立被害人国家补偿机制，在受损物质利益有保障的情况下，被害人在和解过程中就有较大的选择余地，因而能更好地实现刑事和解。目前，世界上有许多国家建立了该制度。令人欣慰的是，全国人大代表、江西省检察院检察长孙谦已经向全国人大提交了关于制定《刑事被害人国家补偿法》的议案，已经引起了立法机关的重视。详情请见：http://www.caijing.com.cn/newcn/2007lh/yaxd/2007-03-11/16756.shtml。2007-10-18。

支持，如民众"以钱买刑"的说法就是适例。[1]其二，不利于加害人的悔罪意识的形成，丧失了刑罚的预防犯罪的功能。一方面看，如果以金钱赔偿作为唯一手段，富有者能够适用刑事和解，而穷人则被排除在刑事和解之外，刑事和解被人误解为一种犯罪与金钱交换的制度。这实质上授予了富有者犯罪的权利，对其有利，相反，穷人却没有这样的权利。这就与法律面前人人平等原则相违背，也悖离了朴素的司法公平正义原则。另一方面，由于金钱赔偿的唯一性，使加害人误认为，只要花钱把事情摆平，犯点事没啥问题。这样，既不能威慑加害人本人，影响特殊预防的有效实现；也会给潜在的加害人一个强烈的暗示：原来犯罪只要付出金钱的代价，使一般预防的效果大打折扣。

2. 和解对象的狭窄性。所谓和解对象，简单地说，就是刑事和解适用于谁。从目前的实践来看，我国的刑事和解仅限于加害人与被害人，而遗忘了社区。不知是司法者认为犯罪仅仅损害了被害人的利益，还是认为社区的利益就等同于国家的利益，司法在保护国家利益的同时也就兼顾了社区利益的保护，因此，社区利益的保护就根本没有必要。抑或是因为我国社区并不发达，甚至根本就不存在什么社区，谈社区利益的保护实际上就是一个伪命题。但从常识分析，笔者后一个猜测根本就立不住脚，因为，我们有社区矫正的说法，并且国家在构建和谐社会的战略中也提出了大力加强社区建设的口号。这样一来，

---

〔1〕 对于扭曲刑事和解本意的"赔钱减刑"，或曰滥用司法权力意义上的"赔钱减刑"，虽然从一定程度上弥补了被害人的损失，但其造成的恶果是显而易见和多方面的，主要表现为：①违背了法律面前人人平等的原则；②破坏了司法公正和司法正义；③削弱了刑罚对犯罪预防的威摄力。详情参见拙文"对'黄岩帕萨特辗压老人致死案'定罪量刑的思考：兼论'赔钱减刑'"，载《政法论丛》2007年第5期。

笔者的第一种猜测就似乎有点道理。因为我国从历史上以来就有家国同构的传统，并且以国家和社会为本位。尽管后来虽经过了民主主义的洗礼和市场经济大潮的冲击，政治国家与市民社会开始隐隐分离，但直至现在，我们不得不承认，我们的社区（市民社会的组成单元）还相当不发达，远远未从政治国家中独立出来，换言之，社区利益还未从国家利益范畴中完全独立出来。因此，社区利益被人忽视就不难理解了。然而，在刑事和解中，社区是一个不可忽视的利益方，加害人在对被害人给予侵害时，也损害了社区的利益，因为社区是加害人和被害人以及潜在的加害人与潜在的被害人生活的场所。如果社区的利益得不到修复，要在加害人与被害人之间实现真正的和解是很困难的，一是加害人很难再次融入该社区，二是被害人也很难保证自己不会再次被害。进而，要想通过刑事和解达到社区的和谐和实现和谐社会的美好目标只能是一个理想而已。

3. 调解机构（人）的不适当性。笔者虽在上文将我国刑事和解的实践模式分为当事人型、人民调解型和司法调解型三类，三类和解模式亦相应有不同的调解人或机构。在我国的刑事和解实践中，主要将调解人设定为公、检、法三机关，而主要表现为检、法两机关。由公、检、法充当调解人，由于其身份的特殊性，如"公权力"或多或少地会对当事人产生影响，不利于当事人充分表达意愿。首先，由公安机关充当调解人极不合适。一般认为，刑事和解建立在加害人认罪的基础上，如果大量的案件在侦查阶段就被公安机关以和解为由撤案处理，那么这些案件是否符合和解范围和条件，当事人是否自愿达成的和解，这些问题检察机关都无法得知，也就无法履行监督职责。其次，检察院充当调解人，存在以下弊端：一是对当事人利益无法平等保护。检察院是国家的公诉机关，代表国家对犯罪嫌疑人提起公诉，其与案件有利益关系。而作为一种纠纷的解决方式，刑事和解只能由中立的第三方作为调解人才能做到平等对待当事人。二是缺乏监督机制。检察院是法律监督机关，如果由其充当调解人，当其行使不起诉决定权，没有其他机构予以监督，不符合权力必须接受监督的原则。最后，由法院充当调解人，虽然避免了无法对当事人进行平等保护的弊端，但也不尽合理。一是浪费司法资源。一般而言，刑事和解可以在刑事诉讼的各个环节展开，如果将法院设定为调解机关，刑事和解就只能在审判的环节展开，对于本可以在审查起诉阶段就可和解的案件，必须得起诉，浪费了宝贵的司法资源。二是对当事人利益的保护不周全。本可以在审查起诉阶段和解的案件，如果拿到审判阶段，就会使被害人利益得不到及时或更早的补偿，加害人也要受更多的精神煎熬和自由的付出。而且，这种做法也剥夺了刑罚执行阶段的刑事和解尝试。

二、刑事和解在我国实践中的完善

（一）刑事和解应达至的目标——被害人、社区和加害人关系全面的修复

根据恢复性正义理论，被害人、社区和加害人关系全面的修复包含两层意思：一是不仅要寻求被害人与加害人关系的修复，而且要寻求社区与加害人以及社区与被害人之间关系的修复；二是不仅要寻求被害人与社区物质利益的修复，而且要寻求他们精神与心灵的修复。恢复性正义理论是刑事和解的核心理论基础，因此，刑事和解就应以被害人、社区和加害人关系全面的修复作为最高的目标。

恢复性正义理论认为，犯罪本质不在于违反了法律法令或侵犯了抽象的道德秩序，而在于侵犯了包括人际关系及因个人

作为社区成员而产生的社区关系在内的社会关系，损害了被害人的利益，毁坏了社会或社区网络，既是个人对个人的侵害，也是个人对社区的侵害。因此，要通过刑事和解程序实现恢复性正义，就得将被害人、社区和加害人"三位一体"的纳入刑事和解的目标过程。

恢复性正义强调以被害人的利益保护为导向，同时兼顾社区和加害人利益的保护。这种对当事方利益的平衡保护是以满足各方需要为前提而实现的。一方面，各方的需要是不同和多样的，即使同一角色，如被害人，不同的人亦有不同的需要，并且需求也往往因时因地而改变。另一方面，需要要得到有效地满足必须体现意思自治原则，即要鼓励被害人、加害人和社区的积极参与与互动，国家公权力尽量或根本不要介入其中。陈瑞华教授认为，以受害人为重心的复合正义要求，通过赔偿财物上的损失，赔偿所造成的伤害，恢复安全感，恢复授权的能力，恢复慎重的民主，恢复和谐，使人有公义被维持的感觉，恢复社会的支持，以恢复受害人原来的状态。[1]因此，在恢复性正义理论的视角下，刑事和解应当以被害人、社区和加害人关系全面的修复作为自己追求的目标，而不仅仅限于加害人和被害人之间，也不仅仅限于物质利益的修复，而是加害人、被害人和社区物质、精神以及心灵的全面修复。这样的修复才能有效地防止犯罪和促进社会的和谐，同时也是我国刑事和解在实践中得以完善的指南针。

（二）完善我国刑事和解的具体思路

1. 提倡和解手段的多样性。上文已指出，我国在司法实践中，刑事和解的手段比较单一，主要表现为金钱赔偿，这不利于当事人之间关系的修复，从而妨碍了刑事和解实践的顺利推

---

〔1〕　陈瑞华：《刑事审判原理论》，北京大学出版社1997年版，第2~25页。

行。因此，提倡和解手段的多样性就显得极为迫切。在这方面，国外相关实践给予了我们很好的启示。西方恢复性司法实践者在对被害人及其被害人家庭损害赔偿活动中已经发展出许多创造性的方法，如替被害人提供无偿劳动和服务或被害人认可的其他形式；或加入某种组织从而有助于改善导致某种犯罪产生的环境，例如虐待配偶者可以通过其为"反虐待配偶的组织"服务或为保护妇女的组织筹集资金的方式给被害人以损害赔偿。这种损害赔偿方式在"矫正枉行"或"恢复性正义"上，其心理、社会以及道德的效果远远超过金钱赔偿的方式。恢复性司法关注判决的平等，其对损害赔偿替代方式的灵活性与公开性的态度是对社会上社会与经济不平等现象予以深切的关注并且力图找到改善这些不平等现象途径的结果。[1]

我国刑事和解应该从上述灵活多样的恢复手段的运用中汲取营养。在适用的过程中，一般而言，从被害人与加害人关系修复的目标出发，和解手段除了损害赔偿以外，还可以对加害人设定负担，如无偿服务等。具体而言，可以考虑对那些富有的加害人，不仅仅以金钱赔偿的方式，而是与设定负担相关的其他手段，如替被害人提供无偿劳动或服务和立悔过书等相结合，来寻求被害人与加害人之间的和解。比如通过富有的加害人为被害人提供金钱赔偿的同时，辅以提供无偿劳动或服务或立悔过书等，也可以要求加害人加入"被害人保护协会"之类的组织并为这些组织提供免费服务或提供善款等。对于富有的加害人而言，这样的和解手段的效果有时远远超过了金钱赔偿。因为这种手段会触及到加害人的灵魂深处，从而有利于培养其悔罪意识，从而达到特殊预防的效果，同时也满足了不同被害

---

〔1〕 Michael L. Hadley, The Spiritual Roots of Restorative Justice, State University of New York Press, 2001, pp. 51 ~ 53.

人的不同需求[1]；从加害人与社区关系关系修复的目标考虑，要求加害人对社区进行义务服务和参加一些保护被害人的组织比仅仅要求其进行金钱赔偿效果可能更好。另外，这样的和解手段对那些不能以金钱赔偿的人，也就是穷人也是同样适用的。这样就会在社会上营造一股司法正义与公平的良好氛围，也会平息民众的"以钱买刑"的不满说法，从而起到一般预防之功效。

2. 鼓励社区加入刑事和解程序。根据恢复性正义理论，社区也是被害人，[2]社区在刑事和解程序中应当有自己的位置。丹尼尔·W. 凡奈思（D. Van Ness）认为恢复性司法的基本理念主要包括三个方面：一是犯罪造成对被害人、加害人本身和社区的伤害；二是不仅是政府，而且被害人、加害人和社区都应当积极地参与到刑事司法过程中；三是在促进正义的过程中，政府应当担负起维护秩序的责任，而社区应当担负起建立和平的责任。从凡奈思的上述论述中不难看出，要实现恢复性正义，社区的积极参与必不可少。

我国的刑事和解的和解对象仅局限于被害人和加害人，认为只要通过损害赔偿使被害人需要得以满足，就能达致刑事和解的目标。然而，犯罪在伤害个人的同时，也伤害了社区。当针对社区的暴力犯罪和侵犯隐私的犯罪发生时，就必然会威胁到我们生活环境的安全并影响到社区自身心理和道德准则。因此，刑事和解亦应把社区当成和解的对象并满足其和解的需求，换言之，恢复性正义的光芒必须照射到社区。因为社区对恢复

---

〔1〕 譬如，被害人在获得国家补偿后或富有的被害人并不一定需要得到对方的金钱赔偿，而是想借助于其他和解手段满足其精神和心灵的需要。

〔2〕 被害人有广、狭义之分。狭义的被害人指利益受到犯罪直接侵害的人；广义的被害人不仅包括利益受到犯罪直接侵害的人，即狭义的被害人，而且包括利益受到犯罪间接侵害的人，如被害人的亲属、朋友等，当然还包括社区。

性正义的实现起着无可替代的作用。社区是犯罪的发生地，也是加害人与被害人共同生活的场所，社区为恢复性正义的实现提供了物质家园和精神家园。恢复性正义的实现处处离不开社区的参与，社区在恢复性正义实现的过程当中充当着多种角色，既是组织者，亦是协调人，还是参与者。因此，社区的需要是多方面与多层次的，既涉及到自身利益的满足，如社区秩序与安全的需要，亦体现出对被害人与加害人关系恢复的关注。社区需要的满足表现为如下方面：犯罪造成的社区物质损失得到赔偿、犯罪行为可能造成的混乱的社会秩序得以纠正、社区成员的消极情绪得以排解、社区成员之间的紧张的人际关系得以缓和以及社区成员的安全感得以提升等。

社区需要的满足可以透过以下途径获得：其一，积极参与加害人与被害人关系恢复的全过程，满足社区探询犯罪原因的需要。通过这种积极的参与，使社区了解到如下一些问题：为什么会发生犯罪？是加害人的原因，还是被害人的原因？社区对这种犯罪行为的发生有没有责任？如果有，应该承担多大的责任？其二，努力提供社区服务的岗位，促使加害人的全面社会化以及重视预防性程序的建构，满足社区安全的需要。如陈晓明先生认为，在加害人进行社区服务工作的时候，他们处在社区严密的直接监控之下。这种现场式的监控增强了社区的安全感，并且可以全面降低加害人将来再次犯罪的可能性。要求社区成员与被害人积极地参与预防性程序，例如替代性纠纷解决机制（Alternative Dispute Resolution），以及加害人再社会化活动（Offender Rehabilitation）和危机控制活动（Risk Management）等，以强化社区和平与安全。[1]

---

〔1〕 陈晓明《修复性司法的理论与实践》，法律出版社 2006 年版，第 196 页。

3. 设立司法机关监督下的独立的调解机构。鉴于公、检、法司法机关作为刑事和解调解机构的局限性，笔者认为，由人民调解委员会来充当刑事和解的调解人，是比较恰当且现实可行的。恢复性正义理论认为，加害人、被害人和社区之间矛盾的解决要尽量避免国家公权力的过度和直接介入，即要体现刑事契约精神。由人民调解委员会作为刑事和解的调解人，能够有效贯彻这一理念。理由如下：其一，具有机构的独立性、非国家身份性。人民调解委员会是独立于司法机关的独立民间组织，由其充当调解人，能有效体现刑事契约的精神。其二，具有现实的法律根据。根据《人民调解委员会组织条例》的规定，人民调解委员会是一个基层群众自治组织，其任务是调解民间纠纷。其三，具有强大的组织保证。我国人民调解制度发达，人民调解委员会不断发展壮大，大多调解人员具备对特定人群进行有效调解的经验和技巧，其完全可以胜任刑事和解调停的任务。我国目前有 4.1 万个司法所，从业人员达 9.6 万人。有 85 万多个人民调解委员会，514 万名调解员，平均每年调解各类民间纠纷 600 万件，每年防止因民间纠纷激化引起的自杀案件 3 万多件，防止民间纠纷转化为刑事案件 5 万多件，涉及 12 万余人，制止群众性械斗 10 万余起，防止群众性上访 10 万多件，涉及 100 多万人。[1] 其四，节约司法资源。通过将适合于刑事和解的案件分流到人民调解委员会，能有效缓解司法机关的压力，节约司法资源，使司法机关能把有限的司法资源用于对重大犯罪的防治，保证社会和谐。其五，能对自愿性和合法性进行有效监督。由人民调解委员会主持和解，对和解协议的

---

〔1〕　数据来源：全国人大代表、中央司法警官学院党委书记王恒勤建议书。载 http://news.sina.com.cn/o/2006 - 03 - 12/21508424634s.shtml。最后访问日期：2010 年 10 月 18 日。

自愿、合法也能进行一定程度的监督,因为,人民调解委员会具有广泛的群众基础和亲和力,由其主持和解易于形成真实的意思表示。

值得注意的是,为防止调解人达到尽快和解的目的,不适当地对当事人施加压力,从而造成相对弱势地位一方的利益受损,司法机关对刑事和解过程予以适度的监督就显得格外重要。具体表现为:在审查起诉阶段,由检察机关对刑事和解进行监督;在审判阶段,则由法院充当监督人。因此,设立司法机关监督下的独立的调解机构是比较理想的选择。

和解制度(刑事和解——笔者注)是一种刑罚的替代方式,一种无刑罚的解决冲突模式,也是一种刑事制裁与民事制裁的交叉或整合模式,它将被害人之利益(具体利益)及公共利益(抽象利益)在不影响国民对法秩序的信赖感之条件下,加以适度的调和。[1]刑事和解能有效地化解当事人之间的怨恨,既能把加害人和被害人重新整合进社区,又能节约司法资源,应该是我国追求的一种解决刑事纠纷的不错的刑罚的替代方式。然而,要真正化解加害人与被害人之间的怨恨,社区的积极参与、和解手段的多样性以及独立称职的调解机构是缺一不可的,这应当在我国今后的司法实践中必须予以重视和加以解决的问题。

---

〔1〕 高金桂:"论刑法上之和解制度",载《东海法学研究》1999 年第 14 期。

结语：

恢复性司法基本理念与我国和谐社会构建

解决冲突，追求和谐是任何社会和国家的刑事司法制度所追求的目标，我国也不例外。中国共产党关于"和谐社会"的理念，肇始于党的十六大报告："我们党在本世纪头二十年，集中力量，全面建设惠及十几亿人口的更高水平的小康社会，使经济更加发展，民主更加健全，科教更加进步，文化更加繁荣，社会更加和谐，人民生活更加殷实。""努力形成全体人民各尽其能、各得其所而又和谐相处的局面。"在此基础上，《中共中央关于加强党的执政能力建设的决定》进一步提出建设"和谐社会"的目标，强调"要适应我国社会的深刻变化，把和谐社会建设摆在重要位置"，并把提高构建和谐社会的能力作为加强党的执政能力建设的五大任务之一。胡锦涛指出："我们所要建设的社会主义和谐社会，应该是民主法治、公平正义、诚信友爱、充满活力、安定有序、人与自然和谐相处的社会。"

笔者认为，在建设社会主义和谐社会的过程中，法治和司法必将承载着繁重的任务和特殊的使命。建立社会主义和谐社会显然不能通过压制性手段而是通过多元化的方式来解决社会纠纷，而恢复性司法基本理念给予了我们诸多启迪。正如张文显教授指出："民主法治在和谐社会的全部要素中发挥着统揽全局的作用，而不仅仅是某一方面、某一部分，不仅因为和谐社会必然是民主社会、法治社会，而且只有在一个崇信民主，奉行法治的社会，构建和谐社会的其他要素才能够得到真正的实现。和谐社会的所有问题都必然归结于法治问题，或者与法治密不可分，法律在构建和谐社会中具有至关重要的作用，因而必须依靠法律来推动和谐社会的构建，依靠法律来引导社会和谐的发展，依靠法律来保障和谐社会的实现。"[1]

建设和谐社会，主要是使社会内部各要素处于一种相互依存、相互协调和相互促进的状态。其中社会人际关系和谐是最重要的表现之一，而人际关系和谐则要求人与人之间处于互相尊重、平等互利、团结友爱的一种和而不同的状态，包括个人与个人之间、群体与群体之间以及个人与群体之间的关系和谐。[2]社会人际关系和谐需要消除各种矛盾，而犯罪是社会各种矛盾最集中、最直接、最突出的表现。因此，要构建和谐社会，就要在社会层面上解决犯罪问题，因此，恢复性司法理念的引入必不可少。

恢复性司法认为，犯罪的产生受众多社会因素的影响，处理一个具体的犯罪就是弄清其发生的前因后果，在此基础上采取相应的措施。犯罪作为一种社会现象，既是法律纠纷又是当事人之间的社会冲突。必须对冲突中受到损害方进行补偿，犯罪人应当主动悔罪道歉、承当责任，对自己的行为作道德上的否定。同时通过恢复性司法措施，犯罪人得到矫治，提高适应社会，为社会减轻负担、提供劳动的能力。恢复性司法的这些理念与我国建立和谐社会的政治目标是一致的，因为和谐社会

---

〔1〕 张文显："构建社会主义和谐社会的法律机制"，载《中国法学》2006年第1期。

〔2〕 吴大华、王飞："构建和谐社会之刑事处罚权正当化新思考"，载《中国人民公安大学学报》（社会科学版）2007年第1期。

的基础是公平正义，公平正义的内涵则在于每个社会成员的各得其所。[1]

　　不管是以"恢复为核心目标"和"以被害人为导向"，还是"鼓励调解与和解"以及"强调社区司法"，这些恢复性司法基本理念都涉及到一个最为核心的问题，即如何实现恢复性正义，因为，社会的真正和谐是与恢复性正义能否有效实现息息相关的。要有效实现恢复性正义，就需要我们对传统的犯罪观和刑罚观进行理性的反思，即如何从当事人的立场，而不仅仅是国家的立场来看待犯罪问题和处理犯罪问题。只有在一定的领域坚持犯罪的本质是"社区内个人对个人的侵害"以及坚持"对犯罪人不以惩罚而是以恢复为目标"的刑罚观，整个社会的犯罪现象才能得到有效地控制，我国建构社会主义和谐社会的伟大目标方能实现。

---

　　〔1〕　狄小华、李志刚编著：《刑事司法前沿问题：恢复性司法研究》，群众出版社2005年版，第174页。

参考文献

一、中文著作

1. 王平主编：《恢复性司法论坛》，群众出版社 2005 年版。

2. 陈晓明：《修复性司法的理论与实践》，法律出版社 2006 年版。

3. 许永强：《刑事法治视野中的刑事被害人》，中国检察出版社 2003 年版。

4. 杨正万：《刑事被害人问题研究》，中国人民公安大学出版社 2002 年版。

5. 廖斌、何显兵：《社区建设与犯罪防控》，人民法院出版社 2003 年版。

6. 狄小华、李志刚编著：《刑事司法前沿问题：恢复性司法研究》，群众出版社 2005 年版。

7. 陈兴良主编：《中国刑事政策检讨》，中国检察出版社 2004 年版。

8. 王平主编：《恢复性司法论坛》，中国检察出版社 2007 年版。

9. 王平主编：《恢复性司法论坛》，群众出版社 2006 年版。

10. 房保国：《被害人的刑事程序保护》，法律出版社 2007 年版。

11. 郑成良：《法律之内的正义：一个关于司法公正的法律

实证主义解读》，法律出版社 2002 年版。

12. 邱兴隆：《关于惩罚的哲学：刑罚根据论》，法律出版社 2000 年版。

13. 马克昌主编：《刑罚通论》，武汉大学出版社 1999 年版。

14. 许福生：《刑事政策学》，中国民主法制出版社 2006 年版。

15. 慈继伟：《正义的两面》，生活·读书·新知三联书店 2001 年版。

16. 陈瑞华：《刑事审判原理论》，北京大学出版社 1997 年版。

17. 陈兴良：《刑法哲学》（第 3 版），法律出版社 2004 年版。

18. 曲新久：《刑法的精神与范畴》，中国政法大学出版社 2003 年版。

19. 齐文远、周详：《刑法、刑事责任、刑事政策研究：哲学、社会学、法律文化的视角》，北京大学出版社 2004 年版。

20. 冯契、徐孝通主编：《外国哲学大词典》，上海辞书出版社 2000 年版。

21. 陈泽宪主编：《刑事法前沿》（第 3 卷），中国人民公安大学出版社 2006 年版。

22. 张中秋：《中西法律文化比较研究》，中国政法大学出版社 2006 年版。

23. 陈兴良主编：《法治的使命》，法律出版社 2001 年版。

24. 孟昭兰：《普通心理学》，北京大学出版社 1994 年版。

25. 苏力：《法律与文学》，生活·读书·新知三联书店 2006 年版。

26. 赵汀阳：《论可能生活》，北京三联书店 1996 年版。

27. 苏俊雄：《刑法总论 I》，"台湾大学"法学院图书部1995 年版。

28. 李汉军：《论犯罪观》，中国方正出版社 2001 年版。

29. 张明楷：《犯罪论原理》，武汉大学出版社 1991 年版。

30. 韩忠谟：《刑法原理》，中国政法大学出版社 2002 年版。

31. 卞建林：《刑事起诉制度的理论与实践》，中国政法大学出版社 1993 版。

32. 黄风：《贝卡里亚及其刑法思想》，中国政法大学出版社 1987 年版。

33. 陈兴良：《本体刑法学》，商务印书馆 2001 年版。

34. 马克昌主编：《犯罪通论》，武汉大学出版社 2003 年版。

35. 青锋：《犯罪本质研究：罪与非罪界说新论》，中国人民公安大学出版社 1994 年版。

36. 曹子丹：《苏联刑法科学史》，法律出版社 1984 年版。

37. 张明楷：《法益初论》，中国政法大学出版社 2003 年修订版。

38. 刘仁文：《刑事政策初步》，中国人民公安大学出版社 2004 年 8 月版。

39. 郭建安：《犯罪被害人学》，北京大学出版社 1997 年版。

40. 夏甄陶：《关于目的的哲学》，上海人民出版社 1982 年版。

41. 张绍彦：《刑罚的使命和践行》，法律出版社 2003 年版。

42. 汪建成：《冲突与平衡：刑事程序理论的新视角》，北京大学出版社 2006 年版。

43. 林山田：《刑法通论》（下），"台大法学院"图书部1998 年版。

44. 刘广三：《犯罪现象论》，北京大学出版社 1996 年版。

45. 林山田：《刑罚学》，我国台湾地区"商务印书馆"有限公司 1983 年版。

46. 吴宗宪：《当代西方监狱学》，法律出版社 2005 年版。

47. 周光权：《刑法学的向度》，中国政法大学出版社 2004 年版。

48. 高铭暄主编：《刑法专论》（上），高等教育出版社 2002 年版。

49. 王立峰：《惩罚的哲理》，清华大学出版社 2006 年版。

50. 马克昌主编：《近代西方刑法学说史略》，中国检察出版社 2004 年版。

51. 谢望原：《欧陆刑罚制度与刑罚价值原理》，中国检察出版社 2004 年版。

52. 邱兴隆：《刑罚的哲理与法理》，法律出版社 2003 年版。

53. 林榕年主编：《外国法律制度史》，中国人民公安大学出版社 1992 年版。

54. 《所有人的正义：英国司法改革报告》，中国检察出版社 2003 年版。

55. 陈浩然：《应用刑法学总论》，华东理工大学出版社 2005 年版。

56. 张明楷：《刑法的基本立场》，中国法制出版社 2002 年版。

57. 邱兴隆：《刑罚理性评论：刑罚的正当性反思》，中国政法大学出版社 1999 年版。

58. 许玉秀：《当代刑法思潮》，中国民主法制出版社 2005 年版。

59. 高铭暄等主编：《刑法论丛》（第 1 卷），法律出版社 1998 年版。

60. 杨春洗:《刑事政策论》,北京大学出版社 1994 年版。

61. 《罪与刑:林山田六十岁生日祝贺论文集》,台湾五南图书出版公司 1998 年出版。

62. 梁根林:《刑事制裁:方式与选择》,法律出版社 2006年版。

63. 赵秉志主编:《中国刑法学年会论文集》(上卷),中国人民公安大学出版社 2006 年版。

64. 梁根林:《刑事法网:扩张与限缩》,法律出版社 2005年版。

65. 陈光中等主编:《诉讼法理论与实践:司法理念与三大诉讼法修改》,北京大学出版社 2006 年版。

66. 张智辉:《刑法理性论》,北京大学出版社 2006 年版。

67. 张文显主编:《法学理论前沿论坛》(第二卷),科学出版社 2003 年版。

68. 吴宗宪等:《非监禁刑研究》,中国人民公安大学出版社 2003 年版。

69. 刘伟俊:《社会转型时期的刑事法理论》,法律出版社 2004 年版。

70. 夏勇:《人权概念的起源》,中国政法大学出版社 1992年版。

71. 何秉松:《刑事政策学》,群众出版社 2002 年版。

72. 张文显主编:《法理学》,高等教育出版社、北京大学出版社 1999 年版。

73. 张文显:《二十世纪西方法哲学思潮研究》,法律出版社 2006 年版。

74. 邱兴隆:《刑罚理性导论:刑罚的正当性原理》,中国政法大学出版社 1999 年版。

75. 张甘妹:《刑事政策》,我国台湾地区三民书局股份有限公司 1979 年版。

76. 肖扬主编:《中国刑事政策和策略问题》,法律出版社 1996 年版。

二、中文译著

1. [英]麦高伟、杰弗里·威尔逊主编:《英国刑事司法程序》,姚永吉等译,法律出版社 2003 年版。

2. [美]博西格诺:《法律之门》,邓子滨译,华夏出版社 2002 年版。

3. 《德国刑法典》,徐久生、庄敬华译,中国方正出版社 2002 年修订版。

4. [法]卡斯东·斯特法尼:《法国刑事诉讼法精义》,罗结珍译,中国政法大学出版社 1999 年版。

5. 《俄罗斯联邦刑事诉讼法典》,黄道秀译,中国政法大学出版社 2003 年版。

6. [德]黑格尔:《法哲学原理》,范扬、张企泰译,商务印书馆 1961 年版。

7. [法]孟德斯鸠:《论法的精神》(上册),张雁深译,商务印书馆 1993 年版。

8. [德]汉斯·约阿希姆·施奈德:《国际范围内的被害人》,许章润等译,中国人民公安大学出版社 1992 年版。

9. [德]汉斯·约阿希姆·施奈德:《犯罪学》,吴鑫涛、马君玉译,中国人民公安大学出版社 1990 年版。

10. [美]尤劳:《政治行为论》,陈少廷译,台湾商务印书馆 1978 年版。

11. [美]约翰·罗尔斯:《正义论》,何怀宏等译,中国社会科学出版社 1988 年版。

12. ［英］亚当·斯密：《道德情操论》，蒋自强等译，商务印书馆 1997 年版。

13. ［英］安德鲁·瑞格比：《暴力之后的正义与和解》，刘成译，译林出版社 2003 年版。

14. ［英］戴维·W. 沃克：《牛津法律大辞典》，光明日报出版社 1983 年版。

15. ［古希腊］亚里士多德：《尼各马可伦理学》，苗力田译，中国人民大学出版社 2003 年版。

16. ［德］康德：《法的形而上学原理》，沈叔平译，商务印书馆 1997 年版。

17. ［美］戈尔丁：《法律哲学》，齐海滨译，生活·读书·新知三联书店 1987 年版。

18. ［英］戴维·米勒：《社会正义原则》，应奇译，江苏人民出版社 2005 年版。

19. ［英］哈耶克：《法律、立法与自由》（第二、三卷），邓正来译，中国大百科全书出版社 2000 年版。

20. ［英］洛克：《政府论》（下篇），叶启芳、翟菊农译，商务印书馆 1964 年版。

21. ［英］边沁：《政府片论》，沈叔平等译，商务印书馆 1995 年版。

22. ［英］威廉·葛德文：《政治正义论》（第一卷），何慕李译，商务印书馆 1980 年版。

23. ［日］棚濑孝雄：《纠纷的解决与审判制度》，王亚新译，中国政法大学出版社 2004 年版。

24. ［南非］德斯蒙德·图图：《没有宽恕就没有未来》，江红译，上海文艺出版社 2002 年版。

25. ［英］哈特：《法律的概念》，张文显等译，中国大百科全书出版社 1996 年版。

26. ［美］哈罗德·J. 伯尔曼：《法律与革命》，贺卫方等译，中国大百科全书出版社 1993 年版。

27. ［美］E·博登海默：《法理学：法律哲学与法律方法》，邓正来译，中国政法大学出版社 1999 年版。

28. ［日］大谷实：《刑事政策学》，黎宏译，法律出版社 2000 年版。

29. ［日］小岛武司等：《司法制度的历史与未来》，汪祖兴译，法律出版社 2000 年版。

30. ［德］弗兰茨·冯·李斯特：《德国刑法教科书》，徐久生译，法律出版社 2000 年版。

31. ［法］米海依尔·戴尔玛斯·马蒂：《刑事政策的主要体系》，卢建平译，法律出版社 2000 年版。

32. ［美］理查德·A. 波斯纳：《法律与文学》，李国庆译，中国政法大学出版社 2002 年版。

33. ［美］A·麦金太尔：《德性之后》，龚群等译，中国社会科学文献出版社 1995 年版。

34. ［德］克劳斯·罗科信：《刑事诉讼法》（第 24 版），吴丽琪译，法律出版社 2003 年版。

35. ［意］加罗法洛：《犯罪学》，耿伟等译，中国大百科全书出版社 1996 版。

36. ［美］拉德布鲁赫：《法学导论》，米建等译，中国大百科全书出版社 1997 年版。

37.《马克思恩格斯全集》（第 2 卷），人民出版社 1957 年版。

38.《马克思恩格斯全集》（第 3 卷），人民出版社 1957

年版。

39. ［日］福田平：《日本刑法总论讲义》，李乔等译，辽宁人民出版社 1986 年版。

40.《法国新刑法典》，罗结珍译，中国法制出版社 2003 年版。

41. ［德］格吕恩特·雅科布斯：《行为 责任 刑法：机能性描述》，冯军译，中国政法大学出版社 1997 年版。

42. ［日］大塚仁：《刑法概说》，冯军译，中国人民大学出版社 2003 年版。

43. ［英］边沁：《立法理论：刑法典原理》，孙力等译，中国人民公安大学出版社 1993 年版。

44. ［英］边沁：《道德与立法原理导论》，时殷弘译，商务印书馆 2000 年版。

45. ［爱尔兰］J·M. 凯利：《西方法律思想简史》，王笑红译，法律出版社 2003 年版。

46. ［意］恩里科·菲利：《犯罪社会学》，郭建安译，中国人民公安大学出版社 2004 年版。

47. ［德］尼采：《论道德的谱系》，周红译，北京三联书店 1992 年版。

48. ［英］鲍桑葵：《关于国家的哲学理论》，汪淑钧译，商务印书馆 1995 年版。

49. ［英］齐格蒙特·鲍曼：《全球化：人类的后果》，郭国良、徐建华译，商务印书馆 2001 年版。

50. ［日］森下忠：《犯罪者处遇》，白绿铉、吴平等译，中国纺织出版社 1994 年版。

51. ［法］卢梭：《社会契约论》，何兆武译，商务印书馆 1980 年版。

52. 〔日〕木村龟二主编:《刑法学词典》, 顾肖荣等译, 上海翻译出版公司 1991 年版。

53. 〔日〕西原春夫:《刑法的根基与哲学》, 顾肖荣译, 上海三联书店 1991 年版。

54. 〔美〕大卫·E. 杜菲:《美国矫正政策与实践》, 吴宗宪译, 中国人民公安大学出版社 1992 年版。

55. 〔意〕贝卡里亚:《论犯罪与刑罚》, 黄风译, 中国大百科全书出版社 1993 年版。

56. 〔美〕E·A. 霍贝尔:《初民的法律》, 周勇译, 中国社会科学出版社 1993 年版。

三、外文著作:

1. Howard Zehr and Barb Toews, *Critical Issues in Restorative Justice*, New York Criminal Justice Press and UK Willan Publishing, 2004.

2. John Braithwaite, "Restorative Justice: Assessing Optimistic and Pessimistic Accounts", Crime and Justice, vol. 25, 1999.

3. Howard Zehr, *Changing Lenses—a New Focus for Crime and Justice*, Herald Press 2005.

4. Michael L. Hadley, *The Spiritual Roots of Restorative Justice*, State University of New York Press, 2001.

5. Susan L. Smith-Cunnien, "Restorative Justice in the Criminal Justice Curriculum", *Journal of Criminal Justice Education*, Vol. 12, No. 2, Fall, 2001.

6. Heather Strang and John Braithwaite, *Restorative Justice: Philosophy to practice*, Ashgate Publishing Company, 2000.

四、论文部分：

1. 邹积超："论'恢复性司法'应该缓行"，载《华东政法学院学报》2004 年第 6 期。

2. 李震："恢复性司法应当缓行"，载《法学论坛》2007 年第 4 期。

3. 张旭、蔡一军："恢复性司法践行里路探析：以欧洲的实践为视角"，载《当代法学》2007 年第 4 期。

4. ［德］伯恩特·许乃曼："刑事制度中之被害人角色研究"，载《中国刑事法杂志》2001 年第 2 期。

5. ［美］丹尼尔·W. 凡奈思："全球视野下的恢复性司法"，载《南京大学学报》（哲学、人文科学、社会科学版）2005 年第 4 期。

6. 宋英辉、许身健："恢复性司法程序之思考"，载《现代法学》2004 年第 6 期。

7. 于改之、吴玉萍："多元视角下恢复性司法的理论基础"，载《山东大学学报》（哲学、社会科学版）2007 年第 4 期。

8. ［荷兰］约翰·布拉德："社区调解、刑事司法与恢复性司法：法律制度的重构"，戈玉和译，载《人大复印资料：诉讼法学、司法制度》2006 年 12 期。

9. 陈晓明："修复性司法：一种刑事司法的新模式"，载《福建法学》2007 年第 1 期。

10. 刘方权、陈晓云："西方刑事和解理论基础介评"，载《云南大学学报》2003 年第 1 期。

11. 于改之等："'恢复性司法理论国际研讨会'综述"，载《华东政法大学学报》2007 年第 4 期。

12. 高金桂："论刑法上之和解制度"，载《东海法学研究》1999 年第 14 期。

13. 张恒山："论正义和法律正义"，载《法制与社会发展》2002 年第 1 期。

14. 马静华："刑事和解制度论纲"，载于《政治与法律》2003 年第 4 期。

15. 夏楠："赦免的困境：读'没有宽恕就没有未来'"，载《政法论坛》2006 年第 4 期。

16. 廖正豪："理性思考死刑制度的存废：如何实现所有人的正义"，载《刑事法杂志》2007 年第 3 期。

17. 李晓明："犯罪本源·犯罪起源·犯罪本质：犯罪观理论的三大支柱"，《江苏公安专科学校学报》2000 年第 5 期。

18. 孙国祥："刑事一体化视野下的恢复性司法"，载《南京大学学报》（哲学、人文科学、社会科学版）2005 年第 4 期。

19. 李卫红："当代中国犯罪观的转变"，载《法学研究》2006 年第 2 期。

20. 祝圣武："论恢复性司法的两大理论缺陷"，载《江西公安专科学校学报》2007 年第 3 期。

21. 邵军："恢复性司法的利弊之争"，载《法学》2005 年第 5 期。

22. 刘东根："犯罪被害人地位的变迁及我国刑事立法的完善"，载《中国人民公安大学学报》（社会科学版）2007 年第 2 期。

23. 严励："国家本位型刑事政策模式的探讨"，载《社会科学》2003 年第 9 期。

24. 王世洲："现代刑罚目的理论与中国的选择"，载《法学研究》2003 年第 3 期。

25. 姜涛："刑事政策价值的回归：从过度功利到人性关怀"，载《贵州社会科学》2006 年第 2 期。

26. 吴宗宪："恢复性司法述评"，载《江苏公安专科学校学报》2002 年第 3 期。

27. 张文：" '非犯罪人化'刑事政策初探"，载《法学杂志》2007 年第 4 期。

28. 周光权："论社会整合与刑事政策"，载《法学杂志》2007 年第 1 期。

29. 孙云红、郭云忠："论犹豫制度的刑事政策功能"，载《河北法学》2004 年第 6 期。

30. 邓正来："国家与社会：中国市民社会研究的研究"，载《中国社会科学季刊》第 15 期。

31. 郎胜："在构建和谐社会的语境下谈我国刑法立法的积极与谨慎"，载《法学家》2007 年第 5 期。

32. 吴大华、王飞："构建和谐社会之刑事处罚权正当化新思考"，载《中国人民公安大学学报》（社会科学版）2007 年第 1 期。

33. 陈瑞华："刑事诉讼的私力合作模式：刑事和解在中国的兴起"，载《中国法学》2006 第 5 期。

34. 张文显："构建社会主义和谐社会的法律机制"，载《中国法学》2006 年第 1 期。

35. 梁根林："非刑罚化：当代刑法改革的主题"，载《现代法学》2000 年第 6 期。

36. 谭淦："刑法、刑事政策与社区矫正"，载《北京政法职业学院学报》2007 年第 1 期。

后 记

  恢复性司法基本理念就是指支配恢复性司法运作的一套基本价值观念，是恢复性司法的精神构造，具有丰富的思想内涵，对恢复性司法发挥着基础和根本的精神指导作用。恢复性司法基本理念博大精深，笔者不揣浅陋涉足其间，写作过程显得格外艰辛！在理论思辨的过程中，虽经殚思竭虑，终因笔力不逮，始终只能在理论大厦门口徘徊，很难深入其中，因此，本书只是我某个阶段对该理论问题思考的结果，尚有诸多不成熟和疏漏之处，祈望得到各位前辈同仁的批评与建议，以便我对该理论做进一步深入研究。

  本书是在本人博士论文的基础上修改完成的，同时也是湖南省社会科学基金课题《恢复性司法基本理念研究》（07YBB213）的结题成果。本书的出版获得了山东省生态文明与经济社会发展研究基地学术基金资助，在此，向山东省生态文明与经济社会发展研究基地的大力支持表示诚挚的谢意！

  在本书即将付梓之际，我衷心感谢在我求学、治学过程中所有帮助我的人。首先，我得感谢我的博士生导师张旭教授！我在吉林大学求学的三年，张旭教授无论是在学术上还是在生活上都给了我诸多的帮助，本书得以顺利完成无疑凝聚着导师的智慧、心血与汗水。吉林大学法学院的李洁教授、徐岱教授、闵春雷教授和李韧夫教授对本书的顺利完成亦付出了辛勤的劳动，在此，我对他们表示诚挚的谢意！在本书写作过程中，吉林大学法学院黄文艺教授和中国政法大学王平教授给予我资料和知识上的无私帮助，两位教授的大力帮助我将永远铭刻在心！

本书得以付梓，离不开山东科技大学文法学院各位领导和同事的关心与帮助。院长李光禄教授、副院长孙法柏教授、院党委书记姚桂芳先生和法学系主任王茂庆教授等诸位领导无论是在工作还是在生活上都给予了我诸多有益和热心的帮助，他们亦师亦友，我非常感激他们！在科大工作、生活四年来，法学系的诸位同仁给我留下了深刻的印象，正是他们的热情与友善为我的写作营造了一个宽松的氛围，限于篇幅，我没有将这些可亲的名字写在纸上，但我会将他们牢牢记在心里！

由于写作的艰辛和本人的怠惰，爱妻唐志兵女士无论是在我读博的三年，还是来山东科技大学四年的日子，均承担了照看女儿和家庭的绝大部分重担，虽极为辛苦但从无怨言，使得我能够潜心学习与研究，我得向她表达我的谢意和歉意！无论在我求学还是工作中，可爱的女儿始终是我学习与工作的无穷动力，有愧的是，我却没有完全尽到一个父亲应尽的责任，我在感谢女儿的同时发誓要在今后的岁月中加以补偿！

值得一提的是，中国政法大学出版社编辑刘利虎先生为本书的出版做了大量工作，对他辛勤的劳动表示由衷的感谢！

吴立志
2012 年 5 月于青岛山海花园寓所